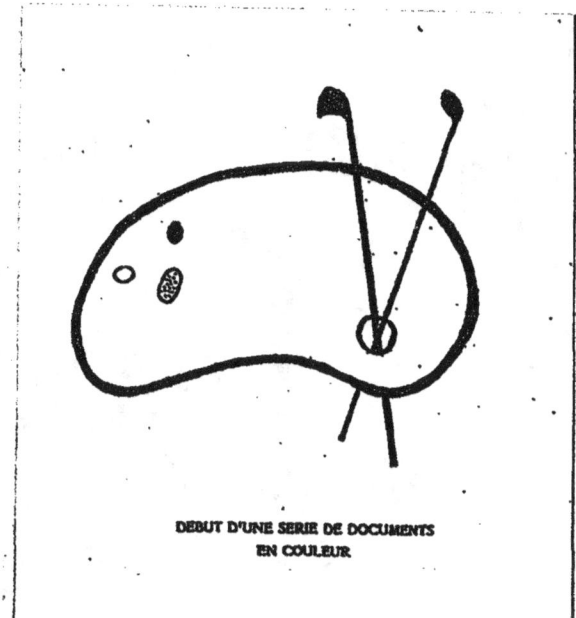

DEBUT D'UNE SERIE DE DOCUMENTS
EN COULEUR

ARDOUIN-DUMAZET

Voyage en France

13ème Série

LA PROVENCE MARITIME

PARIS
BERGER-LEVRAULT & Cie, ÉDITEURS

BERGER-LEVRAULT ET Cie, LIBRAIRES-ÉDITEURS
5, rue des Beaux-Arts, Paris. — 18, rue des Glacis, Nancy.

L'Esprit de tout le monde, compilé par Lorédan LARCHEY. — 1re série : *Joueurs de mots*. Élégant volume in-12 sur papier teinté, broché . . 3 fr. 50 c.
— — 2e série : *Les Riposteurs*. Élégant volume in-12, broché . . . 3 fr. 50 c.

Lettres d'un Zouave. *De Constantine à Sébastopol*, par Amédée DELORME. 1896. Un volume in-12, broché sous couverture illustrée. . . . . . 3 fr. 50 c.

Souvenirs de la guerre de Crimée (1854-1856), par le général FAY, ancien aide de camp du maréchal Bosquet. 2e édition. 1889. (Mention honorable de l'Académie française, concours Thérouanne 1890.) Volume in-8, avec 1 planche et 3 cartes, broché . . . . 6 fr.

Lettres du Maréchal Bosquet (1834-1858). 1894. Un volume in-8 de 408 pages, avec portrait en héliogravure, broché . . . . 5 fr.

Français et Russes. *Moscou et Sévastopol, 1812-1854*, par Alfred RAMBAUD, professeur à la Faculté des lettres de Paris. 5e édition. 1892. Un volume in-12, avec couverture illustrée, broché. . . . . 3 fr. 50 c.

L'Escadre de l'Amiral Courbet, par Maurice LOIR, lieutenant de vaisseau à bord de la *Triomphante*. 6e édition. 1892. Un volume in-12 avec portrait et 10 cartes, broché . . . . 3 fr. 50 c.

Le Général Bourbaki, par le commandant GRANDIN, lauréat de l'Institut de France et de la Société d'encouragement au bien. 1896. Un volume in-8, avec portrait et fac-similé d'une lettre autographe de Bourbaki à l'auteur, broché . . . . 5 fr.

Valentin et les derniers jours du siège de Strasbourg. Un héros de la Défense nationale, par Lucien DELABROUSSE. 1898. Un volume in-8 avec un portrait, un autographe de Valentin et deux cartes, broché . . . . 5 fr.

Le Général Curély. *Itinéraire d'un cavalier léger de la Grande-Armée* (1793-1815). Publié d'après un manuscrit authentique, par Ch. THOUMAS, général de division en retraite. 1887. Un volume in-12 de 440 pages, avec portrait et fac-similé . . . . 3 fr. 50 c.

Souvenirs et campagnes d'un vieux soldat du premier Empire (1803-1814), par le commandant PARQUIN. Avec une introduction par le capitaine A. AUBIER. 1892. Un volume in-8 de 430 pages, avec un portrait, broché 6 fr.

Lasalle d'Essling à Wagram. Correspondance recueillie, et publiée avec notes biographiques par A. ROBINET DE CLÉRY. 1892. Beau volume in-8, avec 13 gravures, une carte et un tableau généalogique, broché . . . 5 fr.

Souvenirs militaires d'un officier du premier Empire (1795-1832), par J. N. A. NOEL, chevalier de l'Empire, colonel d'artillerie. 1895. Un volume grand in-8, avec un portrait, une gravure et 7 cartes ou plans, broché 6 fr.

L'Espionnage militaire sous Napoléon Ier. *Ch. Schulmeister*, par Paul MULLER. 1896. Un volume in-12, broché . . . . 3 fr.

Souvenirs du chevalier de Villebresme, mousquetaire de la Garde du roi, 1772-1826. Guerre d'Amérique. Émigration. Publiés pour la première fois par le vicomte Maurice DE VILLEBRESME, 1897. Un volume grand in-8 de 208 pages, avec portrait, broché. . . . . 5 fr.

Mes Campagnes, par une femme (C. VRAY). *Autour de Madagascar*. 1897. Un volume in-12, broché sous couverture illustrée en couleurs . . 3 fr. 50 c.

Sur le Haut-Zambèze. Voyages et travaux de missions, par F. COILLARD, de la Société des missions évangéliques de Paris. Préface de J. DE SEYNES, président de la Société. 1898. Très beau volume in-4 de 618 pages, illustré de 40 superbes planches hors texte en similigravure, avec 2 portraits en héliogravure et 2 cartes, relié en toile gaufrée, plaques spéciales, tête rouge . . 20 fr.

Au Sud de l'Afrique, par Frédéric CHRISTOL. 1897. Un volume in-12, avec 150 dessins et croquis de l'auteur, br. sous couverture illustrée. . 3 fr. 50 c.

Silhouettes tonkinoises, par Louis PEYTRAL. 1897. Volume in-12, illustré par GAYRAL, broché sous couverture illustrée . . . . 3 fr. 50 c.

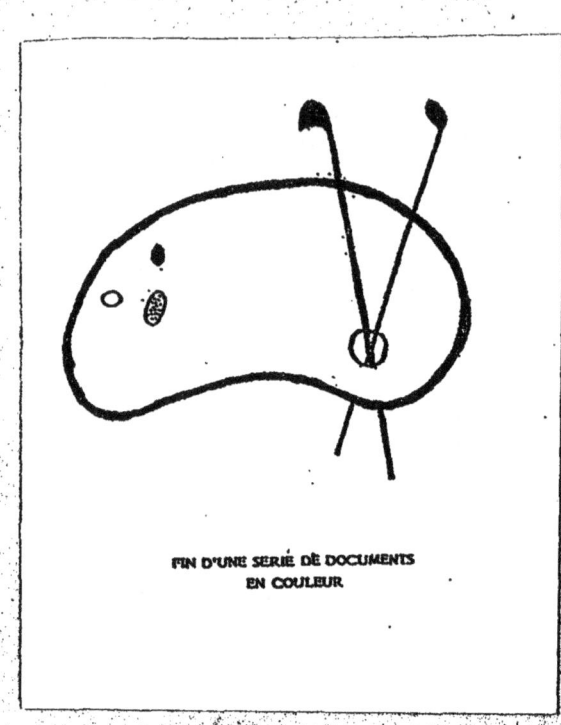

FIN D'UNE SERIE DE DOCUMENTS
EN COULEUR

Voyage en France

OUVRAGES DU MÊME AUTEUR

L'Armée et la flotte en 1895. — Grandes manœuvres des Vosges. — L'expédition de Madagascar. — Manœuvres navales. — 1 volume in-12, avec nombreuses cartes. 5 fr. (Berger-Levrault et Cie.)

L'Armée et la flotte en 1894. Manœuvres navales. — Grandes manœuvres de Beauce. — Manœuvres de forteresse. — 1 volume in-12, avec illustrations de Paul Léonnec et de nombreux croquis et cartes. 5 fr. (Berger-Levrault et Cie.)

L'Armée navale en 1893. — *L'Escadre russe en Provence*. — La Défense de la Corse. — 1 volume in-12, avec 27 croquis ou vues et une carte de la Corse. 5 fr. (Berger-Levrault et Cie.)

Au Régiment — En Escadre. Préface de M. Mézières, de l'Académie française. 1894. 1 volume grand in-8, avec 350 photographies instantanées de M. Paul Gers. 16 fr. (Berger-Levrault et Cie.)

Le Colonel Bourras. Suivi du Rapport sur les opérations du corps franc des Vosges du colonel Bourras. 1892. Brochure in-12, avec un portrait et couverture illustrée. 60 centimes. (Berger-Levrault et Cie.)

Le Nord de la France en 1789. — Flandre. — Artois. — Hainaut. — 1 volume in-12. (Maurice Dreyfous.)

La Frontière du Nord et les défenses belges de la Meuse. — 1 volume in-8. (Baudoin.)

Une Armée dans les neiges, journal d'un volontaire du corps franc des Vosges. — 1 volume in-8 illustré. (Rouam.)

Études algériennes. — 1 volume in-8. (Guillaumin et Cie.)

Les Grandes Manœuvres de 1882 à 1892. — 1 volume in-12 par année. (Baudoin et Rouam.)

Voyage en France. Ouvrage couronné par l'Académie française, par la Société des gens de lettres et par la Société de géographie de Paris. Série d'élégants volumes in-12, avec cartes et croquis dans le texte, brochés à 3 fr. 50 c. et reliés en percaline à 4 fr.

— 1re Série : Le Morvan, le Val-de-Loire et le Perche. 2e *édition* (1898).
— 2e Série : Des Alpes mancelles à la Loire maritime (1894).
— 3e Série : Les Iles de l'Atlantique : I. D'Arcachon à Belle-Isle (1895).
— 4e Série : Les Iles de l'Atlantique : II. D'Hoëdic à Ouessant (1895).
— 5e Série : Les Iles françaises de la Manche ; Bretagne péninsulaire (1896).
— 6e Série : Cotentin, Basse-Normandie, Pays d'Auge, Haute-Normandie, Pays de Caux (1896).
— 7e Série : Région lyonnaise, Lyon, monts du Lyonnais et du Forez (1896).
— 8e Série : Le Rhône du Léman à la mer, Dombes, Valromey et Bugey, Bas-Dauphiné, Savoie rhodanienne, La Camargue (1896).
— 9e Série : Bas-Dauphiné : Viennois, Graisivaudan, Oisans, Diois et Valentinois (1896).
— 10e Série : Les Alpes du Léman à la Durance. Nos chasseurs alpins (1896).
— 11e Série : Forez, Vivarais, Tricastin et Comtat-Venaissin (1897).
— 12e Série : Alpes de Provence et Alpes Maritimes (1897).
— 13e Série : La Provence maritime (1898).
— 14e Série : La Corse (1898).

Sous presse :

— 15e Série : Les Charentes et la Plaine poitevine.
— 16e Série : De Vendée en Beauce.

Une quinzaine d'autres volumes compléteront ce grand travail activement poursuivi par l'auteur.

Le prospectus détaillé de la collection est envoyé sur demande.

ARDOUIN-DUMAZET

Voyage en France

13ᵉ SÉRIE
LA PROVENCE MARITIME
MARSEILLE — LE LITTORAL — ILES D'HYÈRES
MAURES — ESTÉREL — NICE
Avec 29 cartes ou croquis

BERGER-LEVRAULT ET Cⁱᵉ, ÉDITEURS
PARIS | NANCY
5, RUE DES BEAUX-ARTS | 18, RUE DES GLACIS
1898
Tous droits réservés

Tous les croquis sans titre compris dans ce volume sont extraits de la carte d'état-major au $\frac{1}{80,000}$.

VOYAGE EN FRANCE

I

LA PETITE MER DE BERRE[1]

Au port de Bouc. — Le golfe de Fos. — La petite mer. — Son rôle économique. — Son rôle militaire. — Miramas. — Saint-Chamas — Le pont Flavien.

Port de Bouc. Décembre.

La mode n'a pas encore attiré les touristes dans les parages écartés d'où j'écris. Malgré les oliviers qui couvrent les pentes, ce coin de Provence est morose. Un petit port, sûr, bien abrité, capable de recevoir des navires calant 6 mètres, s'ouvre entre deux pointes de rocher. C'est le port de Bouc. A l'intérieur, un canal débouche, profon-

---

[1]. Une partie de ce chapitre a déjà paru dans notre livre : *a Défense de la Corse* (Berger-Levrault et Cie, éditeurs).

dément excavé entre des parois rocheuses ; un autre canal, plus profond, délimité par une digue, s'aligne, inflexible, entre les eaux mortes, sans profondeur, de la vaste nappe de l'étang de Caronte. Ici les collines vertes, grâce aux eaux d'irrigation ; là-bas les pentes de la chaîne de l'Estaque, arides et pelées, semées de rares pins.

Vers le couchant, le vaste golfe de Fos, dont on a peine à distinguer les limites indécises, tant les plages en sont basses, — si l'on peut appeler plages ces zones mi-terrestres, mi-aquatiques formées par les alluvions du Rhône et qui s'avancent sans cesse pour fermer le golfe. Un phare se dresse au loin, comme en pleine mer ; en réalité, il est à l'extrémité de la jetée abritant l'entrée du canal Saint-Louis. Deux grands vapeurs le doublent en ce moment pour pénétrer dans le Rhône devenu maritime en dépit de sombres prédictions. Là, naît lentement, en vue des plaines solitaires de la Camargue, la ville de Saint-Louis-du-Rhône[1].

Malgré ces deux ports, celui du fleuve, celui de Bouc, les abords du golfe de Fos sont désolés et déserts. Pourtant il n'est guère au monde de

---

1. Voir, 8e série du *Voyage en France,* les chapitres sur la Camargue.

site commercial comparable. Le Rhône, aujourd'hui rendu navigable en toute saison, parcouru jusqu'à Lyon par d'immenses vapeurs de près de 600 tonnes, doté d'un service de remorquage pour de grands chalands en fer, se prolongeant par la Saône et les canaux jusqu'à Paris et le Havre, a sur la mer deux portes navigables : les écluses de Saint-Louis et le canal de Bouc. Ce devrait être la grande route pour toutes les marchandises lourdes et encombrantes : les laines, les blés, les alfas, les vins, les houilles, les pierres et autres matériaux, pour les soufres de Sicile, les minerais de l'île d'Elbe et d'Algérie ; son mouvement, cependant considérable, est insignifiant, eu égard à son rôle naturel. C'est toujours par les deux voies ferrées longeant ses rives et devenues un seul tronçon de Tarascon à Marseille, que se fait le commerce. Vienne un éboulement possible dans le tunnel de la Nerthe, et Marseille n'aura d'autres communications avec le reste de la France que par les lignes accidentées et à voie simple d'Aix à Rognac et à Cavaillon.

Cet abandon du golfe de Fos paraît plus navrant quand, après avoir suivi le canal de Caronte et pénétré par l'étroit défilé des chenaux qui font de la petite ville de Martigues une triple cité orgueilleusement appelée la « Venise provençale » on voit se dérouler l'éclatante et immense nappe bleue de l'*étang* de Berre. Malgré ce nom d'étang, on a sous les yeux une véritable rade, profonde et sûre, fermée contre toute attaque par un goulet étroit, bien supérieure par là aux rades de Toulon, de Lorient, de Brest et de Cherbourg. Sur aucun autre point de nos côtes, on ne saurait trouver un golfe aussi tranquille et aussi sûr.

Pourtant désert est ce vaste bassin, dont la superficie atteint 20,000 hectares. A peine, de temps à autre, une voile de pêche. Dans les anses si bien abritées de Saint-Chamas et de Berre, pas un mât de goélette, pas une cheminée de steamer : c'est la solitude absolue.

Aussi les voyageurs qui vont à Marseille croient-ils avoir sous les yeux une simple lagune sans profondeur quand, pendant 33 kilomètres, de Miramas au Pas-des-Lanciers, ils suivent les indentations de ce beau rivage de la petite mer de Berre. Mais quand souffle le mistral ou le vent du Midi, la vaste étendue des eaux moutonne, des vagues viennent se briser sur les plages ou contre les roches, et l'on reconnaît la mer.

Mer assez vaste et profonde pour abriter toute notre flotte commerciale de la Méditerranée, tous nos navires de guerre aujourd'hui réduits au seul refuge de Toulon. Sur près de 3,000 hectares on

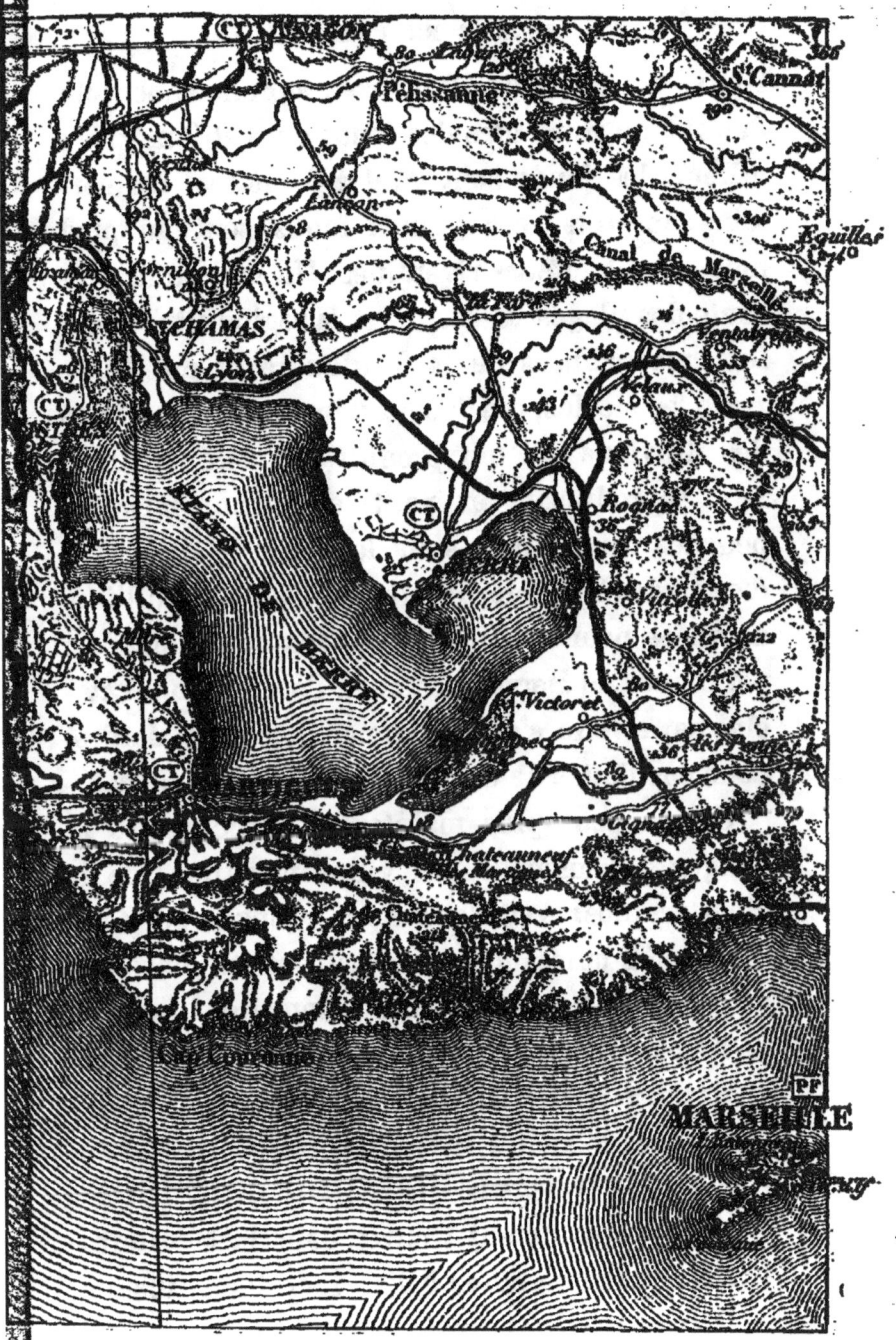

PETITE MER DE BERRE

D'après la carte de l'état-major au $\frac{1}{320,000}$.

trouve des fonds de 10 mètres; sur une superficie double, on rencontre des fonds de 8 et 9 mètres; ailleurs les fonds sont de 4 à 8 mètres. En certains endroits, ces grands fonds sont au pied même des hauteurs riveraines. Un seul point présente des plages basses, c'est la région située vers les embouchures de la Touloubre et de l'Arc. Avec les siècles, ces fleuves minuscules ont amené des alluvions qui ont produit des cordons littoraux reproduisant en petit les phénomènes des bouches du Rhône. Mais le débit de ces cours d'eau est très faible, il leur faudrait des milliers d'années pour modifier les fonds de l'étang. La petite mer de Berre est donc à l'abri de tout cataclysme, et elle s'offre comme un refuge naturel pour nos flottes de commerce en cas de guerre.

On ne peut plus maintenant méconnaître le danger qui menace nos villes maritimes de la Méditerranée. Avec les canons à longue portée et à explosifs puissants, elles peuvent être détruites en quelques heures, si elles commettent la faute de ne pas envoyer leur flotte dans un havre intérieur; les bâtiments réunis dans leurs bassins sont exposés à être incendiés, malgré les batteries qui les protègent.

Il faut absolument trouver dans la Méditerranée un port de refuge à l'abri de toute insulte, assez bien défendu par la nature pour que, même en supposant nos escadres anéanties, les flottes de commerce de Marseille et de Cette puissent échapper au bombardement. Il n'y a sur toute la côte qu'un point remplissant ces conditions : c'est la petite mer de Berre.

Le massif des montagnes de l'Estaque qui la sépare de la Méditerranée a une largeur de huit kilomètres et présente un relief de 100 à 250 mètres d'altitude. Le débouché vers le golfe de Fos a sept kilomètres de longueur et n'offre à Port-de-Bouc qu'une étroite ouverture elle ne saurait être forcée.

C'est, pour les navires, un refuge d'une sécurité absolue, bien supérieure à celle de la rade de Brest ou de nos grands estuaires des mers à marée. Cependant, la petite mer reste déserte ; à peine de temps à autre quelque voile de pêche en sillonne-t-elle les eaux solitaires.

Déjà, avant la guerre, on avait compris l'intérêt qu'il y avait à mettre cette belle nappe en état de recevoir les navires. En 1864, on creusa à travers les eaux sans profondeur de l'étang de Caronte un chenal profond de 6 mètres, avec 13 mètres de largeur au plafond et 27 mètres au plan d'eau. Ce chenal n'a pas été entretenu ; par suite de l'éboulement des talus sur quelques points, il est bien difficile aux navires calant plus de 3 mètres de circuler librement entre Bouc et les Martigues. Bien plus, le peu de largeur du chenal ne permet pas l'évitement.

Il suffirait donc de creuser plus profondément ce chenal et de lui donner une largeur plus grande pour permettre aux plus puissants navires de pénétrer dans la petite mer. Dix mètres de profondeur, 80 mètres de largeur, telles devraient être les dimensions de cet ouvrage. Ce serait une dépense de 2 à 3 millions, somme infime eu égard à l'importance des résultats.

Sur l'utilité de cette mesure il n'y a qu'une voix : marins de guerre ou de commerce, armateurs et négociants, tous réclament la mise en état du chenal de Caronte. Il ne se passe pas d'année sans que le conseil général des Bouches-du-Rhône demande l'exécution de ce projet.

Il y a plus qu'un intérêt particulier aux ports méditerranéens dans une telle entreprise, il y a un intérêt national immense. S'imagine-t-on l'impression produite au début d'une guerre par la nouvelle qu'un croiseur ennemi, trompant la surveillance de notre escadre et bravant les forts du Frioul, a pu lancer ses obus à explosifs puissants sur Marseille et brûler les centaines de navires réunis dans les bassins ? Ce serait pour le pays tout entier une lamentable cause d'affolement.

Ce danger peut être écarté par le creusement du canal et l'approfondissement du port de Bouc. En moins d'une année on peut achever ce travail. Dès lors, à la moindre menace, nos grands paquebots comme nos petits caboteurs pourraient trouver, à deux heures de Marseille, à quatre heures de Cette, un abri absolument sûr.

Élisée Reclus a dit que la non-utilisation de l'étang de Berre était un scandale économique ; il a raison, aucun port de commerce ne serait mieux situé que cette immense rade ; mais combien est plus grand encore le scandale au point de vue de la défense nationale ! Il y a là une inertie absolument inexplicable.

Rien n'entrave cependant cette grande entreprise ; il n'y a d'autres intérêts en jeu que ceux des propriétaires de bourdigues ou pêcheries établies aux issues de l'étang pour profiter des migrations des poissons.

―――――

Pour venir à Port-de-Bouc, on prend à Miramas un petit chemin de fer desservant à distance les rivages de l'étang de Berre en traversant les campagnes conquises sur la Crau au revers des collines littorales. Mais cette région de cailloux roulés, ces horizons sans fin me sont connus déjà[1]. J'ai préféré gagner Port-de-Bouc par les rivages de la petite mer intérieure. Hier soir, je couchais à Saint-Chamas et, ce matin, j'ai entrepris le voyage pédestre.

La transition est brusque, quand on quitte la Crau à la gare de Miramas pour se diriger vers le sud. Une ligne de rochers bizarrement dressés apparaît. La route de Marseille les gravit, le chemin de fer s'y creuse des tranchées profondes et l'on aperçoit un piton isolé couvert de constructions grises, de remparts fiers encore, de tours découronnées, véritable aire de pirates sarrasins, de merveilleuse et fantastique allure. C'est le vieux Miramas, dont le nom a été donné à l'importante gare élevée à la marge de la Crau.

Un chemin conduit à ce village, en partie abandonné au profit de la ville née près de la station. Sous le grand soleil, l'ascension est assez dure, mais on est amplement payé de sa peine par l'admirable vue dont on jouit. Au pied de la colline, entre les prairies dues au canal d'irrigation et les oliviers, on voit s'ouvrir un golfe harmonieux entouré des maisons d'une ville et de nombreuses

---

1. Voir 12º série du *Voyage en France*, chapitre sur la Crau, pages 107 et suivantes.

bastides. C'est l'anse de Saint-Chamas. Au delà s'élargit la petite mer, sous l'aspect d'un lac immense, où court la houle. Des collines d'un relief modéré, mais superbes de couleur et de forme, bordent des rivages bien dessinés. Au fond, la mer et la côte se confondent, donnant la sensation de l'infini. Rien de saillant dans ce panorama; mais la splendeur des eaux, du ciel et des rochers, la transparence de la lumière en font, à certaines heures, un inoubliable tableau.

Un chemin sinueux descend la colline entre les oliviers et atteint le fond d'un vallon dont la fraîcheur contraste avec le caractère brûlé des collines. Cette verdure est l'œuvre de la Durance. Une dérivation du canal des Alpilles vient dans cette partie du littoral de Berre, arrose des prairies et des jardins, fait mouvoir les machines d'une importante poudrerie nationale dont les constructions légères disparaissent sous les grands arbres et va ensuite arroser d'autres campagnes autour de Saint-Chamas. En quelques instants on atteint cette étrange ville, séparée en deux parties par une haute colline de mollasse à deux teintes : grise et compacte en bas, jaune et divisée en strates régulières là-haut. A la limite des deux bandes, des gens ont creusé des habitations formant comme une cité de troglodytes au-dessus de la ville de maisons. Plus haut, vers la crête, des restes de tours et de remparts se montrent encore.

La colline a été coupée par une brèche immense franchie par les beaux arceaux de l'aqueduc. A l'est, c'est une cité où le soleil parvient rarement, elle doit à l'ombre du coteau un aspect sévère et gris, mais aussitôt la brèche franchie, on découvre un quartier ensoleillé, où les maisons ont moins de caractère, percé de rues à angle droit aboutissant au rivage, près d'un petit port carré ayant accès sur l'étang par un chenal. Ce port a 40 mètres sur 60 à peine, le tirant d'eau ne dépasse pas 2 mètres. Il est presque désert, les embarcations des pêcheurs n'y viennent pas volontiers, celles-ci sont amarrées à même le rivage, en de petites cases de maçonnerie où deux peuvent prendre place. Le trafic du port est faible, la ville, peuplée de poudriers, fait uniquement commerce d'olives et d'huile. 176 navires jaugeant 6,373 tonnes l'ont fréquenté en 1895.

Sur le rivage, planté de tamaris, des pêcheurs se promènent, car c'est dimanche. Ils contemplent la surface légèrement agitée de la petite mer, encadrée de collines sévères aux lignes précises. Sur le flot d'un bleu éclatant, un vol de mouettes s'est abattu.

Jusqu'à la tombée de la nuit je suis resté là,

puis suis allé à la Touloubre, ruisseau qui s'est creusé dans la roche crayeuse un lit profond et régulier. Un vieux pont d'une seule arche le franchit, très monumental, grâce aux arcs de triomphe qui le précèdent à chaque extrémité. C'est le pont Flavien, ainsi nommé de son fondateur, le romain Donnius Flavius. L'édifice est d'une élégance heureuse et sobre, dans ce site sauvage il produit une impression de grandeur, accrue encore, à cette heure crépusculaire, par l'harmonie profonde qui règne entre ce paysage sévère et les lignes classiques des arceaux qui ont résisté aux siècles et à tant d'invasions.

A l'hôtel, à Saint-Chamas, où je suis revenu, un bal a lieu dans une vaste salle, bal familial où l'on va autant pour voir que pour danser. Les jeunes mères y conduisent leurs bébés, tout autour des murailles c'est un cordon de femmes et d'enfants. Le costume d'Arles est venu jusqu'ici, une partie des danseuses le portent, mais celles-ci n'ont point le type pur des véritables filles d'Arles ; dans cette salle de bal, aux sons d'un orchestre primitif, on croirait plutôt assister à un bal costumé.

Ce matin, j'ai gravi la route de la gare avec une théorie de chasseurs et de chasseresses retournant à Marseille. Les dames portent crânement la carabine en bandoulière, elles ont les jambes emprisonnées dans des guêtres de coupe élégante. La chasse est surtout celle des oiseaux aquatiques, particulièrement abondants dans ce golfe terminal de la petite mer où les eaux sont peu profondes, où les collines abritent les rivages du mistral.

La station est presque au sommet des collines. Elle offre une vue fort belle sur Saint-Chamas blotti au pied de sa falaise; par la coupure on aperçoit la petite mer entre ses collines rocheuses couvertes de terrasses d'oliviers. La lumière est nette, le flot bleu, ridé par le mistral qui se lève, semble courir en riant. Le paysage est simple, mais d'une grâce antique, exquise.

II

LES BOURDIGUES DE CARONTE

De Saint-Chamas à Berre. — Berre. — Le *jaï* et l'étang de Bolmon. — Martigues. — Jonquières, l'Ile et Ferrières. — La Venise provençale. — Les bourdigues. — Cèdes, lambes et plans d'eau. — Au bord du golfe de Fos. — Le port de Bouc. — Fos. — Les Fosses Mariennes. — Le canal d'Arles. — Le desséchement des marais. — Culture des roseaux et des bambous. — Istres et ses étangs.

Istres. Décembre.

Pour le voyageur venu du nord, l'apparition, au matin, de la petite mer de Berre est saisissante. Rien n'a préparé à ce panorama d'une grandeur et d'une sauvagerie inexprimables. En dehors de Saint-Chamas, ni ville, ni hameau. Le pont Flavien sur le cañon étroit de la Touloubre, témoin d'une civilisation disparue, paraît l'unique vestige d'un monde mort. Mais si l'on examine les détails, on retrouve la trace du travail humain. Dans la fissure de la Touloubre, petite rivière rendue pérenne grâce aux eaux amenées par la Durance, s'étend une bande de prairies bien irriguées ; les amandiers par leurs lignes régulières contrastent avec les broussailles de chênes nains dont les pentes rocheuses sont revêtues.

Bientôt la voie ferrée atteint le rivage maritime, près de la pointe où se jette la Touloubre, où s'ouvre le golfe de Saint-Chamas. La petite mer apparaît tout entière, immense, bleue, solitaire dans son cadre de collines rocheuses. Les rives d'abord saines, se font palustres. Dans une plaine littorale, d'aspect fiévreux, mais jadis féconde et salubre, on retrouve les restes d'une importante cité romaine. La partie marécageuse est séparée des collines couronnées de rochers semblables à des châteaux en ruines par une plaine de cailloux, sorte de Crau peu à peu gagnée par les plantations d'amandiers formant ici une véritable forêt[1], coupée par des olivettes de souffreteuse apparence. Au milieu de ce maigre paysage se dessinent des méandres d'arbres plus hauts, peupliers et saules ; ils croissent dans le lit profond de l'Arc. Le petit fleuve franchi, on parcourt des campagnes moins sauvages ; des canaux d'irrigation ont permis la culture ; il y a des champs, des prairies, des vignes. Cette massive péninsule, compris eentre l'Arc et le golfe de Rognac, est fort

---

1. Sur la culture de l'amandier, voir 12ᵉ série, chapitres XIV et XVII.

basse; à l'extrémité elle se confond presque avec les eaux de la petite mer; la ville de Berre semble flotter, dominée par la flèche de son église et les hautes cheminées des usines où l'on traite les sels recueillis dans les salins dont les damiers miroitent au soleil autour de Berre.

L'apparition est charmante. Ainsi vue de loin, la mignonne cité évoque l'idée d'une Venise provençale; jusqu'aux abords, jusqu'aux grands arbres des promenades il en est ainsi, mais l'entrée dans les rues étroites fait disparaître la féerie. C'est une grande bourgade aux ruelles sales et puantes. Le tableau n'a pas changé depuis trente ans, lorsque Taine notait sur son *Carnet de voyage*[1] son impression sur « ces rues d'une étroitesse étonnante, infectes d'odeur humaine concentrée, sales comme si depuis le commencement des siècles la poussière et la boue y fussent restées intactes, hérissées de petits cailloux blessant, semées de débris épars, de pêches rongées, d'épluchures ».

La ville est peut-être plus triste encore aujourd'hui; la vie s'en retire : elle avait 1,800 habitants, on en compte 1,500 à peine au dernier recensement; l'amélioration des entrées de la petite mer pourrait lui rendre quelque activité. Cependant,

---

1. Chez Hachette, 1897.

grâce aux salines, son port a encore reçu, en 1895, 101 navires jaugeant 9,020 tonnes.

J'ai pu trouver une barque pour traverser cette sorte de golfe ouvert entre Berre et les hauteurs de Vitrolles; sa largeur est d'une lieue; grâce au mistral nous avons rapidement franchi cette zone d'eaux peu profondes pour aller toucher les salines de Vitrolles, en cette saison sans vie, car l'évaporation serait insuffisante. Je me proposais de suivre le littoral de la petite mer de Berre par le singulier cordon littoral qui la sépare de l'étang de Bolmon, mais cette mince levée de sable a six kilomètres de longueur, elle n'offre aucun abri et le mistral s'accroît en violence. J'aurais bien voulu cependant suivre ce *Jaï* dans lequel les habitants du pays voient une chaussée de Marius, mais allez donc lutter pendant plus d'une heure contre le vent, les embruns, les algues et le sable ! Par ce temps-là, il n'y a personne dans les pêcheries et peut-être ne pourrai-je franchir les *bourdigues* par lesquelles l'eau vive de la petite mer pénètre dans la lagune de Bolmon.

Et me voici quittant les salines pour traverser les vignes jusqu'à Marignane où j'ai la bonne fortune d'arriver à l'heure d'un train pour les Martigues. Le mistral est mordant; j'éprouve une volupté infinie à prendre place dans un wagon où cependant le vent paraît régner en maître. Il siffle dans les rainures, ébranle la portière, fait crépiter le sable et les graviers contre la vitre. Au loin la petite mer de Berre a grossi, hautes sont les vagues ; sur l'étang de Bolmon ce ne sont que des rides venant mourir en écume sur le rivage.

Bientôt on a dépassé l'étang de Bolmon et rejoint le bord de la petite mer intérieure, à l'endroit où les collines rocheuses qui la séparent de la Méditerranée viennent mourir dans son flot. A l'extrémité d'une péninsule, complètement entourés par les eaux, surgissent de hauts rochers de formes fantastiques, ce sont les Trois-Frères, un des sites les plus curieux du bassin. On les perd de vue après l'arrêt de la Mède et, longeant toujours le pied des collines, on atteint bientôt la gare de Martigues.

Ma première visite a été pour le commissaire de la marine ; le ministre avait bien voulu me recommander à ce fonctionnaire en lui demandant de mettre une embarcation à ma disposition pour une visite complète de la mer intérieure. Les matelots sont prévenus, la chaloupe est parée, mais le patron me fait prévoir une traversée pénible, tout au plus pourrons-nous, en louvoyant, arriver à hauteur de Marignane, il faudra naviguer à l'aviron contre le vent et nous ne ferons guère de chemin, bref l'expédition s'annonce mal, il faut y renoncer.

Je vais donc refaire connaissance avec la pittoresque cité de Martigues, assise entre la grande nappe des eaux de mer et les ondes sans profondeur de l'étang de Caronte. J'avais gardé une vision éblouissante d'une journée d'avril dans cette même Martigues coupée de canaux, aux rues étroites, avec ses trois villes jumelles si diverses d'aspect : *Jonquières,* aux avenues ombreuses, aux rues étroites bordées de maisons d'une propreté de pêcheurs ; l'*Ile,* entourée de ses canaux où reposent aujourd'hui toutes les barques du port ; *Ferrières,* sorte de faubourg adossé aux collines de Saint-Mitre et, par elles, abritée du mistral. Mais où sont la gaîté du soleil, la lumière éclatante, les couleurs vives, l'animation des pêcheurs débarquant le poisson devant la halle? Tout semble gris et morose sous la bise âpre et cinglante qui rend les quais intenables. Comme nous voilà loin de cette Martigues chère aux peintres, de cette marine lumineuse dont tant de paysagistes maritimes se sont inspirés [1].

Les canaux qui ont fait donner à Martigues le

---

1. Le port de Martigues a reçu, en 1895, 681 navires jaugeant 45,412 tonnes.

surnom de Venise provençale sont l'âme et la vie de cette cité de pêcheurs. Ils sont l'œuvre de la population; depuis 1500 ans au moins, peu à peu, les Martigaux ont resserré le chenal appelé étang de Caronte qui relie la petite mer au golfe de Fos. A l'entrée vers la Méditerranée, à l'autre entrée vers le grand bassin, ils ont creusé les vases, les ont rejetées en ados ou en seuils sous-marins pour créer des canaux plus profonds dans lesquels le poisson doit forcément s'engager. Les habitants avaient remarqué que, de février à juillet, les poissons se rendent en foule de la grande à la petite mer et font une migration en sens inverse de juillet à février. Leur capture dans des eaux peu profondes, mais larges, était difficile; c'est pourquoi l'on songea à créer ces issues étroites où l'on pouvait facilement disposer des engins de pêche. Quand les vases furent assez abondantes elles émergèrent de l'eau, formant des sortes de jetées appelées *cèdes*; si elles restaient couvertes c'étaient des *lambes*; les parties profondes sont des *plans d'eau* barrés par des engins en roseaux appelés bourdigues; par la suite le nom s'est étendu à tout le système, c'est pourquoi les canaux des Martigues et de Bouc, comme les passes à travers le Jaï, sont appelés les bourdigues. Les pêcheurs sont des *bourdigaliers*.

Les créateurs des cèdes et des lambes : d'abord les archevêques d'Arles, puis les particuliers, devinrent naturellement les possesseurs des pêcheries ; leurs droits furent reconnus, à charge par eux d'entretenir les chenaux. Parmi ces propriétaires furent les seigneurs de Gallifet, princes des Martigues. Mais la population de pêcheurs et la ville de Martigues n'ont pas cessé de protester contre cette propriété.

J'ai dit déjà que le débat reprend fréquemment de son acuité.

Malgré le mistral, j'ai pu gagner de nouveau Port-de-Bouc et Fos. Les petites collines abritent un peu du vent, mais à peine avais-je atteint le canal d'Arles à Bouc et j'ai retrouvé le souffle terrible soulevant même les vagues dans l'ample bassin du port. La surface moutonneuse du golfe de Fos se confond au loin avec les terres basses du delta, c'est un paysage d'une tristesse infinie. On se croirait loin de tout pays habité sans les toits de Port-de-Bouc, les hautes cheminées de ses usines, les mâts de navires qui montrent dans ce pauvre bourg une volonté de vie[1]. Bouc possède une usine où l'on agglomère les houilles du

---

1. Mouvement du port de Bouc en 1895 : 1,526 navires, 158,507 tonnes.

Gard à l'usage de la marine, une raffinerie de pétrole et une sécherie de morues. C'est le port d'expédition pour une grande partie des salins du Midi. Cependant, la population ne dépasse pas 1,300 habitants, malgré la belle situation de Bouc en face du canal Saint-Louis, à l'issue du canal d'Arles et à l'entrée de la petite mer de Berre. C'est que le canal d'Arles est insuffisant pour la navigation des grands bateaux du Rhône, il oblige à un transbordement à Arles et les bourdigues de Caronte ne permettent pas aux navires d'atteindre l'étang de Berre où, d'ailleurs, rien n'est préparé pour l'accostage et le déchargement.

Toutefois, à distance, avec la masse pittoresque de son fort, ses cheminées et ses phares, Port-de-Bouc donne l'illusion d'une ville importante.

J'ai gagné Fos à pied en longeant le canal d'Arles, ici creusé au bord même de la Méditerranée. Le village couronne un monticule rocheux, haut de 32 mètres, les maisons de teinte fauve donnent un grand caractère au paysage, car elles semblent surgir des terres basses, des eaux stagnantes et du flot glauque de la Méditerranée. Ce rocher couvert d'une ville est un des plus vénérables sites de la côte. Il a gardé le nom des *Fosses Mariennes*, c'est-à-dire du canal creusé par Marius pour relier Arles à la mer en évitant la barre dangereuse du Rhône. Ce canal reliait les étangs semés dans les terres basses, approfondissait ceux de ces étangs de faible profondeur et permettait aux navires partis de l'embouchure du Tibre d'apporter les renforts, les vivres et les armes à la Rome des Gaules pendant les préparatifs de la grande lutte contre les Teutons et les Ambrons[1]. Le canal a longtemps suffi aux besoins du commerce, mais, peu à peu les étangs se sont obstrués, les chenaux sont devenus impraticables, en vain a-t-on créé le canal d'Arles, il est bientôt devenu inutile puisqu'il ne pouvait recevoir les vapeurs de Lyon. Aujourd'hui, on projette un nouveau canal plus grandiose, reliant le Rhône directement à Port-de-Bouc et, par l'étang de Caronte, à la petite mer de Berre dont on longerait le rivage. Un tunnel, percé sous le massif de l'Estaque, déboucherait en vue de Marseille et suivrait la côte jusqu'au port de cette grande métropole de la Méditerranée. Fos reverrait alors passer au pied de sa colline de longues files de chalands, peut-être même les vapeurs du Rhône.

En attendant la réalisation de ce rêve, le vieux bourg romain s'efforce d'échapper à la désolation

---

[1]. Voir 11ᵉ série, le chapitre XVIII, « les champs de Pourrières ».

de ces rivages où le Rhône, la mer, les marais et les sables mouvants sont en lutte incessante, ceci voulant conquérir cela. Une compagnie a obtenu la concession des marais et des étangs qui bordent la mer et le canal et a entrepris l'œuvre difficile du desséchement. Les travaux n'ont pas donné tous les résultats attendus, par suite, dit-on, de l'intervention administrative qui a exigé pour début de l'entreprise la mise en valeur des terrains les plus bas et les plus tourbeux. On a beaucoup dépensé sans réussir à dessécher plus du tiers des terrains à reconquérir. Des vignes, des prairies vigoureuses montrent que la transformation de ces immenses espaces est possible. Des centaines de familles pourront vivre un jour sur l'emplacement de ces étangs; mais de nouveaux efforts financiers sont nécessaires pour installer des machines d'épuisement en nombre suffisant. Et, à ce propos, on peut s'étonner que les ingénieurs aient uniquement recours à la vapeur, toujours coûteuse, lorsque les vents, si violents dans ces parages, pourraient faire mouvoir d'innombrables moulins. Comme en Hollande, le vent devrait être le grand agent du desséchement, la vapeur intervenant pendant les journées calmes.

Les parties desséchées jusqu'ici sont aux confins de la Crau et des marais, au nord du canal de Bouc, ce sont les paluds proprement dits de Fos et ceux de Galéjon, vastes chacun de 570 hectares, surface infime en comparaison de l'immense étendue à reconquérir.

Fos ne se contente pas de se changer en centre agricole, c'est aussi une petite ville industrielle. Elle transforme en huiles et en savon les produits des olivettes du massif de collines qui la sépare de l'étang de Berre et elle possède depuis quelques années une usine importante, d'un haut intérêt pour l'industrie française et pour l'Algérie, c'est sa fabrique de pâte de cellulose, pâte à papier obtenue avec l'alfa. On sait que cette plante textile des hauts plateaux d'Algérie produit une pâte à papier de qualité supérieure ; malheureusement nos industriels ne l'utilisent guère, toute la production était jusqu'ici dirigée sur l'Angleterre. L'usine de Fos, favorisée par le voisinage de Port-Saint-Louis et de Port-de-Bouc, qui reçoivent les alfas, est venue combler une lacune humiliante pour nous[1]. Aux alfas elle a joint la canne de Provence, ce grand roseau qui pullule sur tous les ruisseaux et canaux d'irrigation et dont on ne se sert guère que pour faire des brise-

---

1. Voir, sur la récolte de l'alfa, notre volume *Études algériennes*, chez Guillaumin.

vents. Ce roseau fournit des fibres excellentes pour la fabrication des papiers de luxe. Depuis quelque temps, on plante les bambous à titre d'essai, pour les consacrer au même usage ; on sait que le bambou est la base de certains excellents papiers de la Chine et du Japon.

Fos possède une belle plage sablonneuse, contrastant avec les rives basses et noyées des autres parties du golfe, elle devient pour les anciennes Fosses mariennes une cause de prospérité ; les industriels de Salon[1], séduits par la proximité de cette plage d'un sable fin et doux, viennent s'y installer, plus nombreux chaque année, ils la bordent de villas, on va créer un hôtel-casino, en un mot Fos-sur-Mer est en train de transformer toute cette contrée abandonnée depuis tant de siècles.

Entre les collines riveraines de la Crau et le massif plus compact qui borde l'étang de Berre, des dépressions profondes sont creusées, dans lesquelles l'eau de la petite mer, amenée par des canaux, dont un souterrain, est soumise à une évaporation active, se sursature de sel et alimente des salines importantes. Ce sont les restes d'une nappe d'eau plus considérable, le *Stoma-Limné,*

---

1. Sur l'industrie de Salon voir la 12ᵉ série du *Voyage en France,* chapitre IV.

dont une partie porte encore ce nom bizarrement défiguré : Étang de l'Estomac, qui fut à l'époque romaine un golfe fréquenté. Des soulèvements du sol l'ont séparé de la mer, l'extrême évaporation sous un ciel de feu a abaissé le plan d'eau à 7 et même 14 mètres au-dessous du niveau de la Méditerranée. Ces petits bassins offrent des paysages étranges avec leurs eaux d'une surface de plomb, leur ceinture de salines éblouissantes, les usines pour le traitement des sels, les collines grises qui les entourent.

Tout le massif était ainsi creusé de bassins dont plusieurs ont été desséchés ; un seul a des eaux douces, c'est l'étang de l'Olivier dont je contemple en ce moment les eaux vastes encadrées de roseaux et d'arbres aquatiques que dominent, sur les coteaux, les grises olivettes. Cet étang fut jadis salin, mais il a servi de débouché aux canaux dérivés de la Durance : Craponne et Boisgelin ; peu à peu il a perdu son caractère de Caspienne, il est devenu un lac où les carpes ont remplacé les moules et les poissons de mer. La nappe, bien dessinée, s'est entourée de cultures verdoyantes au-dessus desquelles une petite ville d'allure féodale, quasi sarrazine, dresse ses toits gris, une tour carrée d'église et des débris de remparts. C'est Istres, assise sur de prodigieux amas d'huîtres fossiles qui forment une ligne de monticules hauts de 40 mètres.

Le paysage d'Istres est étrange mais superbe ; au crépuscule surtout, la vue découverte du haut des collines est des plus saisissantes. La petite mer de Berre, les collines couvertes d'oliviers, la nappe bleue de l'Olivier, les espaces mélancoliques de la Crau, fermés par les Alpilles, laissent une inoubliable impression.

III

DE ROQUEFAVOUR AU PILON-DU-ROI

La basse vallée de l'Arc. — Roquefavour et son viaduc. — Le canal de Marseille. — Au pied du Pilon-du-Roi. — Le col de Saint-Savournin.

Gréasque. Décembre.

Parti au matin de Berre pour Rognac, j'ai pris le chemin de fer d'Aix. La voie court au pied de collines argileuses revêtues de broussailles et atteint bientôt une plaine de culture couverte d'oliviers bien soignés, taillés en forme de coupe, dont le feuillage brillant contraste avec les arbres poussiéreux rencontrés au bord des routes. Les hauteurs n'ont guère de netteté dans leurs contours, leurs lignes sont émoussées; cependant certains sites ne manquent pas de caractère. Peu d'habitations; sur un mamelon apparaît, très féodal d'allure, un bourg de maisons fauves, dominé par une tour carrée que surmonte un campanile de fer forgé, c'est Velaux. Il commande un paysage très varié, grâce aux eaux d'irrigations. Les oliviers, amis des terrains secs, confinent aux prairies exubérantes, les pins se groupent en bosquets au milieu des cultures, l'amandier, qui se plaît dans les sols arides, forme de vastes quinconces, des mares se bordent de tamaris, dans les fonds sont des plantations de mûriers. On a, comme en raccourci, toutes les zones de végétation de la Provence.

Les collines se haussent, se découpent plus nettement, beaucoup se séparent de la chaîne et forment autant de pitons ou de croupes boisés. Puis on atteint brusquement les bords de l'Arc; la rivière coule dans une vallée qui est une véritable forêt d'oliviers semée de villas, si l'on peut appeler forêt ces arbres taillés comme les buis ou les charmilles de nos vieux jardins français. Au-dessus de ces pentes soignées avec amour surgissent des mamelons revêtus de pins. Sur le plus élevé de ces mamelons formant promontoire, se dresse, sous un rocher couronné par de fières ruines, le village, au nom sonore, de Ventabren.

Le fond de la vallée est un beau vignoble, les alluvions profondes déposées par l'Arc se sont prêtées à merveille à la reconstitution de la vigne. Les rangées de ceps bordent les deux côtés de la rivière, masquée par un rideau de saules, de peupliers et d'ormes, rarement on aperçoit le flot gris. Les hauteurs, au delà de cette zone cultivée, sont d'un beau caractère par leurs assises de roche friable aux teintes d'un blanc rosé, rendues plus vives par la sombre parure de pins.

La vallée se fait vallon et le vallon devient

gorge d'une sauvagerie charmante. Les eaux et les bois, choses rares en Provence, ont attiré Marseillais et Aixois. Il y a beaucoup de villas sous ces beaux arbres, surtout aux abords de l'aqueduc de Roquefavour, un des sites les plus justement vantés du Midi.

J'ai quitté le train à la station établie au pied même de cette œuvre merveilleuse qui n'a pas encore toute la réputation dont elle est digne. Le cadre répond à la grandeur élégante du monument. De hautes roches, des villas, des hôtels, des pinèdes ombreuses, de grands platanes bordent la rivière. Le paysage devait être charmant au temps de sa solitude; l'homme ne l'a point gâté, l'aqueduc est d'une grâce et d'une légèreté qui laissent bien loin les ouvrages les plus célèbres de l'antiquité. Même le pont du Gard, doré par dix-huit siècles de soleil, ne produit pas une impression comparable. La hauteur du pont, dont la troisième rangée d'arcades atteint 82^m,50, sa longueur de 375 mètres frappent moins que son élégance, contrastant avec les dimensions et la coupe sévère des matériaux.

L'aqueduc de Roquefavour s'harmonise à merveille au site, à ces hautes roches à pic, à ces bois, à ces prairies minuscules. Il est véritablement digne de cette grande entreprise du canal de Marseille dont la dernière œuvre d'art, le château d'eau de Longchamps, est un des rares édifices vraiment sans défaut produit par notre siècle. Cependant l'aqueduc et l'édifice de Longchamps méritent peut être moins l'admiration que la transformation opérée par le canal lui-même dans la banlieue de Marseille où il a apporté la verdure, les fleurs et la vie.

Le canal de la Durance, par la grandeur de l'entreprise et les résultats obtenus, dépasse tout ce que les Romains, ces grands hydrauliciens, avaient accompli sur notre sol. La seule critique à faire serait le choix de la Durance pour alimenter la grande cité. Ses eaux sont presque toujours troubles, on aurait pu aller chercher soit des sources abondantes, comme la source de Fontaine-l'Évêque[1], soit des rivières plus claires. On a fort compliqué le problème, les solutions intervenues pour assurer à Marseille des eaux dépouillées de leurs particules terreuses ne sont que d'insuffisants palliatifs.

Le canal s'ouvre sur la Durance, près de Pertuis, pour aboutir à la mer, après avoir parcouru 122 kilomètres, trouant les montagnes par des tunnels, franchissant les vallons sur des aqueducs, s'étalant en lacs dans les bassins où ses eaux se débarrassent d'une partie de leurs troubles. Peu de travaux hydrauliques sont comparables à celui-là ; le canal de la Durance a été la vie pour Marseille, qui n'aurait pu prendre son prodigieux développement sans le secours de ces eaux cependant mal purifiées.

---

1. Voir la 12ᵉ série du *Voyage en France*, chapitre XVI.

Marseille n'est pas seule à profiter de la bienfaisante Durance ; quand la quantité d'eau amenée par le canal est surabondante, une cascade se déverse à l'entrée de l'aqueduc de Roquefavour et tombe dans la vallée de l'Arc, augmentant le débit de la petite rivière et assurant l'irrigation des plaines de la Fare et d'Istres.

La cascade est une des beautés de ce site admirable de Roquefavour. Elle est comme l'entrée de cette gorge fameuse pour les voyageurs venant d'Aix. De là jusqu'à la capitale provençale le paysage perd de sa grâce, les collines faites de roches désagrégées ont des formes molles, le fond de la vallée est couvert de vignobles, mais le petit fleuve sinueux est bordé de grands arbres évoquant l'idée des rivières du centre. Cette vallée se fait plaine caillouteuse, les amandiers seuls y prospèrent, dans leurs plantations sont épars des mas sans nombre qu'entourent des vignobles naissants. Ce serait banal et laid, sans la lointaine silhouette de la montagne Sainte-Victoire si grandiose dans son isolement. Vers le nord, le sol se redresse en longues ondulations. Au point culminant, une façon de petite ville, Éguilles, commande ce panorama sévère.

Sur une terrasse de galets bordant l'Arc, qui l'entoure d'un méandre, une grande bourgade d'aspect ouvrier, semblable à quelque coron du nord égaré sous ce ciel de feu, avoisine de grandes tuileries ; c'est un des principaux écarts de la vaste commune d'Aix : les Milles. Depuis Roquefavour, sur 14 kilomètres, on est sur le territoire d'Aix[1].

———

J'étais déjà à Gardanne, quelques minutes encore et le train me déposait à deux pas de la Cannebière, mais le ciel est si bleu, la température si douce, la chaîne du Pilon-du-Roi se dresse avec tant de majesté ! Au lieu de traverser ces montagnes par les tunnels, pourquoi ne pas monter là-haut d'où je descendrai dans cette vallée de l'Huveaune, qui m'a laissé un si aimable souvenir à chacun de mes voyages vers Toulon et Nice ? Et j'ai abandonné le train pour aller franchir la chaîne aux environs de Gréasque.

Je ne m'arrête pas à Gardanne, que je visitai déjà il y a quelques mois[2]. Il est tard déjà, la course est longue, j'aurai peine à atteindre Roquevaire avant la nuit. Rapidement je traverse la ville pour gagner le chemin qui monte vers Mimet, au milieu de campagnes vertes où la terre

———

1. Sur Aix, voir la 12e série, chapitre XVII.
2. Voir 12e série du *Voyage en France*, p. 243 et suivantes.

végétale est épaisse. A droite surgit, toute grise au sommet, la chaîne de l'Étoile, si caractéristique par le grand pic tronqué, semblable à une tour et appelé le Pilon-du-Roi. Cette cime et les hauteurs voisines sont d'une altitude assez modeste, les plus élevées n'atteignent pas 800 mètres, mais elles sont découpées avec tant de netteté, leurs lignes se détachent si majestueusement sur l'azur du ciel qu'on les compare involontairement à des cimes autrement puissantes. Et peu d'heures suffisent pourtant à franchir cet admirable rideau de bois et de roches tendu entre l'Arc et la mer.

Le chemin monte au fond d'un vallon aux pentes pierreuses boisées de pins. Des murs divisent le val en terrasses successives plantées en vignes, formant comme les marches d'un escalier de géant. On a accompli là un travail énorme, représentant une somme d'efforts inattendus sous ce climat brûlant. Jusqu'à la tête du ravin on continue à côtoyer ces paliers de vignobles. En ce point se dresse un obélisque surmonté par un porc sculpté à même la pierre et paraissant garder l'avenue d'un château. Les gens du pays appellent le site la *pourcelle*, la carte d'état-major indique une ferme modèle portant ce nom bizarre : *New-Porcelle*.

Les cultures cessent un instant. Le chemin s'élève au milieu de bois superbes où les pins et les yeuses se mêlent aux chênes. A l'issue du bois on aperçoit, sur un éperon du puy de Mimet, le village de Mimet, de fière mine avec ses constructions régulières surgissant au-dessus de la campagne sylvaine et commandé par une formidable muraille calcaire dont le point culminant (754 mètres) est après l'Olympe du Var (794 mètres), le sommet le plus élevé de la chaîne de l'Étoile.

En me retournant vers le chemin déjà parcouru, je découvre un immense paysage. Par l'ouverture du vallon au delà de Gardanne apparaissent les plaines de l'Arc, la chaîne d'Éguilles, le Ventoux majestueux, la ligne régulière de la montagne de Lure et les horizons sans fin des terres basses de Vaucluse et de la Drôme. Désormais chaque détour de la route montrera de plus grands horizons. Le site immédiat attire peu l'attention, on a recommencé à longer un ravin disposé en terrasses, des fermes s'échelonnent de distance en distance; sauf ce fond de cultures, cette partie des monts de l'Étoile est un bois de pins abritant les arbustes du maquis.

Aux abords du col, je m'arrête un instant, le panorama a grandi encore; au premier plan, au delà de Gardanne, sous la lumière éclatante, une petite ville prend des allures de cité féodale tant elle est fièrement groupée autour d'une roche, ce doit être Bouc, non le village maritime, mais un autre Bouc bâti en vue des campagnes à demi désertes qui séparent Aix de Marseille. Plus loin, vaporeuse et bleue, une haute cime apparait vers l'ouest, sans doute un des grands sommets des Cévennes, mais je ne puis mettre un nom sur cette montagne à laquelle d'autres cimes font cortège.

IV

LES MINES DE FUVEAU

Du haut du col de Saint-Savournin. — L'octroi de Gréasque. — Arrivée aux mines. — Les puits de Valdonne. — Le bassin de Fuveau. — Origine de l'exploitation. — Les « descenderies ». — Les concessions. — Importance de l'extraction. — Les eaux souterraines. — Un tunnel de 15 kilomètres. — Valdonne et la Bouilladisse.

Valdonne. Décembre.

En route de nouveau, voici le col où l'on quitte le bassin de l'Arc pour entrer dans celui de l'Huveaune. Il y a là quelques maisons appelées les Rampauds, entourées de cultures. Des oliviers, des amandiers, des pêchers sont épars dans les vignes. Là-haut voici le village de Saint-Savournin, au pied d'une chaîne de roches blanches surgissant des pins.

Avant de descendre vers l'Huveaune, je contemple une fois encore le paysage : il s'est prodigieusement étendu. Le mont Olympe Aurélien apparaît en entier, puis les champs fameux de Pourrières ; plus loin c'est la chaîne de Sainte-

Victoire aux puissants escarpements; en arrière se dressent les Alpes lointaines, dont les neiges et les glaces étincellent.

Au sud la vue est moins vaste, mais elle est plus belle peut-être. La chaîne de la Sainte-Baume, noire de forêts, les monts de Cassis, les monts de Marseille ferment l'horizon vers la mer. De hautes falaises, des éperons hardiment taillés, des vallons profonds et verts composent un tableau auquel la transparence de l'air donne une sublime pureté de lignes.

Le chemin descend maintenant par des bosquets de pins, des vergers, des olivettes, des amandiers et même des peupliers et des saules révélant des fontaines. Des terrasses gagnées sur les pentes sont cultivées en blé. Les sources naissent au fond des ravins et forment bientôt un ruisseau descendant en cascatelles. L'olivier est très vigoureux ici, il couvre les champs de son ombre, associé à des mûriers dont le tronc est énorme. Mais le paysage est par endroits couvert d'une fumée noire s'élevant au-dessus des puits à charbon. Toute cette contrée idyllique constitue en effet le gisement houiller des Bouches-du-Rhône.

Au-dessous du col la campagne redevient sylvestre. Un écriteau : *octroi de Gréasque,* est placé au coin d'un chemin. Gréasque est un mince village entouré de mines, dont on aperçoit un instant la tour grise du clocher ; la commune n'a pas 800 habitants, mais elle possède un octroi et le fait savoir.

La tour disparaît bientôt, le pays se fait sauvage, on aborde un véritable maquis de pins, de myrtes, de chênes verts et d'ajoncs.

On se croirait à mille lieues de toute civilisation quand, brusquement, on voit se dresser de hautes cheminées, s'aligner des bâtiments noirs, se creuser une tranchée profonde dans laquelle, sur des rails, se suivent de longues files de wagons. Une montagne noire domine ce site industriel, des plans inclinés en gravissent les pentes. D'énormes talus de débris entourent les bâtiments. Çà et là ces talus fument, on voit de petites flammes jaillir, c'est la combustion spontanée des roches schisteuses sorties du sol.

Malgré le bleu du ciel, malgré les grands horizons, la vue de ces constructions noires et de cette activité ouvrière me ramène invinciblement aux gris paysages du Forez et du Nord. Peut-être, sous ce ciel lumineux et doux, le contraste est-il trop grand avec la vie du houilleur enfermé dans les profondeurs de la terre. Et l'on ressent une impression poignante que n'a jamais donnée la vue d'une mine sous des cieux noyés de brumes.

Le chemin de fer doit trouer un jour ce col de Saint-Savournin et descendre vers Gréasque et Fuveau en desservant les exploitations houillères ouvertes au-dessus de la vallée de l'Arc ; en ce moment il s'arrête en cul-de-sac près des puits de Saint-Savournin. C'est d'ailleurs la partie la plus riche du bassin ; par l'importance de ses puits et de son outillage d'exploitation, elle rappelle les puissantes mines de Bessèges et de Saint-Étienne.

En réalité, le bassin houiller de Provence est de valeur bien secondaire. Le charbon recueilli est du lignite et non de la houille. Le voisinage de la grande cité industrielle de Marseille, dont les usines sont nombreuses, a permis cependant de tirer parti de ce combustible. L'extraction a été longtemps prospère ; une crise est survenue qui leur rend difficile la lutte contre les houilles anglaises, de qualité supérieure, arrivant aux quais de Marseille à des prix défiant la concurrence.

Malgré son importance relative, le bassin houiller de Fuveau n'est guère connu du public. On associe malaisément l'idée de ce ciel bleu, de ces horizons limpides, des champs d'oliviers à celle des puits profonds, des galeries humides et noires d'où s'extrait le combustible des machines à va-

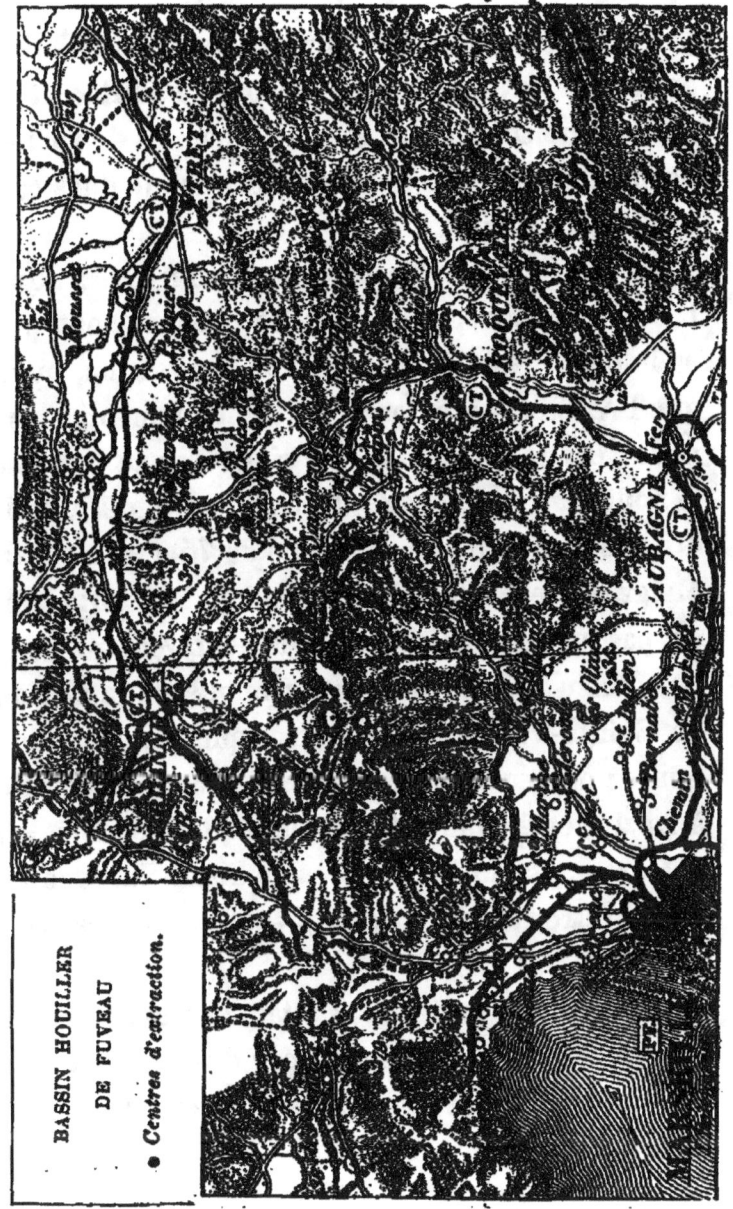

peur. D'ailleurs les chemins de fer à circulation active ne traversent point le pays houiller et le touriste ne soupçonne guère l'existence de ruches de mineurs au milieu de ces âpres montagnes calcaires de l'Étoile.

Le lignite, dont les gisements sont assez nombreux en France, mais dont les couches sont peu étendues eu égard aux mines de nos voisins, puisque l'Allemagne en produit trente fois plus que nous[1], est un charbon moins riche en carbone que la houille, il n'en contient que 55 à 75 p. 100 tandis que la houille en renferme de 75 à 90 p. 100. Malgré cette faible richesse relative, le lignite n'en est pas moins précieux dans les contrées pauvres en combustible. Aussi les gisements de la chaîne de Sainte-Victoire furent-ils exploités de bonne heure : on ignorait encore l'existence de la houille à Anzin, et depuis 150 ans on exploitait déjà les affleurements du lignite près de Saint-Savournin. On a retrouvé des traces d'exploitation remontant à 1650.

D'abord très primitifs, s'attaquant aux affleurements, suivant les couches par des descenderies ou puits inclinés, les travaux n'avaient qu'un

---

1. En France, moins de 500,000 tonnes en 1886, dont 416,000 pour le seul bassin de Fuveau; en Allemagne, 15,617,000 tonnes extraites en 1886.

caractère temporaire, les eaux d'infiltration remplissaient les galeries au moment des grandes pluies, et il fallait attendre un assèchement naturel.

En 1805 parurent les premières données précises sur le bassin de Fuveau; l'ingénieur en chef des mines, M. Mathieu, signalait 51 puits en exploitation dans les communes de Gardanne, Belcodène, la Bourine, Auriol, Mimet, Fuveau, Gréasque, Peynier et Trets. 267 puits sur affleurements étaient abandonnés.

Ces exploitations trop nombreuses, mal dirigées, furent groupées vers 1809 pour permettre une extraction rationnelle. On divisa le bassin alors reconnu en quatre concessions, puis peu à peu, jusqu'en 1887, le nombre s'éleva à 23 couvrant une surface de plus de 32,000 hectares, mais la plupart ne sont pas ou ne sont plus exploitées.

Les mines n'en restèrent pas moins très primitives. En 1820 encore, tout le charbon était porté à dos d'hommes depuis les galeries jusqu'au jour. A cette époque on fonça le premier puits vertical[1],

---

[1]. Ces renseignements m'ont été fournis par d'intéressantes notices sur le bassin de Fuveau, dues à M. Oppermann, ingénieur en chef des mines à Marseille, qui a bien voulu me les communiquer.

profond de 70 mètres; un manège à chevaux permettait de hisser le charbon. Les machines à vapeur parurent en 1837 seulement, mais depuis cette époque les puits foncés pour l'emploi des machines ont été nombreux et la profondeur a atteint 250 mètres au puits Notre-Dame.

La puissance des couches est fort variable : la Grande Mine offre une épaisseur de $3^m,10$ à $0^m,80$ de charbon, la couche de Quatre Pans de $1^m,10$ à $0^m,50$, la couche du Gros Rocher de $0^m,75$ à $0^m,20$. Le chiffre total des extractions pour les trois compagnies des charbonnages : des Bouches-du-Rhône, Michel Armand et de Trets a oscillé entre 300,000 tonnes, chiffre de 1877, et 434,000, chiffre de 1891. Ce produit est descendu en 1895 à 359,944 tonnes pour les sept concessions exploitées. La diminution semble être de 20,000 à 25,000 tonnes par an. On l'attribue à deux causes : la concurrence de plus en plus grande des charbons anglais et l'invasion des eaux, d'autant plus menaçante que l'on descend plus profondément dans le sol.

L'eau est en effet le grand ennemi du mineur dans ce pays si sec et brûlé à la surface, où les roches nues semblent calcinées. Mais ces roches calcaires sont fissurées, toute l'eau des pluies diluviennes ne gagne pas la mer par l'Arc et l'Huveaune, elle pénètre dans le roc par d'invisibles couloirs et va former sous les hauts sommets de l'Étoile, de Regaignas et de l'Olympe Aurélien des réservoirs immenses et mystérieux. Le moindre coup de mine ouvre un passage à ces eaux. On a foré des galeries d'écoulement pour les amener dans les ravins, on a installé de puissantes et coûteuses machines prélevant de 2 à 4 fr. par tonne de charbon extrait, mais la lutte a été quelquefois impossible, bien des couches ont dû être abandonnées. Malgré les barrages, les galeries, les pompes, on pourrait prévoir le moment où les mines devraient être abandonnées. Ce serait un désastre pour ce pays, car les puits occupent encore 1,548 ouvriers au fond et 668 à la surface après en avoir employé 2,500. Si l'on pouvait épuiser les eaux d'une façon régulière, sans dépenses continues, on pourrait doubler ce chiffre; il serait facile de remettre en exploitation les galeries abandonnées et d'exploiter des couches inabordables jusqu'ici.

On avait songé à de nouvelles issues au moyen de galeries conduisant les eaux à l'Arc ou à l'Huveaune, mais ces rivières coulent encore à une grande altitude, de 120 à 140 mètres, c'est-à-dire trop haut pour pouvoir assécher les couches disposées au-dessous de cette cote. Le seul moyen vraiment radical était de déboucher à la mer, c'est-à-dire à 15 kilomètres du bassin houiller.

La Compagnie des Bouches-du-Rhône s'est décidée à cette solution préconisée dès 1859. Après de longues études, elle a demandé la concession d'une galerie reliant la concession de Gardanne au cap Pinède à l'entrée de Marseille. Ce tunnel, long de $14^{kil},859$ est à deux fins, il doit amener à la mer les eaux souterraines par un canal inférieur et, au-dessus, supporter une voie ferrée permettant d'amener le lignite dans les bassins même de Marseille.

Les travaux à peine commencés ont fait constater des eaux abondantes dans le territoire de Marseille. Les sources qui sont accourues dans la galerie ont bientôt atteint le volume d'une rivière. La galerie était parvenue au 31 décembre 1895 à une longueur de 3,548 mètres et l'eau avait déjà un débit de 2 à 3 mètres cubes à la minute. Cette eau est très pure, d'excellente qualité, elle suffirait à alimenter la ville de Marseille, aussi est-il question de la capter pour la répartir dans la canalisation d'eau potable, au lieu des eaux sédimenteuses de la Durance. Or, on a à peine foré le cinquième du tunnel et l'on n'a pas encore atteint les couches aquifères les plus puissantes qui existent sous le massif de l'Étoile, c'est-à-dire sous le bassin houiller. On espère que le débit de ces réservoirs mystérieux ferait de Marseille une des villes de France les plus abondamment pourvues d'eau pure.

Les mines asséchées grâce à ce superbe travail pourront être exploitées fort économiquement. On évalue au minimum à 30 millions de tonnes la quantité de charbon que l'on pourra extraire et qui ne saurait être abordée aujourd'hui.

Quand on a dépassé les mines de lignite et les usines à ciment qui utilisent sur place la roche et le charbon de la montagne de l'Étoile, on voit le paysage s'entr'ouvrir et s'égayer. Les eaux tirées de la mine se déversent dans un vallon où a été établie la gare de Valdonne. Un embryon de village, fait de cités ouvrières où logent une partie des mineurs, s'est créé sur ce point, mais il ne s'est guère développé. Les ouvriers du Midi ne se plaisent pas en ces casernes, ils préfèrent une habitation dans les villages voisins, loin des fumées de la mine. Ils habitent Peipin, Saint-Savournin, Gréasque ou Belcodène, quelques-uns même près de Roquevaire, malgré la longueur du trajet pour gagner les puits. L'élément ouvrier est trop peu nombreux ici pour avoir rendu indispensable la création de vastes corons.

Valdonne n'est point une commune, gare et hameau ont pris leur nom d'un château aujourd'hui défiguré et transformé en ferme, dominant du haut d'un mamelon l'étroite gorge où coule le Merlançon dont les eaux assez abondantes proviennent surtout de l'épuisement des mines. Un bois de platanes couvre un petit épanouissement de la gorge et celle-ci se referme. Le ruisseau gazouille, se mutine en petites cascades, s'accroît d'autres filets d'eau accourus des ravines. Ce petit coin sauvage et assez riant attire les chasseurs, j'en rencontre plus d'une douzaine sur un quart de lieue de chemin, mais les carnassières sont vides.

La gorge s'entr'ouvre près d'un grand village bâti sur les bords de la route d'Aubagne à Aix. C'est la Bouilladisse, type de ces quartiers bas des bourgs de Provence construits depuis que le rôle militaire de ceux-ci a pris fin. Des auberges, la gendarmerie, de belles écoles, quelques ateliers de charron ou de maréchal, des magasins nombreux constituent un petit centre vivant, grâce au mouvement de la route et à la gare voisine et surtout aux nombreux ouvriers des mines et des fabriques de ciment. Ce bourg industriel, très banal par ses constructions, ne manque pas de grandeur par la beauté de son paysage. C'est un vaste cirque de monts rocheux, boisés de pins. Les premières pentes sont disposées en terrasses et cultivées avec soin ; les eaux du Merlançon, captées, irriguent des prairies et des jardins.

V

LES CÂPRIERS DE ROQUEVAIRE

Du Merlançon à l'Huveaune. — Roquevaire. — Les câprières. — Culture du câprier. — La récolte. — La confiserie. — Les abricots. — Préparation de la pulpe. — Associations de producteurs. — Aubagne. — Ses tuileries.

Aubagne, Décembre.

Descendu de Valdonne, le Merlançon court au fond du cirque, se fraie une gorge entre la chaîne de Sainte-Victoire et celle de Regaignas, court, mutin, au fond d'un lit ombragé d'arbres, suivi par la route et le chemin de fer, à la rencontre de l'Huveaune, un des plus délicieux petits fleuves de Provence. La rencontre des deux cours d'eau se fait au pied de rochers couverts de pins, dont les premières pentes sont disposées en terrasses étroites dominant la gare importante d'Auriol où viennent s'embarquer les produits de l'industrieuse vallée de Saint-Zacharie, dont les poteries sont fameuses. Cette vallée apparaît fort riante, grâce à l'abondance de ses eaux.

Et l'Huveaune claire, limpide, bruyante, descend dans un défilé bordé de belles roches blanches jusqu'à Roquevaire où la vallée s'entr'ouvre en un site admirable. Sous les hautes roches des petits monts s'étagent des terrasses plantées d'arbres ou couvertes de petites buttes de terre. Les arbres sont de taille médiocre, leur écorce est d'un gris violacé, ce sont des abricotiers. Les mottes, en cette saison, masquent les souches de câpriers. Ces deux végétaux, l'arbre et l'arbuste, sont la fortune de cette petite ville dont les abords sont si riants et pittoresques.

C'est dimanche aujourd'hui, les champs sont désertés, la population entière, les jeunes filles surtout, s'est portée à la gare pour accompagner les jeunes soldats rentrant aux garnisons voisines et les jeunes gens employés à Marseille et retournant à la grande ville. Il n'y a là aucun costume local. Le type féminin est joli, il exagère la recherche de la toilette; chapeaux à grands nœuds de rubans, corsages de perles indiquent une population prospère, mais combien était plus charmant le costume arlésien des belles filles de Maillane[1]! On pourrait se croire ici dans quelque gare de la banlieue de Paris un jour de fête printanière

---

1. Voir 12ᵉ série du *Voyage en France*, chapitre V.

si de cette foule jeune et pimpante ne montaient les fusées de gaieté provençale.

Ce bien-être révélé par le costume se reconnaît encore dès l'entrée dans la jolie cité. Une belle avenue de platanes bordée de maisons élégantes relie la gare à Roquevaire, le bourg est précédé d'un beau jardin public. Le Roquevaire primitif est encore debout, collé contre une haute roche, le Roquevaire moderne est dans la vallée, très vivant, entouré d'admirables jardins dans lesquels on trouve partout abricotiers et câpriers. Le fond du bassin n'a pas suffi, les pentes ont été défrichées, transformées en terrasses où s'alignent les taupinières régulières qui abritent les câpriers des gelées rares, mais traîtresses, de l'hiver provençal.

Cette culture et celle de l'abricot nécessitant des soins de tous les instants pour l'entretien des plantations et la cueillette, les cultivateurs ont construit leurs demeures dans les jardins et les champs. De petites maisons claires, des *bastidons*, remplissent la plaine, couvrent les pentes, coiffent des roches isolées, formant au-dessous des hautes crêtes calcaires et des pins un paysage d'une inexprimable gaieté.

Je n'ai pu assister à la récolte des boutons de câpres et des abricots, mais grâce à la courtoisie d'un habitant de Roquevaire et surtout à Marie, cordon bleu de mon excellent ami le docteur Baissade, médecin principal de la marine, roquevairoise de vieille souche, il m'a été possible d'é-

tudier ces intéressantes cultures, qui répandent la fortune dans le vallon de l'Huveaune. Si l'abricot est la source la plus considérable de bien-être, la câpre est plus intéressante pour moi, car sa culture est confinée dans une étroite zone des Bouches-du-Rhône et du Var. Roquevaire est le centre le plus considérable, mais il y a encore des câprières à Cuges, Gémenos, Ollioules, Belgentier et Solliès-Toucas.

Le câprier croît naturellement en Provence, venu sans doute de la Grèce et de l'Asie Mineure, mais tandis qu'il est dans le Levant une plante gênante pour la culture comme le sont en Algérie le jujubier et le palmier nain, il n'occupe guère en France que les fentes des murailles et le flanc des rochers. La plante est gracieuse ; ses rameaux flexibles, ses fleurs blanches aux étamines semblables à un panache sont la plus charmante parure des rocailles. Ces câpriers à demi sauvages n'ont qu'un rôle domestique, leurs boutons sont cueillis pour les ménages. Dans la vallée de l'Huveaune, où l'arbuste couvre une surface de 70 hectares, répartis entre 400 propriétaires environ et, dans le Var, près d'Ollioules, on donne au contraire au câprier une terre profonde. Les plants sont obtenus au moyen de boutures qui, aussitôt enracinées, sont placées dans les champs, sur les terrasses obtenues au versant des collines. Les câpriers sont placés à deux mètres en tous sens, à peu près. Les rameaux meurent dès les premiers froids, mais la souche reste vivace ; pour l'empêcher d'être atteinte par les gelées qui surviennent parfois même en cet heureux climat, on taille les rameaux des trois quarts, on recouvre de terre cette souche, en laissant aux rameaux 10 ou 15 centimètres de longueur. Telle est l'explication de ces sortes de grandes taupinières régulièrement disposées dans les champs, hautes, au centre, de 50 centimètres. L'opération ne peut se faire qu'en temps sec, la terre humide tuerait la plante.

Au mois de mars on découvre le câprier avec une pioche et un bâton pour le débarrasser de la terre ; on secoue les branches et on les taille toutes avec une *poudadouïre*, instrument tranchant. La tête de la plante doit être très ronde. Les brins sont mis en pépinière pour faire des boutures, dont une moitié environ réussit et peut être transplantée au bout d'une année.

Le câprier se reproduit aussi par graine, mais sa croissance est alors d'une lenteur désespérante.

La plante peut donner de bons produits dès sa seconde année, et prospère pendant 20 ans ; à partir de cet âge, elle décline et il faut renouveler la plantation. Cette durée considérable explique le prix élevé, 7,500 fr. à l'hectare, atteint par les câprières.

Dès les premiers jours de mai, quand les branches ont atteint 20 centimètres de longueur, les boutons à fleurs apparaissent. Ces boutons constituent la *câpre* que tout le monde connaît pour en avoir mangé associée à certaines sauces, boutons de forme si originale et d'un vert glauque — une fois confits — tachetés de points noirs. Les boutons recueillis à la première apparition sur la plante sont plus petits, ils donnent la qualité la plus recherchée, c'est la *non-pareille*. Il faut d'ailleurs procéder rapidement à la récolte ; si, dans les débuts, le bouton d'une semaine peut encore être utilisé, il n'en est point de même en juin et juillet, la chaleur cause une végétation si rapide, qu'au bout de 36 heures la câpre ne peut être employée. Les branches s'allongent de 15 centimètres par semaine. Au mois d'août, la récolte est achevée.

La cueillette se fait tous les quatre jours seulement, car les boutons ne repoussent pas sur la partie dépouillée, il faut que la branche s'allonge pour donner de nouveaux boutons. Mais que de transes pendant la période de récolte ! La moindre grêle coupe ces jeunes pousses, le mistral les atrophie et rend les câpres poisseuses.

La cueillette se fait par des femmes payées soit à la journée, soit à la tâche, 25 centimes par kilogramme. Une femme habile, travaillant 10 heures par jour, peut arriver à récolter 20 kilogr.

Les câpres sont apportées le soir chez le propriétaire, qui les étend sur des draps de toile disposés sur le sol ; elles y restent toute la nuit et se refroidissent. Le lendemain matin, elles sont confites ou vendues aux confiseurs, qui les font passer par trois cribles successifs ; la dimension des mailles de chaque crible permet d'établir les qualités selon grosseur.

Pour confire les câpres, on les met dans un tonneau ouvert sur l'un de ses côtés. Quand les câpres sont bien tassées on met un **paillasson** pardessus et on le charge de grosses pierres. On verse alors du vinaigre de façon à faire baigner les boutons. A mesure que d'autres câpres arrivent des champs, on enlève le paillasson, on met les nouvelles câpres sur les anciennes et l'on ajoute du vinaigre. A la Toussaint, la conserve peut être livrée à la consommation.

La câpre verte se vend au confiseur sur le pied de 75 centimes le kilogramme ; elle a valu jadis 1 fr. 75 c. Actuellement, les câpres confites valent en moyenne 1 fr. Pour faire relever les prix, deux associations de producteurs se sont créées, ayant en même temps pour but la fabrication des conserves d'abricots.

L'abricot, plus encore que la câpre, est une source de richesse pour Roquevaire. Toute la vallée moyenne de l'Huveaune, depuis Roquevaire jusqu'à Aubagne, est un immense verger d'abricotiers. Pentes, plaines, fond de val sont de plus en plus envahis par ces vergers. Les premiers fruits sont vendus comme primeur à Marseille et commencent même à alimenter Paris, mais au moment de la grande production, au milieu de juillet, on ne saurait trouver de débouchés suffisants pour les innombrables corbeilles d'abricots récoltés aux bords de l'Huveaune; il s'est donc créé des usines pour la préparation de la pulpe, dont l'emploi est si considérable dans la pâtisserie.

Longtemps les cultivateurs se bornaient à vendre leurs abricots directement aux usines, le prix atteignait 5 à 6 centimes par kilogramme, somme à peine suffisante pour couvrir les frais de cueillette et de transport. Les fabricants, au contraire, réalisaient de beaux bénéfices. Quelques agriculteurs eurent alors l'idée de se grouper, ils fondèrent un syndicat qui réunit plus de deux cents adhérents. Un des hameaux de la commune, Lascours, peuplé de 200 habitants, a imité le chef-lieu en rassemblant dans un même syndicat les producteurs de quelques autres hameaux. Ces deux associations ont créé des usines, analogues, par l'organisation, aux fruitières du Jura. Chaque membre apporte ses fruits, on les pèse, on les inscrit et, à la fin de la campagne, on répartit, au prorata des livraisons, le bénéfice réalisé par la fabrication de la pulpe. Le prix actuel atteint environ 10 centimes par kilogramme de fruit.

Les syndicats ne se bornent pas à la préparation du produit final, ils achètent en commun les engrais, les outils, les arbres de pépinière et peuvent ainsi livrer à leurs adhérents des produits à bon marché.

La fabrication de la pulpe nécessite un personnel considérable de femmes, de jeunes filles surtout. Les familles des syndicataires de Roquevaire seulement fournissent de 150 à 200 ouvrières pour fendre les fruits et en extraire le noyau. D'après les chiffres fournis à M. Antonin Palliès, du *Petit Marseillais,* il faut dénoyauter, par jour, 500,000 kilogr. d'abricots, on en retire 25,000 kilogr. de noyaux qui sont vendus aux confiseurs pour la fabrication de l'orgeat, des *croquants,* des biscuits et de la pâte d'amande.

Le fruit est plongé dans l'eau bouillante pour y subir l'opération du blanchiment, il est égoutté et mis en boîtes renfermant 5 kilogr.; ces boîtes sont soudées et ensuite soumises à l'ébullition selon le procédé Appert, pour obtenir une stérilisation absolue. 30,000 boîtes sont ainsi traitées chaque année à Roquevaire seulement, elles se répartissent ensuite chez les commerçants de nos grandes villes, qui les répandent chez les pâtissiers du monde entier.

Le résultat de l'association a été merveilleux ; le syndicat avait été créé en 1894, l'abricot se vendait alors 5 centimes le kilogramme, l'année suivante, le prix atteignait 45 centimes. Il a baissé depuis lors, mais les bénéfices n'en sont pas moins grands. L'abricotier, sous cette forme industrielle, est une culture nouvelle, car la *Géographie commerciale* de M. Bainier, sous-directeur de l'école de commerce de Marseille, publiée en 1877, ne signale à Roquevoire que les raisins secs et le vin cuit.

Ce développement rapide d'une industrie explique l'apparence florissante du joli pays de Roquevaire et l'élégance de sa population féminine. On retrouve le même aspect des êtres et des choses jusqu'à Pont-de-l'Étoile, à l'entrée de la plaine d'Aubagne. Buttes à câpres et abricotiers gagnent peu à peu sur les olivettes. Mais bientôt oliviers, vignes et cerisiers dominent, abritant les fraisiers qui alimentent en partie Marseille. L'Huveaune et le canal fertilisent cette belle plaine semée de maisons et de bastides, entourée de hautes montagnes entre lesquelles s'ouvrent des vallons dont un au moins, celui de Gémenos, est une merveille de grâce et de fraîcheur, due à ses eaux abondantes.

L'Huveaune, qui descendait droit à la mer, rencontre le massif des collines de Cassis et se rejette à l'ouest pour atteindre Marseille. Le coude du petit fleuve devenant un passage obligé pour les routes vers la mer ou l'intérieur de la Provence, une ville s'est créée, c'est Aubagne, bâtie entre l'Huveaune et un mamelon sur lequel sont les vieux quartiers.

Les abords de cette ville de 8,000 âmes, surtout vers la route de Toulon, sont d'aspect fort industriel. Cela ressemble à certaines cités de fabrique des environs de Lyon. Aubagne se révèle méridionale par les beaux platanes de chaque carrefour. Près de la rivière, il y a des *cours* et des places bien ombragées, de nombreuses fontaines, des cafés étincelants de lumière. Sur l'une des places se dresse une pyramide. Cette partie d'Aubagne est assez gaie.

L'industrie principale d'Aubagne est la céramique; les fours à potier forment comme une ceinture à la ville; du chemin de fer qui décrit une grande courbe autour de la petite cité, les voyageurs voient sans cesse apparaître de nouvelles usines pour la fabrication de la poterie, des tuyaux, des carreaux, des briques brutes et vernies. Ces établissements emploient près de 800 ouvriers.

La nuit est venue pendant que je parcours Aubagne, il faut rentrer à Marseille où me conduira un train qui s'arrête à chaque pas pour desservir les hameaux de la banlieue.

VI

A TRAVERS MARSEILLE

Après le tunnel de la Nerthe. — Apparition de Marseille. — La banlieue. — La population. — Aspect de Marseille. — La Cannebière. — A Notre-Dame de la Garde. — Le panorama. — Au palais de Longchamp. — Le musée. — Au marché aux fleurs. — Le Port Vieux.

Marseille. Décembre.

Après les longues minutes passées dans l'obscurité du tunnel de la Nerthe, on débouche dans les gorges rocheuses de l'Estaque, si belles avec leurs pins et leurs broussailles, et l'on voit aussitôt le paysage s'entr'ouvrir et apparaître un merveilleux horizon de mer bleue bordé par de hautes montagnes aux formes classiques. Au pied de ces monts, sur les premières pentes, une ville énorme s'étale jusqu'au rivage, ici régularisé par l'industrie humaine, transformé en bassins rectilignes remplis de mâts et de cheminées de navires. Au large, des îles rocheuses semblent flotter sur la mer, tandis que, à l'entour, passent les voiles blanches et les lourds vapeurs laissant une traînée de fumée noire sur le miroir étincelant des eaux.

C'est une des plus éblouissantes visions que puisse rencontrer le voyageur, cette apparition de Marseille au fond de son golfe harmonieux. Malheureusement, la fumée des navires et d'usines sans nombre embrume trop souvent ce merveilleux paysage. Ce n'est pas la buée grise qui, de loin, enveloppe Paris ou Lyon, moins encore le voile cotonneux recouvrant les villes du nord, mais cela suffit pour enlever au tableau un peu de cette lumière intense qui fait la beauté des paysages méditerranéens.

Si les monts à l'entour de la grande cité sont nobles de forme, ils sont arides ; la roche calcaire, d'un gris pâle ou de reflets dorés, se détache sur le ciel d'un azur profond. Jadis cette âpreté, cet aspect calciné des montagnes se retrouvait jusque sur les collines littorales, sauf en de rares points arrosés par des sources ou favorisés par l'épaisseur de la couche arable. Depuis la création du canal de Marseille, les eaux de la Durance ont merveilleusement transformé ces abords de la cité. D'opulents jardins et des prairies couvrent les pentes jusqu'à la mer, semés d'un nombre immense de villas. Dans ces campagnes, des centres de population se sont créés sur toutes les routes, à toutes les croisées des chemins, formant une banlieue surpeuplée. Tous ces villages, ces bourgs, ces petites villes ne sont pas des communes particulières, ils dépendent de Marseille. Toutes proportions gardées, l'organisme municipal serait comparable au département de la Seine si toutes les communes étaient annexées à Paris. La surface de la commune de Marseille est presque la moitié de celle du département de la Seine (22,801 hectares contre 47,875).

Aucune autre grande ville ne possède un territoire aussi vaste. Lyon s'étend sur 4,318 hectares seulement. Cette banlieue marseillaise compte près de 100,000 habitants, population très considérable eu égard à la nature aride d'une grande partie du territoire [1].

Les bourgs sont particulièrement populeux sur les bords du chemin de fer. Pour les desservir, on a dû organiser un service spécial de banlieue.

---

1. La population totale de Marseille, au recensement de 1896, s'élève à 442,239 habitants, dont 332,515 de population municipale agglomérée, plus 15,079 habitants comptés à part, soit 347,594 habitants dans la partie urbaine. Lyon, que Marseille rêve de supplanter dans son rang de 2⁰ ville de France, a 466,028 habitants sur un étroit espace, si l'on ajoute à ce chiffre la population des communes environnantes formant un territoire égal à celui de Marseille, on arrive à 560,000 habitants. Le groupe lyonnais est donc bien plus peuplé, mais plusieurs des communes suburbaines y sont déjà de grosses villes.

De l'Estaque, où l'on sort du tunnel, jusqu'à la gare centrale de Marseille, on croise à chaque instant les stations placées à proximité de ces petits centres très vivants, grâce à l'industrie. Si les villas sont nombreuses, surtout dans le verdoyant quartier des Aygalades, les usines se suivent presque sans interruption. De ce côté de la ville, on rencontre surtout des briqueteries, une des principales branches d'activité de Marseille.

L'arrivée est une déception. La gare Saint-Charles, au sommet d'une des collines, édifiée sur des terrasses d'où l'on a une belle vue sur la ville et la mer, ne possède pas de voie d'accès conduisant directement au cœur de la cité. Les grands mais sinueux boulevards, bordés de hautes maisons de pierre qui s'est couverte d'une patine grise, les rues étroites et montueuses manquent de vie. Le voyageur qui, disposant de quelques minutes seulement, voudrait s'aventurer aux abords de la station, emporterait une triste impression de Marseille. Mais quand on atteint enfin le bas de la colline, le spectacle change brusquement. Ce sont toujours les mêmes platanes énormes et touffus, les mêmes façades solennelles, mais la foule apparaît, bruyante, affairée, coupée à chaque instant par des tramways, des *cars-riperts*, omnibus bas sur roues, des voitures de place, calèches lancées à fond de train et d'interminables files de camions et de charrettes.

Les allées de Meilhan et les allées des Capucines, ombragées de platanes géants, donnent la première impression vraie de la vie marseillaise, le mouvement s'accentue dans la rue de Noailles, bordées de constructions luxueuses, les plus monumentales de la ville. Au fond, on aperçoit des mâts et des cordages de navires formant un enchevêtrement en apparence inextricable, c'est le vieux port, rempli par les voiliers.

La foule est devenue énorme à un carrefour où se croisent des rues rectilignes dont on ne peut voir l'extrémité tant elles sont longues. L'affluence des voitures est formidable ici, surtout aux heures du travail sur le quai, lorsque se font les charrois entre la ville et le port. Ces véhicules débouchent tous par une artère très large, bordée de hautes maisons sans grand caractère architectural, mais couvertes d'enseignes, dont les rez-de-chaussée, du côté de l'orient surtout, sont de somptueux cafés étincelant de glaces et de dorures, remplis de consommateurs bruyants refluant jusqu'au bord du trottoir sur lequel sont rangées des tables. Une odeur d'absinthe et de vermouth flotte dans l'air; des camelots vous harcèlent; une foule bariolée, présentant tous les types et tous les costumes de

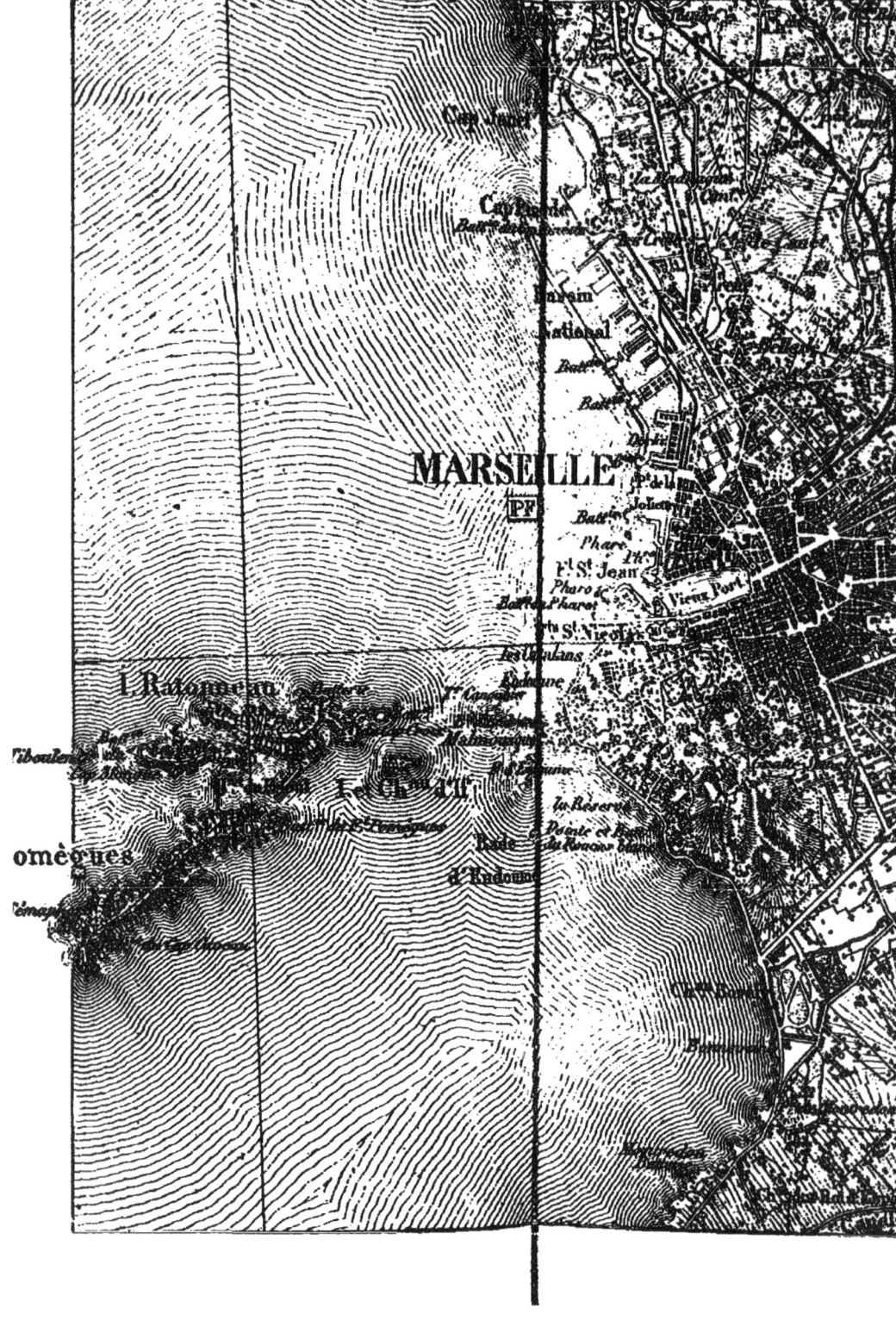

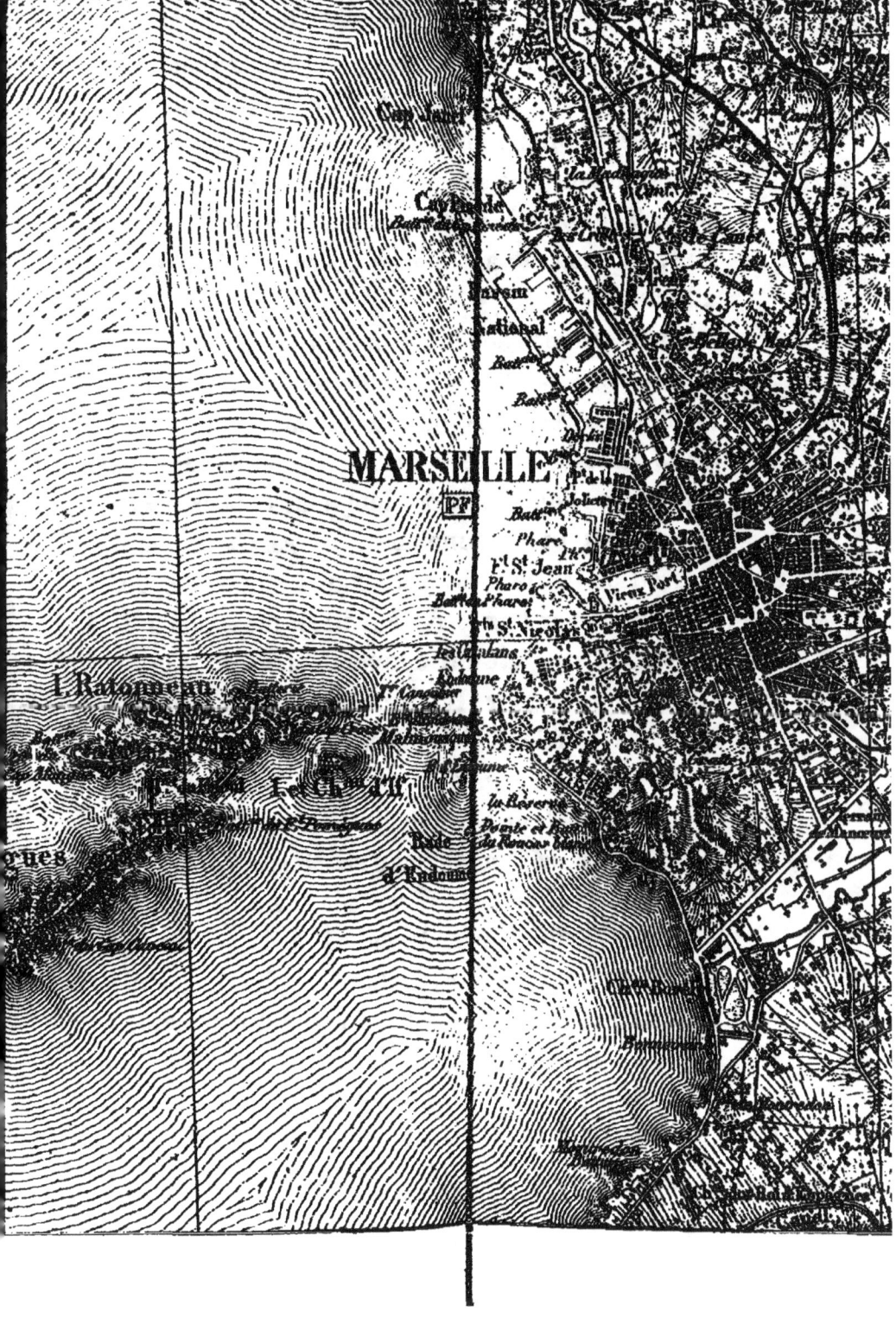

la Méditerranée, va, vient, s'agite, baragouine dans tous les dialectes. Les petits cireurs de souliers se faufilent entre les jambes, les cochers s'interpellent, les sergents de ville vont et viennent. Tout cela tumultueux mais gai et bon enfant, ne ressemblant à rien de ce que l'on a vu ailleurs.

Nous sommes sur la Cannebière.

Elle n'est pas longue, la Cannebière, cette rue fameuse entre toutes, que tout le monde connaît, grâce au mot de Méry dont on s'est longtemps gaussé, dont on s'amusera longtemps encore : « Si Paris avait une Cannebière, ce serait un petit Marseille. » Elle n'est pas longue, malgré le prolongement par la rue de Noailles, mais son animation et sa gaîté lui donnent un incontestable cachet de grandeur. Lyon a de plus belles voies, Paris a des artères plus encombrées, mais la Cannebière, par cette gaieté unique au monde, mérite la réputation dont elle jouit.

En réalité, la Cannebière c'est Marseille ; là palpite le cœur de la cité. Il ne faut pas s'en écarter beaucoup pour trouver le calme de la province. Sauf deux ou trois rues bordées de magasins luxueux : la rue de Rome, la rue Saint-Ferréol, la rue Paradis, la partie de Marseille située entre la Cannebière et Notre-Dame de la Garde, c'est-à-dire la ville moderne, est tranquille. Les magasins sont rares, les maisons somnolentes. Le contraste avec les abords du port est absolu. A 9 heures du soir tout est endormi, sauf sur la Cannebière, où les cafés sont pleins de lumière et de bruit.

Ces voies tranquilles et régulières aboutissent au pied de la colline de Notre-Dame de la Garde; jadis celle-ci n'était accessible que par des rues très raides, à demi désertes. Aujourd'hui un funiculaire ou plutôt un ascenseur permet de monter la colline sans trop de fatigue. Ce chemin de fer vertical est fort laid, il détruit les lignes du coteau et ne peut d'ailleurs être atteint qu'après une longue course, il ne rend pas à Marseille les services assurés par les « ficelles » de Lyon qui partent du pied même des hauteurs; c'est déjà une ascension d'arriver à la gare inférieure; aussi beaucoup de visiteurs continuent-ils à s'élever par la belle promenade Pierre-Puget et les voies en pente jusqu'au roc sur lequel, au milieu des bastions du fort, s'élève l'église romane de Notre-Dame de la Garde, surmontée par la statue colossale de la Vierge.

La vue est admirable de la terrasse entourant l'édifice. Il en est peu de plus belles, mais le spectacle est gâté par l'aridité du roc et la laideur de ses pentes. Il est singulier que Marseille n'ait pas cherché à faire monter les eaux de son canal sur la colline pour transformer celle-ci en une promenade verdoyante. Le site serait sans rival.

De Notre-Dame de la Garde j'eus, pour la première fois, il y a bien longtemps, la vision de la mer. J'étais arrivé à Marseille avant le jour et, dès l'aube, étais monté sur la colline. Une brume légère couvrait la ville et les flots, un coup de vent l'emporta et, tout d'un coup, j'aperçus l'immense étendue des flots, les voiles blanches, les îles grises, illuminées par le soleil levant et étalées sur la nappe bleue. Cette impression vieille de plus de vingt-cinq ans est restée vivante, ce fut pour moi un éblouissement. Les détails du paysage ont changé, les ports se sont agrandis, la nappe fauve des toits de Marseille s'est étalée au loin, mais je rêvais toujours le prestigieux tableau un matin apparu comme dans une féerie.

De Notre-Dame de la Garde, on a sous les pieds toute l'immense ville dont on suit les grandes artères par le ruban vert des grands arbres ; le vieux port couvert de mâts, de voiles, de cordages, gardé par les vieilles et pittoresques forteresses de Saint-Jean et de Saint-Nicolas ; à front de côte s'alignent les bassins réguliers du port moderne, remplis de grands vapeurs, bordés de formidables tas de marchandises.

La ville est d'une tonalité assez terne, vue de là-haut. Elle manque de monuments : peu de flèches d'églises, peu de dômes ; les édifices les plus apparents sont la cathédrale de la Major, le palais de Longchamp et la gare, tout autour des façades grises ou fauves, couvertes de toits calcinés. Une rumeur monte sans cesse de cette fournaise humaine. Au delà, dans la campagne verte, jusqu'aux cimes de l'Étoile, les villages sans nombre de la banlieue. Vers le nord, l'âpre côte de l'Estaque se courbe régulière jusqu'au cap Couronne.

Autour de Notre-Dame de la Garde, sur les flancs pelés de la butte, courent, tel un labyrinthe, des chemins bordés de petites maisons, les unes habitées, d'autres simples *cabanons* destinés à la villégiature du dimanche. Ces cabanons couvrent tout le coteau et descendent au flanc de vallons pittoresques jusqu'à la mer.

Je réserve pour demain, après ma visite aux ports, une nouvelle promenade sur la Corniche et au Prado. Sous les grands platanes du cours Pierre-Puget, voie de si aristocratique allure, je gagne le vaste palais de la préfecture, plus énorme que vraiment monumental, et, par des rues en zigzags, l'immense place Saint-Michel, la *plaine*, comme on dit ici, sorte de désert que ne rafraîchit guère une fontaine. Grâce au plan sans cesse consulté, par des voies toujours semblables — Marseille manquant un peu de variétés d'aspect dans ces quartiers modernes — j'atteins le palais de Longchamp, la merveille architecturale de la ville, malheureusement placée loin du centre, et restant inaperçu pour bien des visiteurs qui ont peu de temps à consacrer à la métropole provençale.

Ce palais, répondant à des usages si différents, à la fois château d'eau et musée des beaux-arts, est cependant un des édifices les plus remarquables, présentant le plus d'unité dans le plan et l'aspect, que l'on ait construit de nos jours. Peu de villes, même Paris, pourraient s'enorgueillir d'une œuvre moderne aussi parfaite. Les eaux, la verdure, l'architecture concourent à l'effet à la fois grandiose et élégant de l'édifice dont la colonnade circulaire, reliant les deux grands pavillons où sont les musées, rappelle les œuvres les plus parfaites de cette Grèce dont la Marseille primitive fut une colonie. Sur le ciel d'un bleu profond et pur, le palais se détache avec une incomparable splendeur. Les statues d'animaux, les groupes allégoriques, les sujets mythologiques qui ornent l'entrée du jardin et la fontaine sont des œuvres non moins parfaites. Tout est harmonieux dans cet ensemble.

Quel est l'architecte de ce monument achevé il n'y a pas trente ans? Les Marseillais nomment Espérandieu, artiste nîmois à qui l'on doit encore la chapelle de Notre-Dame de la Garde. Il dirigea en effet les travaux, mais le statuaire Bartholdi réclame la paternité de l'œuvre. En 1859, il fit adopter un projet par le conseil municipal; celui-ci, trois ans après, chargeait Espérandieu des travaux. Bartholdi n'a pas cessé de protester, disant que le plan mis à exécution est bien son œuvre[1].

Si la position du palais est excentrique, à l'extrémité d'un boulevard étroit n'aboutissant pas directement à la Cannebière, elle rachète ce défaut par la vue superbe dont on jouit de l'hémycicle formé par la colonnade. On découvre la ville presque entière, la mer, les îles, un des beaux horizons de France.

Le palais n'offre pas encore des richesses aussi nombreuses que d'autres musées de province, il n'en renferme pas moins beaucoup d'œuvres re-

---

1. Cette année même (1897) la société des artistes français revendique pour Bartholdi, un de ses membres, l'honneur d'avoir conçu les plans du palais de Longchamp.

marquables, disposées avec goût dans un jour parfait. La création de ce musée fait honneur à Marseille et prouve que l'on a exagéré en lui déniant le sens artistique.

Un tramway ramène rapidement en ville, sur ces allées de Meilhan si gaies avec leurs étalages en plein vent; fleurs éclatantes et fruits forment des éventaires autour desquels la foule se presse. A côté des fleurs rares, on voit en quantité les pots de basilic qui, pour le parfum violent de cette plante, sont recherchés par le peuple. A côté des fleurs s'installent, pendant la saison, les marchands de fruits, fraises et melons surtout. Les fraises sont une friandise très appréciée des Marseillais. Elles sont vendues dans des pots de forme oblongue, coiffés d'un cornet de papier gris lié par un brin d'alfa. Le pot, en terre poreuse, permet de les garder fraîches. La contenance est fixée par arrêté municipal. Le grand pot doit contenir 400 grammes, le petit 200.

Le pot à fraise est un ustensile bien marseillais, sans lequel on ne comprendrait pas ici ce fruit odorant. Quelle que soit la provenance : Hyères d'où viennent les primeurs, Roquevaire, puis Beaudinard, près d'Aubagne, pour la fraise commune, c'est toujours dans le pot allongé coiffé de papier que viennent les fraises. On évalue à près de 350,000 litres par année la quantité de ces fruits consommés à Marseille.

Des allées de Meilhan on retrouve le grand et cuisant soleil, parfois le mistral, dans les rues de Noailles et Cannebière. Au milieu de la foule, affairée et bruyante, on parvient de nouveau au vieux port, l'antique *Lacydon* qui, pendant tant de siècles, fut la gloire et la fortune de Marseille.

La grande navigation l'a déserté, mais le *Lacydon* n'en est pas moins encore le port le plus pittoresque de la Méditerranée, par le fouillis de navires, de mâts, de vergues, de cordages, de voiles et de pavillons qui apparaît aux yeux émerveillés. C'est comme un musée vivant de la vieille marine; car, sauf les yachts et les remorqueurs, il n'est guère de vapeurs dans ce bassin voué aux navires à voiles de la Méditerranée. Tous les types si variés de la navigation d'autrefois se retrouvent : bricks et goélettes finement taillées ; souples balancelles, tartanes, barques de pêche. La plupart de ces vaisseaux ont conservé la proue effilée, ornée de bustes de femmes, de guirlandes dorées, derniers spécimens d'un art charmant trop oublié aujourd'hui par les constructeurs des lourdes masses conduites par l'hélice.

Le Lacydon et les canaux de la Douane, qui dessinent une île sur le quai de Rive-Neuve, étaient jadis un foyer de pestilence. Je dis *étaient* car je crois trouver un changement dans l'aspect des eaux et leur odeur. Autrefois on voyait une sorte de liquide gris et oléagineux, sans reflet, agité à chaque instant par des bulles de gaz montant des vases nauséabondes. Et je constate une certaine transparence; certes le Lacydon est loin encore d'avoir la teinte azurée de la mer aperçue par l'étroite ouverture de la passe, mais enfin il offre vraiment de l'eau et non plus le liquide indéfinissable fourni par les égouts de la ville et les incessantes déjections de milliers de navires. Est-ce aux nouveaux égouts qui portent maintenant les eaux vannes au large qu'il faut attribuer cette transformation?

VII

LES PORTS DE MARSEILLE

Sur le Port-Vieux. — La Joliette. — Transformation maritime de Marseille. — Nouveaux bassins : les docks, Arenc, le bassin national. — L'outillage des ports. — Éléments du commerce maritime. — L'industrie marseillaise. — L'émigration.

Marseille. Décembre.

Si l'on n'a pas encore parcouru les nouveaux ports de Marseille, il semble que le Port-Vieux ne saurait être dépassé par l'intensité de vie et la fièvre commerciale. De ces centaines de voiliers sortent sans cesse les produits les plus divers. Ici s'amoncellent en piles d'or les oranges des Baléares, à côté sont les couffins de figues de Smyrne, les laines d'Algérie, les riz du Piémont, les arachides du Sénégal, les bois de teinture de l'Amérique centrale, les peaux brutes de tout le bassin méditerranéen, les fûts de vins et d'huiles, les bois de Suède et de Norvège, les marbres d'Italie, les briques, tuiles et carreaux venus des usines de la banlieue et destinés à l'exportation, les merrains du Danube, les sucres des Antilles, que sais-je encore. A l'époque des oranges surtout, l'aspect des quais est pittoresque. Le débarquement se fait par des femmes d'origine génoise : les *porteïris*, portant avec une grâce tout orientale les grandes corbeilles pleines des fruits superbes, viennent les verser dans les caisses ou les voitures et les empiler sur le quai. Jadis c'était la grande gaîté du quai de Marseille, son port avait à peu près le monopole du commerce avec les orangeries des Baléares et de Valence. Mais la vapeur a supprimé beaucoup de balancelles, de grands navires chargent les oranges en Sicile, dans les îles de l'Archipel, à Alger, aux Baléares et sur la côte espagnole pour les conduire dans tous les ports de l'Europe. Les oranges, malgré la quantité considérable encore débarquée à Marseille, ne figurent même pas dans les tableaux du mouvement du port.

Le Lacydon n'est donc plus qu'une annexe du grand organisme maritime de Marseille, il est vaste cependant, car sa longueur atteint 900 mètres, sa largeur est de 320 mètres, sa surface de 28 hectares. Avec le canal de la Douane et le bassin du Carénage, ses annexes, il a 2,642 mètres de quais utilisables pour la manutention des marchandises. Il y a cent ans (1792) ce vaste bassin, alors sans quais, recevait 5,059 navires, jaugeant 684,080 tonneaux. Ce devait être un extraordinaire spectacle que ces innombrables vaisseaux à voiles aux formes majestueuses, mais ce devait être surtout un extraordinaire enchevêtrement de vergues et de cordages. De nos jours, où l'encombrement est grand encore, le mouvement du vieux port a diminué de 1,400 navires et de 150,000 tonnes environ.

Les quais, qui ont si profondément modifié l'antique Lacydon, sont en grande partie d'origine moderne, ils ont remplacé les quais rudimentaires, étroits, bordant un flot de profondeur insuffisante, par des murs droits au pied desquels on trouve six mètres d'eau et constituant entre le port et les maisons riveraines de vastes terrepleins. Ces travaux, exécutés de 1845 à 1858, ont mis à découvert le sol antique et fait rencontrer jusque sous les maisons des débris maritimes ; ainsi un navire romain échoué a été retrouvé, indiquant que le Lacydon des Massaliotes était loin d'avoir la forme régulière de nos jours.

Même transformé, le Port-Vieux ne pouvait suffire aux besoins sans cesse croissants du commerce développé par la découverte de la vapeur. En 1840, des bruits de guerre avec l'Angleterre firent accourir à Marseille un nombre prodigieux de navires désireux d'échapper à la flotte britannique, et démontrant l'insuffisance des emplacements. Le mouvement avait atteint deux millions de tonnes. On conçoit combien les opérations du commerce devaient être difficiles ; on se résolut alors à mettre à exécution un plan dont la pensée première remonte à Vauban. Sur les données de la chambre de commerce, M. de Montluisant, ingénieur en chef, reprenant un projet de M. l'ingénieur Gatiella, présenté en 1829, proposa la construction d'un nouveau port à l'ouest sur l'emplacement de l'anse de la Joliette ; ce port devait être précédé d'un avant-port ouvrant vers l'entrée du Port-Vieux et relié à celui-ci par un canal. Après de longues difficultés, les travaux furent enfin décidés par une loi de 1844 et menés si activement, que l'ingénieur Toussaint, auteur des plans définitifs, venu à Marseille en octobre 1847, trouva le port de la Joliette déjà encombré de navires, et approuva le projet de M. de Montluisant tendant à construire un second bassin à la suite du premier. Ce bassin et celui d'Arenc ont été concédés à une compagnie dite des Docks et Entrepôts ; elle a construit autour de ces vastes surfaces d'eau de grands bâtiments où viennent s'entreposer les marchandises apportées de tous les points du globe. Cette installation eut lieu de 1856 à 1863; elle passe pour le modèle du genre. Nulle part on ne trouverait un ensemble aussi complet, un outillage aussi parfait pour toutes les manutentions et formalités du commerce maritime. Le service des docks embarque et débarque les marchandises, les reconnaît, les emmagasine, les remet directement au destinataire, les réexpédie par voie d'eau ou par les voies ferrées. On peut y venir puiser des échantillons ; les marchandises entreposées, représentées par des warrants, donnent lieu à un commerce facile et actif.

Si l'économiste admire sans réserve cette organisation des docks, le simple curieux, admis à visiter ces immeubles, magasins à multiples étages, desservis par des voies ferrées, des ascenseurs, des monte-charges, reste émerveillé devant tant d'ordre et d'activité. Une excursion dans les docks suffit à faire comprendre la richesse de la grande cité maritime. L'étendue des planchers couverts de marchandises, soit au ras du sol, soit dans les étages supérieurs, est de près de 132,000,000 de mètres, les quais exploités par la compagnie ont une longueur de 3,279 mètres, le réseau de voies ferrées dépasse 17 kilomètres. La machinerie nécessite 1,350 chevaux de force. Quatre formes de radoub et un dock flottant complètent ce bel ensemble d'installations maritimes.

Malgré les services rendus par cette exploitation particulière, les commerçants marseillais ont réclamé l'accroissement du port au moyen de bassins nouveaux gérés directement par la chambre de commerce. On a donc continué à étendre vers l'ouest les vastes espaces protégés par la grande digue extérieure. Ainsi ont été créés le bassin de la gare maritime et le bassin national, ils ont ensemble 56^{hc},13 de surface d'eau et 5,967 mètres de quai. Un grand avant-port, dit du nord, les précède; il sera un jour transformé en nouveaux bassins. La jetée qui protège tous ces bassins, de l'avant-port nord à l'avant-port sud, a 3,593^m,35 de longueur.

Les bassins sont une surprise pour le touriste habitué aux ports de la Manche et de l'Océan. Ces derniers, au moins ceux à front de mer[1], sont dotés de bassins à flot où les navires pénètrent à marée haute seulement, pour trouver une profondeur d'eau régulière, grâce aux écluses. Sur la Méditerranée, mer à niveau sensiblement cons-

---

1. Dans nos rivières à marée, les navires abordent à quai, ainsi en est-il à Rouen, à Nantes, à Bordeaux (doté cependant d'un bassin à flot), à Bayonne, etc. En Angleterre, au contraire, les plus grands ports de rivières maritimes, tels que Londres et Liverpool, ont de nombreux bassins.

tant, puisque la marée est insensible, il n'y a pas d'écluse, on peut pénétrer à tout instant dans les ports. On a donc pu donner aux bassins des dimensions considérables et accroître beaucoup l'étendue des quais au moyen de môles transversaux.

Grâce à ces facilités, les ports de la Méditerranée, Marseille surtout, présentent une activité constante de navires entrant et sortant des bassins. Ceux-ci ont été divisés en vue des divers rôles à remplir. Ainsi la grande digue du large est bordée de quais servant aux vapeurs faisant un court séjour à Marseille et effectuant des services réguliers. Là, notamment, accostent les grands vapeurs qui embarquent les émigrants à destination des États-Unis et de l'Amérique du Sud. Là encore viennent aborder les charbonniers anglais.

Chaque môle a sa destination spéciale selon les catégories de marchandises. L'un d'eux, le plus près de l'avant-port, est consacré aux marchandises encombrantes [1], tels que les minerais et une partie des charbons ; le môle voisin reçoit les chaux, ciments, poteries, fer, fontes, traverses de

---

1. Je puise ces détails dans la notice sur la *Chambre de commerce et le port de Marseille,* écrite par M. l'ingénieur en chef Guérard, à l'occasion de l'exposition universelle de 1889.

chemins de fer, etc. Un autre, qui n'a pas de rails sur ses quais, est aménagé pour recevoir pendant la belle saison, c'est-à-dire d'avril à septembre, les bestiaux amenés d'Algérie, de Tunisie, du Maroc, de Russie, même des États-Unis. C'est un commerce considérable, car, en 1875, Marseille recevait 86,049 bœufs ou vaches et 1,163,700 moutons. Quand le môle n'est pas occupé par le bétail, on le livre aux marchandises qui n'ont pas besoin de la voie ferrée.

Quais de la grande jetée, môles, quais de rive ont été dotés de voies ferrées, d'appareils de levage et de hangars permettant une manutention rapide des marchandises. A ce point de vue, le port de Marseille est un des mieux outillés du monde entier et le plus complet de toute la Méditerranée. Le développement total des chemins de fer du port est de 45 kilomètres pour une longueur de quais de 18 kilomètres.

L'outillage flottant n'est pas moins important, il y a plus de 450 embarcations de servitudes pour le transport sur les bassins : mahonnes, chattes, accons, etc., 40 remorqueurs à hélice et 8 bateaux citernes[1].

---

1. Voici, pour l'année 1895, le mouvement général du port. Port-Vieux et nouveaux bassins réunis : Navires français entrés, 5,821 ; étrangers, 2,134. Navires français sortis, 5,870 ; étran-

Le commerce maritime de Marseille est naturellement fort varié. Tous les pavillons y prennent part. La France est au premier rang, mais l'Angleterre y tient une place considérable. Les importations dépassent de beaucoup les exportations.

Près d'un tiers des importations est fourni par les farineux alimentaires. Marseille est de beaucoup le marché le plus considérable de la France à ce point de vue ; céréales et autres farineux y viennent par navires complets. La Russie, la Roumanie, la Turquie, l'Algérie, les Indes y envoient leurs blés ; le Piémont et l'Asie leurs riz. Jadis le Piémont était un des grands pourvoyeurs de notre pays, mais le Japon livre à des prix plus bas des qualités égales, l'Inde et surtout la Cochinchine envoient aussi d'immenses quantités de riz. Les orges sont surtout fournies par l'Algérie, la Tunisie et la Russie. Les haricots viennent en abondance de la mer Noire.

Les graines oléagineuses trouvent à Marseille un de leurs plus grands marchés, cette ville étant le centre le plus considérable de France pour la

---

gers, 2,133. Au total 15,958 navires entrés et sortis, jaugeant 9,700,001 tonneaux. Dans ces chiffres ne sont pas compris les navires de plaisance, les navires de guerre et les bâtiments en relâche.

production de l'huile. Une visite sur les quais présente toutes les variétés de graines produites dans le Levant, les Indes et l'Afrique. On peut évaluer à 400,000 tonnes environ la moyenne des importations pendant ces dernières années, elle a presque quadruplé depuis 1870. Les sésames, fournissant un quart de cet énorme chiffre, viennent du Levant, du Nord et d'Afrique, un autre quart est représenté par les arachides de la côte occidentale d'Afrique, cette humble coque de nos colonies sénégalaises est une source de fortune pour elles et pour Marseille. Le ricin vient ensuite, surtout fourni par l'Inde ; cette graine, d'où l'on extrait l'huile purgative, arrive en quantité prodigieuse.

L'Égypte envoie 20,000 tonnes de graines de coton, dont l'huile est devenue un succédané de l'huile d'olive[1]. Le cocotier alimente pour une grande part ce commerce : près de 80,000 tonnes de ses amandes séchées ou *coprahs* sont, chaque année, débarquées à Marseille. Les palmistes, les mawrahs, d'autres fruits oléagineux s'entassent dans les docks ou vont aux huileries avec les graines de lin venues de Russie, de Bulgarie,

---

1. Voir 12e série du *Voyage en France*, le chapitre intitulé : les huiles de Salon.

d'Algérie et de Sicile. Les graines de pavots importées de l'Inde et du Levant, les colzas du Danube, les ravisons de la Russie méridionale complètent cet énorme commerce des matières oléagineuses.

La raffinerie, autre industrie importante, assure au port un grand mouvement pour l'importation des sucres bruts et l'exportation des sucres raffinés. Les sucres bruts, dont l'importation est en moyenne de 100 millions de kilogrammes, sont pour les deux tiers expédiés par nos colonies. Malgré l'énorme développement de la production du sucre de betteraves, Marseille n'en reste pas moins en possession d'une source puissante d'activité.

Le café occupe de vastes surfaces dans les docks ; il est importé surtout du Brésil pour plus de moitié (9,713 tonnes sur 16,361 en 1895). Le Vénézuéla et Haïti viennent ensuite. Le cacao entre en quantités bien moindres, fourni pour plus de moitié par le Brésil. La moitié des poivres débarqués à Marseille était envoyée par les Indes ; depuis deux ans, l'Indo-Chine française, grâce à une diminution spéciale des charges fiscales, prend place sur le marché français, où elle a à peu près supplanté les poivres des Indes anglaises.

Un moment, Marseille avait espéré devenir un des grands marchés des laines brutes, mais elle est placée trop loin des centres de fabrication. Roubaix, Tourcoing, Fourmies, Reims ont plus d'intérêt à s'approvisionner au Havre et à Dunkerque. En outre, l'Algérie, qui devrait alimenter nos filatures et nos peignages, préfère vendre le bétail vivant, et l'on commence à craindre que cette source de prospérité se tarisse, les jeunes brebis étant expédiées au lieu d'être employées à la reproduction. Aussi notre colonie envoie-t-elle seulement 2,500 balles après en avoir fourni de 10,000 à 12,000. Or, Marseille a reçu 71,711 balles de coton en 1895, dont 31,000 de Syrie, 21,000 de Géorgie et 10,000 d'Espagne. Les laines passées en transit donnent des chiffres équivalents.

Les cotons sont en décroissance, il en arrivait 126,000 balles en 1876, le chiffre est descendu à 54,000 en 1895. Il ne semble pas que cette situation s'améliore, le prix du transport à travers la France est trop élevé pour permettre aux cotons débarqués à Marseille d'atteindre les filatures. La Normandie s'alimente par le Havre et Rouen; l'Est, chose triste à dire, reçoit ses matières premières par Anvers. La réduction des tarifs de chemins de fer pourrait seule ramener dans notre port méditerranéen le commerce des cotons du Levant et des Indes.

Par contre, les soies et les cocons sont toujours conduits à Marseille, port naturel de Lyon. C'est un élément de fret précieux, car il permet à notre pavillon si faiblement représenté en Extrême-Orient de tenir le rang modeste, hélas ! qu'il y occupe. La Chine fournit beaucoup plus de la moitié des soies écrues grèges, près de la moitié des soies bourre et frisons importées. Le Japon vient ensuite, puis la Turquie. Ce dernier pays envoie plus de la moitié des cocons débarqués à Marseille. La Grèce, l'Autriche, la Russie, à elles trois, ne fournissent pas la moitié des coques venues des ports turcs.

Les tissus donnent lieu à une importation dérisoire ; par contre, c'est une importante source de fret à l'exportation. En 1895, 35 millions de kilogrammes de tissus de toute sorte se sont embarqués à Marseille, pour la plus grande partie à destination de Maurice, des Indes anglaises, de l'Australie et de la Cochinchine. 14 millions de kilogrammes étaient de fabrication française, la moitié destinée à l'Algérie. Près des deux tiers de ces étoffes étaient en coton.

Les matières animales, peaux, cuirs, suifs ne donnent pas lieu à un mouvement comparable à celui du Havre. La région du Midi renferme beaucoup moins de tanneries que le Centre et l'Ouest, les matières premières vont de préférence à proximité des centres de fabrication. Même Marseille, qui avait un des premiers rangs, sinon le premier, pour la préparation des peaux de chèvres, voit décroître son industrie. Les tanneries, qui occupaient 2,000 ouvriers, diminuent en nombre. En 1892, elles préparaient 200,000 douzaines de peaux, en 1895, elles ont tanné 140,000 douzaines seulement. Le Maroc est le grand fournisseur de Marseille, il lui envoie près de 12,000 balles de peaux ; le Levant et l'Algérie en fournissent moins. Quant aux peaux de mouton, la majeure partie, on pourrait dire la presque totalité, viennent de la Plata et d'Australie, plus de 40,000 balles par année.

Les suifs donnent lieu à un grand mouvement. Le commerce a lieu surtout avec la République argentine qui a envoyé 5,123,491 kilogr. en 1895 sur les 5,660,052 reçus cette année. Plus du cinquième de ces produits sont réexpédiés, surtout en Italie, en Algérie et en Espagne.

Quant au bétail vivant, j'ai déjà dit combien l'exportation atteint un chiffre élevé. Sans cesse elle s'accroît. Elle dépassait 1,800,000 têtes en 1894, année exceptionnelle il est vrai, mais en 1895, on a dépassé encore 1,500,000 têtes. Les moutons, sur ce chiffre, donnaient près de 1,300,000 têtes et les bœufs et vaches plus de 120,000. Une forte partie de ces animaux sont consommés sur place et dans les villes voisines.

Centre le plus actif de fabrication d'huiles et de savons, Marseille, placée au cœur de la région des oliviers, est naturellement devenue le plus grand marché méditerranéen pour les huiles d'olives. L'importation des huiles comestibles oscille entre 8 et 10 millions de kilogrammes, la Tunisie fournissant près de la moitié du trafic. Les autres qualités, propres aux usages industriels, atteignent en moyenne 50 p. 100 de ce chiffre.

Les vins et spiritueux sont sujets à des fluctuations causées par le plus ou moins d'importance de la récolte en France. Ainsi, 1895 a vu arriver 115 millions de litres et 1894 n'en avait pas vu entrer 85 millions. L'Algérie est le grand pourvoyeur de Marseille ; en ces dernières années le nombre de litres a toujours dépassé 50 millions, deux fois, en 1892 et 1895, on a dépassé 80 millions. L'Espagne vient ensuite : plus de 23 millions en 1895. Les exportations sont moins considérables, elles oscillent entre 18 et 25 millions de litres, pour la plus grande partie à destination de nos colonies.

Le voisinage de Lyon, de Vienne, de Saint-Étienne, villes où la teinture est une grande industrie, contribue à assurer à Marseille le commerce des produits tinctoriaux, bois de fustet et de campêche, orseilles et cochenille.

Le commerce des bois est pour beaucoup dans l'activité du port. Les pays du nord, Russie, Finlande, États scandinaves envoient d'immenses quantités de planches et madriers. Les ports autrichiens de l'Adriatique expédient par leurs voiliers des poutres et poutrelles de sapins, des bois d'ormea et de chêne et surtout des douelles de chêne et de frêne pour la tonnellerie. La Galicie expédie des planches et des douelles, l'Amérique du Nord des madriers et du pitchpine, même l'Australie a envoyé des planches et des madriers de chêne.

Les matières lourdes, minerais et charbons, couvrent de vastes superficies de quais ou sont aussitôt chargées. L'Espagne, la Grèce et l'Algérie envoient du minerai de fer, l'Espagne et la Turquie du minerai de plomb, l'Espagne du plomb en masse, les fontes sont surtout envoyées par l'Angleterre et la Grèce. Quant aux charbons, ils donnent lieu à des importations dépassant 500,000 tonnes, la moitié environ des charbons reçus à Marseille. L'importation par mer est entièrement anglaise. Les charbons reçus par voie de fer ou de terre proviennent du Gard, de la Loire et du bassin à lignite de Fuveau[1].

Marseille n'a malheureusement pas de produits à exporter comparables, par le poids et le volume, à ces céréales, ces bois, ces minerais et ces houilles qu'elle reçoit du dehors. Son principal élément de fret est la céramique, cette industrie locale trouvant dans le bassin méditerranéen des débouchés énormes, aussi a-t-elle pu envoyer 116,000 tonnes en 1895. Briques, tuiles, carreaux alimentent des centaines de navires. La Turquie est le principal client des briqueteries marseillaises. L'Algérie, la Russie, l'Égypte, la Tunisie, Tripoli, le Maroc reçoivent ces produits par milliers de tonnes. Même l'Amérique s'adresse à Marseille, le Brésil lui demande 16,000 tonnes de tuiles; on envoie ces produits jusque dans la Plata. Le Mexique et Cuba viennent s'approvisionner ici.

La savonnerie, autre grande industrie marseillaise, qui a produit 121 millions de kilogrammes en 1895, a envoyé environ le vingtième de cette production à l'étranger ou aux colonies. L'importante industrie des pâtes alimentaires trouve de

---

1. Voir chapitre IV.

grands débouchés aux États-Unis, en Belgique, en Algérie ; elle répand d'ailleurs ses produits par le monde entier.

Comme on a pu le voir par ce rapide exposé des branches principales du commerce maritime de Marseille, l'industrie de ce grand port a surtout pour but la transformation des principales matières importées, elle est plus considérable que variée. Mais à l'incessant échange avec les ports et les gares des produits à manufacturer et des produits fabriqués, la ville doit ce prodigieux mouvement de charrettes et de camions que l'on ne rencontre pas dans les autres cités maritimes où toute la manutention se fait du quai au wagon.

La savonnerie, la céramique, la raffinerie des sucres, les produits dérivés du sel marin, la construction des machines pour la marine, le traitement des minerais de fer et des fontes dans l'usine de Saint-Louis, celui des minerais de plomb occupent des milliers d'ouvriers dans ces vastes et sombres bâtiments des faubourgs et de la banlieue dont les hautes cheminées vomissent contre le ciel bleu des flots de fumée noire ou livide.

Ce port, si actif par les marchandises venues de tous les ports du globe, est un de ceux où le mouvement des voyageurs est le plus considérable, car il peut être considéré comme le cœur du vaste bassin méditerranéen. Le mouvement des paquebots est incessant. L'Algérie et la Tunisie, dont la conquête a été une si grande cause de prospérité pour Marseille, sont en relations quotidiennes avec celle-ci; la Corse, la Grèce, l'Égypte, la Turquie, la mer Noire, l'Espagne renvoient ou reçoivent chaque jour les vapeurs marseillais. Les grands paquebots qui font le service des Indes, de l'Extrême-Orient, de l'Australie sont choisis de préférence par les Anglais pour leur confort et leur rapidité. Même une grande partie de l'émigration méditerranéenne pour les Amériques a lieu par ce port. 14,000 émigrants s'y sont embarqués en 1895, 16,000 y ont fait escale.

VIII

DU VIEUX MARSEILLE AUX CABANONS

Le vieux Marseille. — L'hôtel de ville et la cathédrale. — Le type marseillais. — Les bastides et les cabanons. — La bouillabaisse et l'aïoli. — Le Prado. — Navigation intérieure. — Futur canal du Rhône. — Avenir de Marseille. — Les îles : If, Pomègue, Ratonneau. — L'existence à Marseille.

Marseille. Août.

Le Port-Vieux et les bassins de la Joliette sont séparés par une péninsule massive remplie par les quartiers les plus anciens de Marseille, bâtis sur les substructions de la cité primitive. Rues étroites, tortueuses, sans air et sans lumière, beaucoup montent au flanc de buttes d'une faible élévation ; mais rues bruyantes, affairées, grouillantes de foule, pleines de tavernes, de cafés chantants où, le soir venu, affluent des matelots de toutes les races et de tous les pays. C'est le seul coin de Marseille qui, par les constructions et l'aspect général, rappelle les vieilles cités de Provence enfermées entre le *cours*, comme Arles, Tarascon et tant d'autres. Mais le vieux Marseille, grâce à l'afflux des marins et des ouvriers du port, à la population douteuse qu'ils y attirent, présente un spectacle unique. La rue de la République a brutalement troué l'antique cité, sans y amener la vie moderne. A droite et à gauche de la lumineuse artère, les ruelles enchevêtrées ont gardé l'aspect qu'elles avaient au siècle dernier, si les eaux de la Durance, à flots répandues, leur ont enlevé la puanteur et l'ordure. Plusieurs de ces rues sont fort pittoresques ; la Grand'rue, qui a conservé ce nom malgré la Cannebière, est un curieux spécimen d'une voie maîtresse aux siècles passés. Dans ce quartier est l'hôtel de ville, insuffisant pour une cité de la grandeur de Marseille. La façade principale, sur le quai, a été sculptée par Puget. A l'extrémité de ces quartiers qui tranchent si singulièrement sur l'aspect général de la cité, se dresse la vaste et majestueuse cathédrale moderne, la *Major*. C'est un monument somptueux de style byzantin dont la façade et les murs, en pierre verte et pierre blanche alternées, produisent un grand effet décoratif sur la haute terrasse d'où il domine l'entrée des ports. Mais la solitude est complète autour de l'édifice et contraste avec la vie intense des quais et le grouillement d'une partie de la vieille ville.

Dans ces quartiers, on peut trouver encore le

type marseillais d'autrefois, tendant de plus en plus à faire place à un type nouveau, produit des apports successifs de l'immigration causée par le développement extraordinaire de la cité. Cependant, telle est la vitalité de l'élément marseillais, qu'il a su s'assimiler, amalgamer ces milliers d'individus accourus de tous les points de la Provence, du Languedoc et des Alpes, et, par une sorte de métamorphisme, en faire des Marseillais en apparence de pur sang, Marseillais par l'exubérance du geste et de la voix. Même âpreté à rechercher la fortune, même amour du plaisir. Pour les esprits superficiels, il n'y a qu'un type marseillais, rencontré partout, de la Cannebière aux extrémités des faubourgs. Le portrait du Marseillais a tenté bien des écrivains, ils ont plutôt vu ses défauts que ses qualités. Méry, Marseillais lui-même, en a tracé une caricature amusante, Edmond About et Taine ont été frappés surtout par l'amour du lucre et des amusements bruyants. Les plus justes pour Marseille sont encore les écrivains locaux. M. Horace Bertin, notamment, a rendu avec beaucoup de précision et de justesse les aspects de sa ville natale.

Le côté le plus caractéristique du tempérament marseillais, c'est la passion pour la « campagne ». Le riche commerçant a de somptueuses habitations dans la verdoyante et fraîche vallée de l'Huveaune ou sur les pentes transformées de la Corniche, le petit bourgeois, le boutiquier, le commis, se contentent du *cabanon*.

Le cabanon ne ressemble à rien de déjà vu. Auprès de lui le mazet nîmois est un Éden. Les collines les plus nues, les plus sèches, les plus fendillées, le rocher le plus fatigant pour la vue, tel est souvent le site choisi par le Marseillais pour sa villégiature. C'est « comique et affreux », a dit Taine. Le cabanon a pour supérieur la bastide, déjà une sorte de villa, avec quelques arbres et parfois un peu de verdure, grâce à la Durance. Une cahute de pierre, une terrasse abritée par une tonnelle, un parterre grand comme la main, voilà le cabanon. Il y vente de la poussière et il pleut du soleil, a dit un écrivain marseillais. On y passe le dimanche, même la nuit quand l'installation comporte un canapé ou un lit. Si le paysage immédiat est aride et laid, on est en vue de la mer bleue et des îles, on voit entrer et sortir les navires. Au matin, on se rend à la pêche dans l'espoir de prendre le poisson nécessaire à la bouillabaisse. On n'en prend guère, mais la bouillabaisse n'en sera pas moins prête à l'heure du déjeuner, grâce aux emplettes faites en ville.

La bouillabaisse ! qui n'a entendu parler de ce

plat fameux, qui, dans l'esprit des étrangers à la cité phocéenne, se mêle invinciblement à l'idée de Cannebière ? C'est parfois exquis, quand la bouillabaisse est faite selon les vieilles règles, avec le poisson de la Méditerranée fraîchement pêché, avec les huiles vierges de la Provence. Thon, dorade, mulet, rouget, rascasses parfumés par le fenouil et le laurier, telles sont les bases de cette soupe colorée par le safran que toutes les ménagères de Marseille s'entendent à merveille à préparer.

L'aïoli est le complément du repas au cabanon. C'est une mayonnaise dans laquelle l'ail s'associe à l'huile.

Les cabanons sont nombreux surtout dans les collines bordant la mer, de Notre-Dame de la Garde à l'extrémité du Prado ; ils couvrent les flancs des vallons de l'Oriol et du Berger ; on les aperçoit par l'ouverture des ravins lorsque l'on suit, au-dessous des parcs où les lauriers-roses et même quelques palmiers viennent en pleine terre, cette superbe route de la Corniche tracée au-dessus du rivage, seule partie de Marseille d'où l'on jouisse vraiment de la mer, partout ailleurs masquée par les bassins.

Le Prado est une des plus belles choses de Marseille : avenue d'abord solitaire mais majestueuse, ouverte au-dessous de grands bois de pins, elle se borde de villas, de parcs, de maisons élégantes jusqu'à l'endroit où la rue de Rome la continue au cœur de la cité pour devenir le cours Belzunce, la rue d'Aix, puis le boulevard de Paris, terminé vers les quartiers naissants du cap Pinède, auquel un si grand avenir est réservé pour le jour où le canal mettra le Rhône en relation avec les bassins.

Cette œuvre, complément indispensable des grands travaux qui ont transformé Marseille, s'exécutera peut-être un jour. Lorsque les chalands partis du Hâvre, de Paris, de Lyon, de tout le réseau des canaux et rivières du Nord et de l'Est pourront venir accoster les navires amarrés dans les bassins et le Port-Vieux de Marseille, cette ville pourra lutter efficacement contre la concurrence de Gênes et de Trieste, même contre Anvers, en devenant la tête de la navigation fluviale, vers la Méditerranée.

Marseille a trouvé un appui dans la chambre de commerce de Lyon pour l'exécution de ce grand travail appelé à de si merveilleux résultats. Les Lyonnais possédant déjà, dans Port-Saint-Louis, à l'embouchure du Rhône, un port précieux pour l'embarquement et la réception des marchandises encombrantes, voudraient avoir accès direct à

Marseille pour leur flotte fluviale. Mais Marseille, inquiète des progrès réalisés par cet embryon de ville de Saint-Louis[1], voudrait un canal débouchant au nord, au lieu dit « le Bras mort ». Les Lyonnais préféreraient un tracé partant du canal Saint-Louis et longeant le littoral jusqu'à Fos. En ce point, les deux tracés confondus gagnent Port-de-Bouc, suivent le chenal de Caronte que l'on approfondirait pour permettre aux grands navires de pénétrer dans la petite mer de Berre. Le canal longerait le rivage sud de celle-ci pour aller percer le massif de l'Estaque par un grand tunnel. De l'Estaque à l'anse de la Madrague, transformée en bassin prolongeant les nouveaux ports, le canal, protégé par une digue, suivrait le rivage.

Le canal de Marseille au Rhône aurait sur le commerce de la France entière une énorme et bienfaisante influence, car il ramènerait chez nous un transit qui nous échappe de plus en plus. On peut dire que notre réseau navigable ne prendra toute sa valeur que le jour où il aboutira dans le grand port méditerranéen. Alors on pourra

---

1. En 1895, on évalue à 1,446 le nombre des navires entrés et sortis de Saint-Louis-du-Rhône, jaugeant 533,810 tonneaux. Le tonnage des marchandises a atteint 329,044 tonnes. La navigation fluviale a compris 1,087 bateaux ayant amené ou emporté 183,401 tonnes de marchandises.

espérer pour le Rhône et la Saône un développement comparable à celui des grands fleuves allemands, Elbe, Rhin et Weser; plus puissant encore, peut-être, puisque la ligne de navigation conduira par la route la plus courte des mers du Midi aux mers du Nord.

Là sont aujourd'hui les destinées de Marseille, car il semble bien que, dans les conditions actuelles, le développement du port ait atteint son apogée. Trop de concurrents sont nés avec les chemins de fer forés sous les Alpes pour que la France puisse songer à attirer de nouveau dans ses ports le trafic qui s'en est écarté.

La navigation fluviale seule peut rétablir l'avantage en notre faveur, aucun autre pays ne dispose d'une voie d'eau entre la Méditerranée et l'intérieur du continent. Le Danube occupe une position trop excentrique, son cours et les canaux de jonction vers l'Allemage du Nord sont trop étendus. Au contraire, le Rhône, la Saône et le Doubs conduisent rapidement au Rhin et à la Meuse, c'est-à-dire en Allemagne et en Hollande.

Le jour où les chalands de la Seine, de la Meuse et du Rhin viendront accoster les navires à la Joliette, Marseille, dépassé maintenant par Anvers et Hambourg, reprendra sa place naturelle à la tête des ports du continent.

Des quartiers hauts de la ville, de la grande jetée du large, de l'adorable route de la Corniche au pied de laquelle bondit la mer, qui franchit des ravins, passe sous les parcs somptueux créés à prix d'or au moyen de terres rapportées et des eaux de la Durance, de cette route on a sans cesse sous les yeux le petit archipel marseillais, dont l'aspect est modifié à chaque instant par la perspective. Comme tout le monde, j'ai fait la courte traversée pour aller visiter le château d'If, parcourir ses galeries sombres, ses cachots au sujet desquels le gardien raconte, sur le ton monotone des cicerones, d'effroyables histoires. Le château d'If, d'ailleurs, doit la plus grande part de sa célébrité au roman d'Alexandre Dumas, le *Comte de Monte-Christo :* les premiers chapitres, les plus émouvants, se déroulent dans les cachots d'If. Le guide montre, avec le plus grand sang-froid et la plus entière conviction, les réduits où furent enfermés Edmond Dantès et l'abbé Faria.

Du haut du donjon, la vue est merveilleuse sur Marseille, ses arides collines, ses montagnes rocheuses aux formes classiques et nobles. Au large on découvre les collines qui constituent les îles de Pomègue et de Ratonneau, chaîne de rochers sans arbres, sans verdure, reliées par une jetée pour constituer le port du Frioul, servant uniquement aux quarantaines. Les deux îles sont une forteresse. Des batteries nombreuses, armées de puissants canons, les couvrent. Ratonneau possède un vaste lazaret dont les constructions donnent, à distance, l'illusion d'une petite ville.

En quelques minutes, la barque m'a ramené au quai de la Fraternité, à l'entrée de la Cannebière et, soudain, après ce calme profond de l'archipel marseillais où rien ne semble vivre, je me suis retrouvé en pleine fièvre. C'était l'heure où les travaux du port vont finir. Par les quais, par la rue de la République arrivaient en files continues les camions, les charrettes et la foule innombrable des ouvriers des bassins. Les trottoirs sont pleins de promeneurs, les terrasses des cafés sont remplies.

L'impression laissée par Marseille est assez difficile à rendre. La ville en elle-même, par ses quartiers vivants, la Cannebière et ses grandes avenues, est fort séduisante : « C'est la plus florissante et la plus magnifique des villes latines », a dit Taine[1] parlant de l'aspect de ces rues et de ces allées envahies par une foule bruyante. Mais l'extérieur seulement de la vie marseillaise pro-

---

1. *Carnets de voyage, notes sur la Provence.*

duit ce sentiment de vie exubérante. Cette fièvre masque le vide réel de l'existence. On trouve bien, depuis quelques années surtout, un noyau de gens instruits, pour qui la science, les lettres et les arts ont de l'attrait, la presse marseillaise est une des plus littéraires que je connaisse, mais la masse de la population se plaît aux plaisirs faciles. « De la grosse joie », a dit encore Taine, « plaisirs de marchands qui ont travaillé et gagné tout le jour dans les farines ou dans les huiles. »

Il ne saurait guère en être autrement. Le site de Marseille, admirablement disposé pour le commerce, n'a rien qui pourrait faire de la cité une ville savante. Tout y tend vers les affaires, la marine a fait Marseille, elle l'a développée, elle y a amené l'industrie. Marseille est une grande cité manufacturière, mais tous les produits qu'elle met en œuvre lui viennent par la mer. Les plaisirs offerts à la population et aux voyageurs sont naturellement de ceux qui plaisent aux marins cherchant à oublier les dangers rencontrés et à vivre rapidement de la vie terrienne pendant les rares et courtes escales.

Le tableau de cette existence bruyante, tel que l'ont tracé Taine et d'autres écrivains, est du reste fort vieilli. La transformation de la ville a été profonde ; la première parmi les cités françaises, elle a entrepris les grandes percées à travers les vieux quartiers. En faisant pénétrer l'air et la lumière, en bâtissant de somptueux palais, on a naturellement amené des idées nouvelles. Les travaux ont été colossaux, on a rasé des collines et comblé des anses pour faire les nouveaux ports et les relier à l'ancien. La rue de la République serait une des voies les plus majestueuses de France si elle était mieux habitée, mais la population aristocratique et bourgeoise ne s'y est point portée. Ces maisons, comparables à celles des voies maîtresses du Paris moderne, plus somptueuses même, montrent à beaucoup de fenêtres des linges qui sèchent. Les habitants appartenant au grand commerce, au monde de la Bourse, aux professions libérales, ont préféré les avenues tranquilles bordées de platanes et les quartiers avoisinant la rue de Rome et l'incomparable avenue du Prado. Là se forme la nouvelle société marseillaise, différente déjà de celle dont l'amour du luxe et des plaisirs bruyants et grossiers ont frappé jadis les voyageurs.

IX

DE LA CIOTAT AUX CALANQUES

La Ciotat et le golfe des Lèques. — Les ruines de *Tauroentum*. — Cassis. — Port Miou. — Les Calanques. — Sorgiou et Morgiou. — Les carrières et les fours à ciment de la Bedoule. — Dans les gorges.

Aubagne. Décembre.

Dans toute la Méditerranée, il est peu de sites comparables, pour la splendeur des lignes, la pureté du ciel et le bleu de la mer, à la baie de la Ciotat. Quand le train a débouché du tunnel de Cassis et couru un instant dans les maquis, puis à travers les oliviers, on voit s'entrouvrir le golfe merveilleux, enchâssé entre d'harmonieuses collines et de grands rochers aux formes sculpturales. De petites anses, des plages d'un sable éclatant ourlent la vaste nappe d'eau. Une petite île surgit vers l'entrée de la baie, séparée par un étroit chenal d'une roche magnifique, projetée sur la mer comme une tête d'oiseau de proie. La silhouette est si frappante, que le nom de *Bec de l'Aigle* a été donné à cette curieuse saillie de la côte. On s'arrête rarement ici, mais tous les voyageurs qui ont suivi la grande ligne ferrée du littoral sont restés sous l'impression d'éblouissement causé par cette radieuse apparition.

Le chemin de fer passe à une grande hauteur ; une gare porte le nom de la Ciotat, mais la petite ville est loin, bien loin, au pied du Bec de l'Aigle. La station est sur le territoire du village de Ceyreste, dont le nom conserve une légère consonnance avec celui de la ville gréco-romaine de *Cytharista*, aujourd'hui disparue. Un petit embranchement descend à l'antique *portus* de Cytharista devenu maintenant le centre vivant de la contrée sous le nom de la Ciotat. Il court au milieu des oliviers enclos entre des murailles de pierre sèche, entourant des bastides innombrables et se rapprochant de la mer, puis suit une digue avant d'atteindre le quai bordant le grand bassin du port.

L'abri de la ville romaine, constitué par le bec de l'Aigle et l'île Verte, s'est bien modifié ; cette rade, qui a satisfait longtemps à un commerce considérable, est devenue insuffisante, non par le mouvement commercial, très faible, mais par les chantiers de construction de la compagnie des Messageries maritimes qui occupent de 2,500 à 3,000 ouvriers pour la construction ou la réparation des beaux navires de sa flotte.

La ville est sans intérêt. Le noyau primitif, bourg antique qui fut pittoresque par ses maisons venant jusqu'au flot, ses vieux forts, ses bateaux de pêche amarrés au môle, a été entouré par les constructions banales d'une cité nouvelle rendue nécessaire pour le logement des ouvriers des chantiers.

Le bassin est presque vide, un ou deux paquebots désarmés et quelques bateaux de pêche ne suffisent pas à couvrir ces dix hectares d'eaux tranquilles. Il n'y vient guère que de petits navires faisant le cabotage avec Marseille[1].

Le voisinage de Marseille est cause de cette situation plus que médiocre. En outre, la région naturelle dont la Ciotat est le débouché, est trop peu étendue pour faire vivre un port. Aussi malgré une situation admirable, malgré des facilités d'accès et l'abri offert contre le mistral, la Ciotat serait-elle une pauvre bourgade sans la puissante usine qui a fait monter sa population de 5,000 à près de 13,000 âmes.

Mais ce que Marseille ne peut ravir à son humble voisine, c'est la beauté du paysage, de cette baie bien dessinée, bordée de collines ma-

---

1. Mouvement du port en 1896, entrées et sorties réunies : 827 navires, jaugeant 483,384 tonnes. La pêche a occupé 67 bateaux montés par 102 hommes.

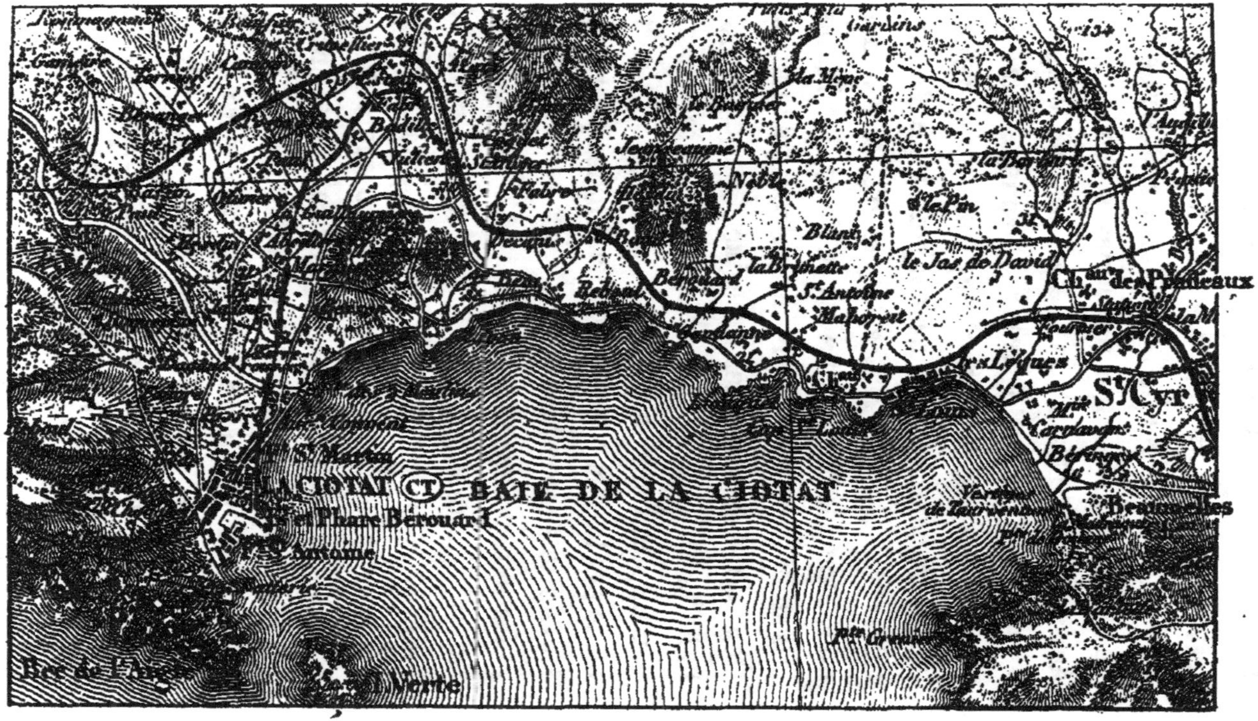
BAIE DE LA CIOTAT
LA CIOTAT
St. Cyr
le Jas de David
St. Antoine
Blanc
la Bigotte
St. Martin

jestueuses, qui vit une des grandes luttes navales de l'antiquité. En face de la Ciotat actuelle, à l'extrémité du cordon de dunes arrondi au pied des coteaux de Saint-Cyr, était une ville appelée *Tauroentum*, colonie grecque comme Marseille. Riche et forte, Tauroentum, imitant sa voisine, alors assiégée, avait pris parti pour Pompée contre César. Ce dernier vint attaquer Tauroentum par mer, Pompée accourut avec sa flotte, les Marseillais amenèrent la leur. Nasidius commandait pour Pompée et les colonies grecques, Brutus dirigeait la flotte de César. Une bataille ardente, racontée par Lucain dans la *Pharsale,* s'engagea et se termina par la défaite des alliés ; quelques jours après Marseille succombait.

Cette dernière ville devait avoir de vastes destinées. Tauroentum, au contraire, a disparu. On ignore les causes de sa mort ; ses débris, un moment exhumés, ont été de nouveau engloutis sous le sable accumulé par le mistral. Les archéologues ont longuement disserté sur ces ruines, excitant la verve de Méry, et elles seraient oubliées aujourd'hui, si M. Lenthéric n'avait consacré une attachante étude à Tauroentum, dans son beau livre sur la Provence maritime.

La Ciotat est rapidement visitée si l'on ne veut

pas parcourir les vastes chantiers des Messageries. Quand on a longé la belle esplanade du Tasse qui fait face au site de Tauroentum, contourné le port assez gai à certaines heures, jeté un coup d'œil sur le buste de M. Béhic, un des fondateurs des chantiers, on a vu tout ce que la ville peut offrir.

Mais les environs sont superbes. La course de la Ciotat à Cassis par l'étroit sentier qui longe le sommet des falaises, montre des horizons de mer d'une indicible grandeur. Cette chaîne abrupte domine la mer à pic, de 300 à 400 mètres — 416 mètres au cap Canaille. — Les côtes, du cap Sicié, près de Toulon, à l'île de Maire, près de Marseille, se découpent très nettes, fauves ou grises sur le flot bleu.

Du cap Canaille, le sentier descend au Pas de la Colle et aboutit à la petite ville de Cassis, bâtie au fond d'une baie profonde, devant un petit port très animé par les bateaux de pêche et de petits navires dont plusieurs battent pavillon italien. Le nombre des bateaux qui ont fréquenté le port est moins considérable qu'à la Ciotat[1].

C'est le type parfait du port méditerranéen. Le paysage, malgré l'aridité d'une partie des collines, est grandiose. Au-dessus de la ville se dresse un

---

1. Mouvement du port en 1896, entrées et sorties réunies : 540 navires jaugeant 43,875 tonnes.

rocher couvert par les belles ruines d'un château ; en arrière, de hautes falaises rougeâtres surgissent au-dessus de pentes boisées. Sur le rivage se profilent les escarpements gris du cap Canaille exploité par les carriers pour sa roche à ciment.

La ville est toute mignonne, ses maisons, haute et étroites, bordent une large artère sur laquelle débouchent des ruelles habitées par des pêcheurs. Une des maisons, assez banale, porte une inscription rappelant la naissance de Barthélemy, auteur bien oublié du *Voyage du jeune Anacharsis*, plus oublié encore. Mais Cassis se souvient de cet enfant illustre jadis : il y a une rue Barthélemy, et une rue du Jeune-Anacharsis, non loin d'une autre voie portant le nom bizarre de rue des Scarrabins.

Au pied du mont Canaille sont de jolis champs d'oliviers et quelques vignobles souffreteux, débris des riches domaines qui donnaient jadis le vin blanc de Cassis, vin parfumé célèbre dans tout le Midi où il accompagnait la bouillabaisse et les coquillages, comme le chablis accompagne les huîtres dans le Nord. Ces restes du vignoble sont entretenus avec soin, des vignerons leur portent du fumier au moyen de couffins placés sur le dos. Le couffin est une corbeille de sparte qui remplace ici la hotte et la brouette, il est d'un usage général, les cantonniers eux-mêmes s'en servent pour enlever les poussières recueillies sur la route. Ces couffins ou cabas se fabriquent à Cassis, dans plusieurs ateliers où l'on tresse l'alfa pour les huileries si nombreuses dans la région.

La petite cité, sa banlieue surtout, est fort in-

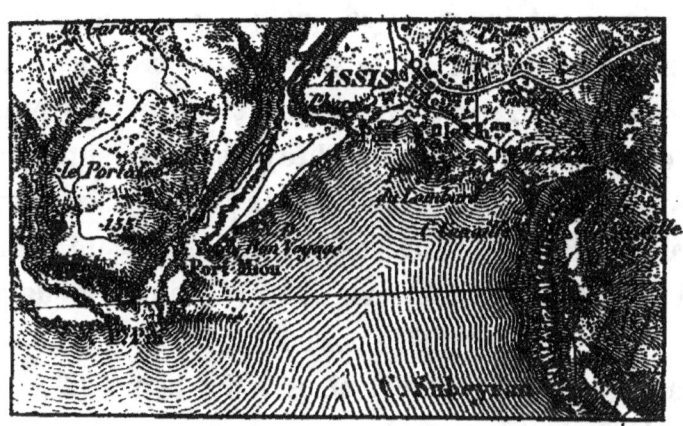

dustrieuse, l'exploitation des roches voisines, pierre à ciment ou *pierre froide,* c'est-à-dire calcaire dur semblable au marbre, y occupe beaucoup de bras et assure au port un actif mouvement de cabotage. La pêche est assez importante, Cassis possède une trentaine de bateaux qui contribuent à l'alimentation de Marseille. Devant l'entrée du port, une sécherie de morues couvre une pente rocheuse.

Si les abords du cap Canaille sont boisés, les

montagnes, dans la direction de Marseille, présentent l'aspect le plus dénudé. Il suffirait cependant de laisser le sol à lui-même pour le voir se couvrir de pins et d'arbustes du maquis. Mais la dent des moutons et des chèvres, la dévastation de l'homme empêchent toute restauration.

On peut juger de ce que pourrait être le pays en allant visiter la calanque de Port-Miou. Le sentier pierreux traverse un coteau où les pins, les myrtes, les grandes bruyères, les lentisques s'efforcent en vain de couvrir le sol. C'est d'un aspect inouï de désolation, mais c'est un cadre superbe pour le tableau que l'on découvre soudain.

Le sentier atteint le bord d'une fissure profonde, aux escarpements calcaires d'un blanc laiteux, relevé çà et là par le vert sombre de quelque pin ou broussaille. Au fond de l'abîme sinueux se tord, comme un fleuve sans rivages, une longue nappe d'eau d'un gris mat.

C'est un fjord minuscule, mais absolument semblable aux fjords de Norvège, une *calanque*, dit-on en provençal, c'est-à-dire un abri naturel, la calanque de Port-Miou.

Dans cette partie du rivage comprise entre Marseille et la Ciotat, la falaise, si formidable vue du large, s'ouvre cependant en nombreuses calanques. Depuis le cap Croisette, la côte est comme festonnée d'anses minuscules. Deux anfractuosités, plus vastes, s'ouvrent au-dessous du cap Gros, abritées des vents du large et de la mer par des pointes aiguës de rochers, véritables môles naturels. Ces baies, les calanques de Sorgiou et de Morgiou, sont encore sur le territoire

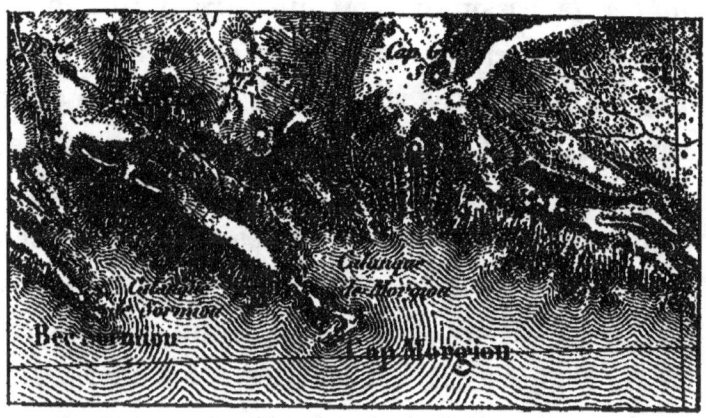

de Marseille. Sauf pendant les vents de sud-est, elles offrent un abri parfait. Morgiou, la plus fréquentée, possède au fond d'une calanque secondaire un petit hameau de pêcheurs, un quai a été récemment construit pour aider aux opérations de leurs barques.

Mais Sorgiou et Morgiou sont largement ouvertes, il y a près d'un kilomètre à l'entrée. Port-Miou, au contraire, n'est qu'une fissure s'ouvrant sur la mer par un chenal en équerre.

Du haut de la falaise on ne peut apercevoir entièrement le fjord, et lorsqu'on est descendu par le sentier escarpé qui mène au fond, il semble que l'on ait simplement sous les yeux un bassin creusé par effondrement du rocher. Ces eaux cependant ne sont pas inertes. A l'endroit où commence le bassin, on voit un courant très fort se dessiner; partout, des fissures de la roche ou des galets, des sources abondantes coulent à la calanque. J'ai goûté ces eaux fluentes, elles sont salées! La laisse de mer fait deviner le mécanisme de ces venues d'eau. La faible marée méditerranéenne et le vent du large refoulent les eaux dans la calanque, celles-ci pénètrent dans les roches fissurées, remplissent des cavités et, à mer basse, sortent pour former ces courants. On ne saurait expliquer autrement une mare salée, très claire, étalée au delà de l'extrémité de la calanque, à l'entrée du ravin.

Un sentier suit le rivage occidental et conduit à un petit quai formant port au-dessous d'une jolie villa que l'on a pu entourer d'un jardinet au moyen de terre rapportée de bien loin, sans doute. Au milieu du fjord tranquille, un bloc énorme surgit. Du quai on ne voit pas l'entrée de Port-Miou; sans un beau yacht amarré au rivage abrupt, on ne pourrait se croire au bord de la mer.

Sur le quai, un douanier mélancolique se promène, pour empêcher une contrebande hypothétique. Il ne paraît pas apprécier beaucoup cette solitude sauvage mais majestueuse. Rarement des bateaux viennent ici chercher un abri, on n'y voit que des *plaisanciers,* me dit la gardienne de la villa.

Le sentier continue à suivre le rivage et parvient en face de la chapelle de Notre-Dame de Bon-Voyage, dressée sur l'autre rive à l'extrémité du promontoire sous lequel s'ouvre enfin la passe, et l'on aperçoit brusquement la longue étendue de la mer, jusqu'aux falaises du Bec de l'Aigle. Si l'on monte avec le sentier, on aperçoit aussitôt une autre calanque, moins longue mais non moins belle : c'est Port-Pin, séparé par un cap massif d'un autre fjord, Port-Vau, plus long et sinueux, bordé de hautes et superbes roches.

Je serais resté longtemps dans ce site admirable, trop peu connu. Mais je n'ai pas déjeuné, et l'on chercherait en vain ici la moindre auberge. Je suis rentré à Cassis.

Dans l'après-midi, je voulais gagner Aubagne à pied ; mais la course dans les roches du rivage m'a lassé, la vue des monts de la Gardiole, d'une nudité extraordinaire, la chaleur, très forte malgré la saison, m'ont décidé à me faire conduire en voiture jusqu'au col de la Bedoule.

Le chemin monte entre les oliviers pour aller passer sous le chemin de fer près de la gare de Cassis et s'élève au flanc d'un ravin, dans un paysage d'une aridité morne. Cependant, il y a une circulation active, à chaque instant on croise des voitures chargées de ciment allant à la gare ou au port.

Bientôt on atteint la première usine et, désormais, jusqu'au col, on ne cesse de rencontrer des usines à ciment, quelques-unes fort considérables, rappelant les vastes établissements similaires de Grenoble et du Boulonnais. Elles sont disposées en terrasses successives au flanc de la montagne où s'ouvrent les carrières. Les poussières ajoutent encore à l'horreur de ce vallon pelé, sans eau, où l'on doit recueillir précieusement en des bassins, pour s'en servir de nouveau, l'eau de condensation des machines. Les carrières, les fours, les blutoirs, de misérables maisons d'ouvriers disparaissent sous la poussière fauve, des fumées épaisses forment un nuage. A travers ce pays morose on atteint enfin le dôme blanc de l'église byzantine, toute neuve, de la Bedoule, village lui-même récent, construit à la croisée de la grande route et du chemin de Roquefort. Il y a quinze ans à peine que le bourg se forme, c'est-à-dire depuis que l'industrie du ciment est venue s'implanter ici.

Les maisons sont trop peu nombreuses encore, tel cabanon, insuffisant pour une petite famille, abrite une quinzaine d'ouvriers. Ce sont pour la plupart des Italiens, on n'a pas trouvé de Français pour l'épuisant travail des galeries et des fours.

La voiture me laisse à la Bedoule, à l'endroit où la route commence à descendre entre de vastes carrières où l'on extrait ce calcaire dur connu dans le Midi sous le nom de pierre froide et analogue à la pierre de Villebois[1]. Cette route est le lit d'un ravin creusé au sein d'âpres collines rocheuses. Peu à peu le ravin devient une gorge, saisissante à cette heure crépusculaire. Des masses blanchâtres, de superbes entassements de rocs s'élèvent de chaque côté, de rares pins s'accrochent aux parois.

La nuit vient, les gorges se font sinistres. La solitude serait absolue sans les convois de charrettes descendant les pierres et les ciments à la gare d'Aubagne et au port de Marseille. Les voiturins que je dépasse m'accueillent par des lazzis, on ne voit pas souvent des touristes à pied dans

---

1. Voir la 8e série du *Voyage en France*, p. 235 et suivantes.

ces gorges aujourd'hui abandonnées des voyageurs, ils préfèrent traverser les petits monts de la Gardiole par le chemin de fer qui les troue au grand tunnel de Mussaguet, long de 2,600 mètres.

Les voiturins sont dépassés, le silence est devenu complet, la nuit est descendue, mais une lueur livide, due à la réverbération des roches blanches, donne un caractère crépusculaire et fantasmagorique au ravin tortueux. Les récits du cocher qui m'a conduit de Cassis à la Bedoule, sur les bandits qui jadis firent de ces gorges un de leurs repaires, me reviennent à la pensée, et une vague et puérile angoisse me saisit, faisant paraître longue, bien longue, cette route mystérieuse dont rien n'indique la fin. Soudain, un roulement se fait entendre, la lumière d'une lanterne jaillit et une voix d'un magnifique timbre provençal se fait entendre :

— Je vais vous prindre, *au moinsse !*

Ce n'est pas un bandit, mais un brave épicier voyageur, venu de Cuges par Roquefort et la Bedoule, qui rentre à Marseille et m'offre une place à ses côtés jusqu'à Aubagne. Je ne me suis pas fait prier et, quelques minutes après, les sept kilomètres de la gorge étaient achevés : nous débouchions dans la plaine d'Aubagne.

X

TOULON

Toulon. — Aspect de gaieté. — La nouvelle ville et le Toulon primitif. — Les premiers palmiers. — Au marché. — La flore et la faune gastronomiques. — A travers la ville. — Sur le port. — L'arsenal. — En rade. — Le paysage toulonnais.

Toulon, Décembre.

De toutes les villes méditerranéennes, celle-ci est la plus gaie. Elle ne possède point la rumeur fiévreuse de Marseille, ses rues encombrées de charrois, sa puissante vie commerciale ; elle n'a pas l'animation élégante de Cannes — en hiver — on y chercherait en vain les palais de Nice, les villas, les boulevards maritimes parcourus — en hiver toujours — par les équipages élégants, mais il y a ici tant de couleur et de vie, la foule est si variée et en dehors que l'on se plaît volontiers à flâner sous les platanes du boulevard de Strasbourg ou sur le quai de Cronstadt, rempli de cafés, sans cesse encombré par les marins de l'escadre, les officiers de terre et de mer, les matelots des embarcations de pêche ou de promenade.

C'est bruyant et bon enfant à la fois, d'une activité sans but, d'une gaieté sans raison. Il semble que la joie descend de ce ciel bleu, des pavillons des navires, des lignes heureuses des collines qui enceignent la rade.

Que d'imprévu et de contrastes dans l'amusante cité ! On descend de la gare et l'on pénètre dans une ville régulière, d'aspect américain. Rues droites, tracées au cordeau, bordées de hautes maisons de pierre de taille déjà dorées par le soleil. Au centre de ce quartier neuf, une vaste place, très monumentale d'aspect, est, sur un de ses côtés, plantée de grands palmiers chargés de régimes de dattes destinés à ne jamais mûrir. Une fontaine orne le centre de cette *place de la Liberté*. Sur trois faces croissent des platanes. Au sud, la rangée d'arbres continue l'avenue du boulevard de Strasbourg, artère principale de Toulon, séparant la ville neuve de la vieille ville.

Cette dernière est loin d'avoir la régularité de sa voisine ; elle se compose de rues étroites, tortueuses, pour la plupart perpendiculaires à la mer. Les rues transversales sont peu nombreuses. En réalité, il n'y en a qu'une au cœur de ce massif compact de hautes maisons ; deux autres, parallèles au port, sont proches de celui-ci ; ce sont de longues rues régulières, d'aspect assez triste.

Par contre, certaines des voies intérieures, la rue d'Alger et la rue Hoche, par exemple, offrent un grand luxe de magasins ; on devine une population riche, aimant le faste. La plus large de ces rues, le *cours* Lafayette, ombragé de platanes, est, le matin, la partie la plus vivante de la vivante cité. Il s'y tient un marché où tous les légumes et les fruits du Midi, venus d'une fertile banlieue et des plaines d'Hyères, plus fertiles encore, s'entassent en piles superbes de couleur et de parfum. Oranges, citrons, letchis du Japon, raisins et, au printemps, fraises et cerises y sont à plein sac ou à plein panier, parmi les laitues, les artichauts, les cardons, les verdures. Des piles d'ails et d'oignons, des faix de lauriers, des tas de thym et de sauge ; des melons, des concombres, des pastèques à la chair rose semée de graines noires, des tomates aux teintes vives. Puis les éventaires de fleuristes offrant à brassées les roses, les jacinthes, les tulipes, les tubéreuses à l'odeur violente, les anémones, les mimosas, toute une flore adorable.

Le marché se prolonge en ville sur les trottoirs des rues étroites, se reliant aux halles pittoresques dans lesquelles les pêcheurs apportent à panerées les rascasses, les dorades, les rougets, les anguilles ; sur les tables sont dépecés les grands thons à l'armure d'acier. Tout autour sont les tables des marchands de coquillages étalant sous un abri d'algues fraîches les huîtres des parcs de la Seyne, les praires, les moules, les clovisses, les oursins. Et c'est un bruit incessant d'exclamations perçantes, de joyeuses rumeurs, auxquelles on se mêle volontiers.

Les places sont petites, mais ombragées de beaux platanes, égayées par des fontaines. La place Puget offre un bassin surmonté d'une rocaille pleine de mousse et de fougères, un figuier noueux a crû sur le petit édifice d'où tombe, avec un doux bruit, une eau claire et fraîche, jetée par la bouche de trois dauphins. Ces coins de ville sont charmants, ils ne permettraient guère de croire à l'insalubrité réelle de ces rues, à l'absence la plus complète des commodités intimes, si recherchées dans les demeures modernes. Il ne faut pas voir Toulon trop matin, à l'heure où des voitures spéciales recueillent les résidus apportés en de grandes jarres par les ménagères.

Près de l'Arsenal, la vieille ville confine à la vaste place d'Armes, dont les platanes sont parmi les plus beaux du Midi. La préfecture maritime, édifice assez simple, mais qui serait un *palazzo*

TOULON ET SA RADE.

dans bien des villes italiennes, occupe un des côtés de la place, entourée d'un étroit jardin d'où s'élance le fût élégant d'un beau palmier.

Peu de monuments dans Toulon. L'hôtel de ville, sur le quai, serait banal sans les vigoureuses cariatides sculptées par Puget. Le grand artiste a doté plusieurs rues de sculptures qui s'imposent immédiatement à l'attention. Les églises sont assez intéressantes, surtout pour cette Provence où les édifices religieux sont quelquefois fort pauvres.

A l'une des extrémités du boulevard de Strasbourg sont deux édifices modernes : un vaste lycée et le théâtre ; à l'autre, le jardin de ville, ombreux, bien entretenu, renferme de belles œuvres d'art.

Ce Toulon que je viens de décrire, entouré d'une enceinte de valeur médiocre, ne constitue pas toute la ville. D'immenses quartiers, le Mourillon à l'est, Saint-Jean-du-Var à l'ouest, Saint-Roch au nord, le Pont-du-Las au sud, continuent la grande cité et renferment la moitié des 100,000 habitants de Toulon[1]. Des lignes de tramway les

---

[1]. Exactement 95,276. La Seyne, qui est en quelque sorte un faubourg, en a 16,841, soit pour l'agglomération 112,000 environ.

relient aux boulevards de Strasbourg et au cours Lafayette.

Le soir, la partie maritime est désertée au profit du boulevard ; mais, dans la journée, c'est là que se concentre l'animation la plus grande : tous les marins des bâtiments en rade, les officiers revenant ou allant à bord s'embarquent ou débarquent sur le quai ; les bateaux qui font le service de la rade amènent sans cesse des voyageurs. Malheureusement, le bassin ouvert devant le quai, la *vieille darse*, a reçu depuis deux ou trois siècles les eaux sales de la ville ; c'est une véritable sentine, et les hauts môles qui le ferment masquent la vue de la mer aux promeneurs et aux gens assis à la terrasse des cafés. Pendant les fêtes russes, ce fut un désappointement pour les milliers de curieux entassés sur le quai, autour du *Génie de la Navigation*, statue qui est l'ornement de cette promenade. Je disais alors, et les choses n'ont pas changé[1] : « Le grand défaut de cette amusante ville de Toulon, c'est de ne pas avoir vue sur la rade. On pourrait, il est vrai, céder à la ville un môle inutilisé et tombant en ruine, pour en faire une promenade merveilleuse ;

---

1 *La Défense de la Corse. L'Escadre russe en Provence.* Librairie Berger-Levrault et Cie.

mais la marine tient jalousement à ce tas de moellons. »

Cette impression sur Toulon n'est pas nouvelle; Arthur Young l'éprouvait, il y a plus de cent ans, en parcourant ce quai *plein* de vie et d'activité.

La Vieille-Darse n'est point le port de commerce de Toulon. Celui-ci est entre la vieille ville et le grand faubourg du Mourillon; c'est un bassin assez vaste, où seuls accèdent les navires calant moins de 5 mètres. Le mouvement est peu considérable, le trafic (239,509 tonnes, 1,086 navires) se bornant aux bois, aux vins et aux charbons.

Toulon, d'ailleurs, n'a guère d'industrie en dehors de son arsenal, mais celui-ci est le plus considérable de France. De la Vieille-Darse au fort Malbousquet d'autres darses [1], la darse Neuve, la darse de Castigneau, la darse de Missiessy, sur lesquelles s'ouvrent des canaux autour desquels sont construits les ateliers et les magasins.

L'arsenal occupe 9,000 personnes, dont 5,300 ouvriers des constructions navales, 2,200 appartenant à divers services, 1,500 employés à titres

---

1. Le mot *darse* est employé dans la Méditerranée pour indiquer un bassin clos, creusé dans les terres ou circonscrit par des digues.

divers : écrivains, comptables et magasiniers, pompiers, marins vétérans, gardiens de vieux navires. C'est une usine comparable à toutes les usines modernes ; les parties les plus intéressantes sont celles qui virent jadis construire la flotte à voiles. La salle des modèles, la salle d'armes, la salle des gabarits, les cales couvertes donnent une impression d'art que l'on ne saurait éprouver devant les constructions utilitaires de nos jours.

L'arsenal primitif n'a pu suffire ; on a dû édifier au Mourillon une immense annexe où l'on construit les cuirassés modernes ; du côté opposé, jusqu'aux abords de la Seyne, l'arsenal de Castigneau se développe sur plusieurs kilomètres et se termine par les ateliers de pyrotechnie et le parc d'aérostation de Lagoubran.

La rade de Toulon est un des joyaux de la Méditerranée. Sur ces splendides rivages provençaux, découpés avec tant de grâce, on ne trouverait nulle part de si riantes collines, de péninsules si bien découpées, de plus charmantes anses, une telle harmonie entre le ciel, la mer et la verdure. Je n'oublierai jamais l'impression profonde ressentie pendant l'été de 1894, lorsque j'allais assister au départ de l'escadre pour les manœuvres.

Malgré un vent violent d'ouest, soulevant des vagues furieuses dans la grande rade, j'avais pu aborder la jetée qui sépare celle-ci de la petite rade et m'installer sur le musoir de la grande passe :

« De là, on fait face à la pittoresque péninsule du cap Sépet, couverte de bois, couronnée de forts et de batteries, abritant le bel hôpital de Saint-Mandrier et le riant hameau du Creux-Saint-Georges.

« De ce musoir, battu par les vagues, où le vent souffle avec une terrible violence, on jouit d'une vue merveilleuse sur le formidable et riant site de Toulon, sur les deux rades, les montagnes et les lointaines îles du petit archipel d'Hyères. Cela n'a pas la grandeur mélancolique et nébuleuse, faite de mystères et d'horizons indécis de la rade de Brest, ce n'est pas l'ampleur et la majesté des golfes de Bougie et de Naples, c'est quelque chose de bien particulier, puissant et doux à la fois. Avec les péninsules boisées, les villas entourées d'oliviers, de palmiers et de lauriers-roses, si riantes au pied des escarpements sévères du Faron, on a la Provence tout entière, faite à la fois de rudesse et de douceur. Le Coudon, hardi, aux escarpements énormes couronnés par les lignes rigides des forts, domine le paysage.

« D'autres cimes rocheuses, semées d'une verdure clairsemée de jeunes pins : le Baou de Quatre-Heures, le mont Caoume, ferment l'horizon au nord. Au couchant, la belle pyramide fortifiée de Six-Fours commande les hauteurs verdoyantes de la Seyne et du cap Sicié. Vers la mer, la presqu'île de Giens semble barrer l'horizon par ses côtes que bordent des écueils sur lesquels la mer se brise. En dépit des lignes brutales de tous ces forts, des roches nues, des sillons à vif creusés par les routes stratégiques, le site de Toulon reste aimable [1]. »

---

1. Ardouin-Dumazet, le chapitre : *les Manœuvres navales*, dans le volume intitulé : *L'Escadre russe en Provence en 1893* (Berger-Levrault et Cie, éditeurs).

XI

LA RADE DE TOULON

Un joyau de la Méditerranée. — Les presqu'îles toulonnaises. — La Seyne et ses chantiers. — Les Italiens à La Seyne. — Tamaris et les Sablettes. — La batterie des Hommes sans peur. — Souvenir de Georges Sand. — La presqu'île de Cépet. — Le Creux Saint-Georges. — Saint-Mandrier. — Toulon camp retranché.

Le Creux Saint-Georges. Décembre.

Hyères, Saint-Raphaël, Cannes et Nice, par leur rapide fortune, ont fait négliger bien des points du littoral dignes d'attirer les visiteurs, supérieurs même en beauté à ces rivages si vantés. Les plus merveilleux horizons de la *Rivière* ne valent pas ce golfe de la Ciotat dont je garde un souvenir ébloui, ni les anses désertes de Cavalaire et moins encore cette rade de Toulon, véritable joyau maritime avec ses criques, ses baies, ses promontoires rocheux, ses bois de pins et de chênes-lièges, ses orangers, ses palmiers et ses myrtes. C'est la Méditerranée tout entière condensée en quelque sorte dans cet adorable bassin ouvert entre la presqu'île de Cépet et le mont Faron.

On ne comprend bien le charme intime de ce petit monde quasi insulaire entourant la rade, qu'en parcourant les collines dont les capricieuses chaînes festonnent cet heureux rivage. Certes les deux rades : la grande, ouverte au large, et la petite, fermée par une digue puissante, entre la grosse tour et Saint-Mandrier, sont exquises, vues du pont d'un des bateaux à vapeur qui les sillonnent sans cesse. On voit s'ouvrir tant de petits golfes, se dresser de si belles roches ! mais combien est plus splendide encore le paysage découvert à l'issue d'un des sentiers tracés sous les pins et débouchant sur quelque plage bleue ou sur une falaise lavée par des vagues blanchissantes.

La partie nord de la petite rade est loin de laisser une telle impression. Les quais des darses profilent leurs lignes rébarbatives derrière lesquelles apparaît la forêt des mâts des navires désarmés, veufs de vergues et d'agrès. Puis ce sont les ouvrages de Missiessy, les constructions basses de la pyrotechnie, étalées jusqu'aux hauteurs de Brégaillon, couvertes d'oliviers; viennent ensuite des terres basses, plantées de tamaris, bordant une mer sans profondeur que l'on comble pour y établir des usines et le vapeur pénètre dans le petit bassin de la Seyne, bordé de jolies maisons entourant un quai très animé par les piétons, les omnibus, les voitures qui font le service des Sablettes et de Reynier.

La Seyne est une aimable ville, dont la prospérité est due au voisinage de Toulon, mais surtout à de vastes chantiers de construction d'une renommée universelle. De là sont sortis un grand nombre de cuirassés et de croiseurs destinés à la France et à l'étranger. Ces chantiers occupent une longueur de 850 mètres sur le rivage et une largeur de 165 mètres. Ils comprennent une darse d'armement creusée à une profondeur permettant d'armer les plus grands navires, 10 cales de construction dont deux peuvent hâler des bâtiments pesant 1,600 tonnes, et de puissants ateliers d'ajustage, de forge, de tôlerie, de menuiserie, de scierie et de chaudronnerie. La construction des chaudières a pris une grande importance depuis 1894, date à laquelle on a ouvert, à l'est des anciens chantiers, un atelier occupant 550 ouvriers. Le chiffre total des travailleurs est de plus de 3,000 ; en outre, il faut ajouter 200 employés et dessinateurs.

Depuis leur création, en 1839, les chantiers ont construit un millier de navires de guerre ou de commerce. En 1865, ils livraient à l'Espagne la première frégate cuirassée qui ait fait le tour du monde, la *Numancia*. En 1870, la construction des navires de guerre dut être interrompue, mais les chantiers furent d'un précieux concours à la défense nationale en se livrant à la fabrication des affûts et des canons.

Parmi les navires livrés en ces dernières années, je citerai le cuirassé espagnol *Pelayo*, les croiseurs japonais *Itsukushima* et *Matsushima*, dont on a souvent parlé au cours de la guerre sino-japonaise ; le cuirassé chilien *Capitan Prat*, le premier navire de guerre dont les tourelles fussent manœuvrées à l'électricité ; les croiseurs français *Tourville* et *Cécille*, les cuirassés *Marceau, Bouvines* et *Jauréguiberry*.

Parmi les grands bâtiments de commerce : la *Bourgogne* et la *Gascogne* portant le pavillon de la Compagnie transatlantique ; le *Brésil*, construit pour les Messageries maritimes, l'*Italie* et la *France* pour la Compagnie des transports maritimes.

Malgré la population considérable due à cette grande usine, la Seyne n'a pas de communications avec Toulon en dehors de la mer, aucune ligne de tramways n'a encore été construite. La gare est loin, reliée à la ville par d'immenses omnibus pris d'assaut à l'arrivée des trains de Marseille.

L'entrée par cette voie manque de majesté, la Seyne se présente sous l'aspect d'une cité ouvrière. Hier, j'avais choisi ce chemin; nous sommes arrivés une centaine à la fois, l'omnibus s'est arrêté devant la maisonnette de l'octroi : elle était vide, les employés se promenaient. Heureuses mœurs du Midi !

Les rues sont étroites, mais très propres; il n'y a ni pavé ni macadam, mais un lit continu de ciment, les eaux ne peuvent donc séjourner et l'on n'a pas le spectacle pénible de la boue infecte qui souille tant d'autres villes méridionales. Ces surfaces lisses ont même un rôle politique, on y peint des réclames électorales. Le *cours,* planté de platanes, est très élégant et fort animé à l'heure du marché.

Les faubourgs de la Seyne sont assez étendus, ils sont surtout habités par les ouvriers des chantiers et des usines, en grande partie Italiens. On apprend ce détail, dès l'arrivée, par les affiches de la *Gazetta del Popolo,* représentant un soldat italien et faisant connaître que le grand journal génois possède un correspondant à *Tolone,* c'est-à-dire à Toulon. Les ouvriers Italiens partout si sobres, à qui nos nationaux reprochent déjà d'être trop économes et de ne guère dépenser de leurs gains, se sont groupés ici en une société coopérative. La liste des commerçants révèle en outre un grand nombre de ces étrangers dans toutes les branches du négoce. Sur les 16,000 habitants de la commune, 7,000 viennent de l'autre côté des monts.

La population de la Seyne n'est pas toute réunie dans la ville, la banlieue, fort étendue, comprend toutes les presqu'îles qui séparent les deux rades de la grande mer. C'est une région couverte de nombreuses bastides et même de hameaux dont les principaux sont Tamaris, les Sablettes et le Creux-Saint-Georges ; 10,000 habitants à peine, sur 16,000, sont agglomérés au chef-lieu. Les hameaux sont habités soit par des ouvriers des chantiers, soit par des pêcheurs.

De toutes ces péninsules, la plus massive avoisine immédiatement la ville entre la rade du Lazaret et la baie de la Seyne. Le rivage rocheux, découpé en criques arrondies, est longé par un joli chemin de ceinture, jusqu'au fort de l'Aiguillette. Entre celui-ci et le fort Balaguier se dessine une anse bien abritée du mistral. Là sont les premiers orangers, très nombreux dans les jardins, surtout celui du restaurant du père L..., où les coquillages sont frais et la chère excellente. Les tables sont dressées sous les orangers, en vue de Toulon, face à la grande digue, au-dessus de laquelle on voit s'estomper les îles d'Hyères. Dominant la ville lointaine, se dresse fièrement le mont Faron aux puissantes assises, aux pentes abruptes revêtues d'un manteau de jeunes pins. Puis c'est le Coudon, la plus belle des montagnes de cette partie de la Provence, si fièrement projetée au-dessus de la plaine d'Hyères comme un gigantesque promontoire.

Si l'on pénètre dans la presqu'île, au delà des forts aux talus rectilignes armés de canons monstrueux, on s'égare au milieu de bois de pins et de chênes-lièges, sous lesquels croissent toutes les plantes que l'on retrouverait en Corse ou en Afrique : lentisques, myrtes, bruyères arborescentes, d'où monte un parfum puissant et doux à la fois. Ces collinettes embaumées sont la première révélation complète de la flore méditerranéenne dans tout son éclat. Cet adorable coin de campagne toulonnaise est en même temps un lieu historique ; là Bonaparte éleva la batterie des *Hommes sans peur*, pendant le siège fameux qui fit sa fortune. On retrouve avec émotion le site témoin de si grandes choses. J'y suis allé hier à la nuit. Sous les olivettes exquises de grâce et de fraîcheur court le chemin. On entre dans le bois de pins et de chênes-lièges et l'on gravit un glacis couvert d'arbustes odoriférants. Là était la batterie fameuse. On jouit ici d'un des plus merveilleux paysages du monde. L'harmonieuse rade aux contours si doux se dessine ; sur ses eaux calmes reposent les collines vertes ; la lune qui se lève met un tremblant sillon d'argent sur la nappe d'un bleu sombre. Au loin, la grande mer, les feux des îles, de lointains sommets de montagnes. Je reviendrai encore à la batterie des hommes sans peur !

Le coteau est aujourd'hui couronné par le fort Napoléon qui a succédé au fort Caire. L'altitude est faible, 82 mètres seulement, mais cela suffit pour arrêter le mistral et abriter le rivage vers la rade du Lazaret. L'âpre vent ne pouvant atteindre ces pentes exposées en plein soleil, il y a là une petite zone où toutes les plantes délicates de l'Afrique ont pu s'acclimater. George Sand, découvrant le paysage toulonnais, a dit de Tamaris qu'elle n'avait rien trouvé de plus beau sur les rivages de Naples et de Sicile.

Au moment où le grand écrivain décrivait Tamaris, c'était encore un coin sauvage, à peine animé par deux ou trois bastides. Mais depuis lors une baguette de fée s'est promenée ici. Les millions de Michel Pacha ont remplacé les pins d'Alep par des palmiers, des orangers et des citronniers, des haies de lauriers-roses dessinent les allées de parcs dignes des contes de fée, l'agavé y dresse sa hampe superbe. Dans cette végétation d'une indescriptible splendeur des palais, des hôtels, des villas ont surgi, enfouis dans la verdure ou placés au grand soleil, au flanc de la colline.

Parmi ces constructions neuves pleines de fantaisie, on retrouve encore deux ou trois vieilles bastides; l'une d'elles a été habitée par George Sand; elle y écrivit ce livre de *Tamaris,* plein de passion et de soleil, dont le style évoque si magiquement ces adorables horizons.

La transformation se continue. Une plaine basse, plantée des tamaris qui ont donné leur nom au quartier, est assainie; le rivage indécis est bordé d'une digue et d'un chenal où peuvent circuler les vapeurs de la rade; un jour toute la plaine sera couverte de villas et de jardins. Déjà, à la racine de l'isthme de sable, étroit et bas, reliant la presqu'île du cap Cépet à la terre ferme, un grand établissement de bains borde la mer, entouré d'un jardin où s'étale la flore des tropiques. L'isthme, à peine assez large pour la route, est baigné à la fois par les eaux calmes de la rade et par les lames de la grande mer venant expirer sur le sable fin d'une anse arrondie jusqu'aux premières roches du formidable et splendide cap Sicié.

Autour du vaste hôtel, des bains, des guinguettes, des cabanons, des bastides bordent le flot ou se cachent à demi dans les oliviers et les figuiers. Quelques villas plus hautes surgissent, toutes blanches, de la verdure du cap Cépet, majestueuse et riante colline couverte d'un épais manteau de chênes verts et de pins. L'entrée de la péninsule est défendue par le fort Saint-Elme et une batterie; tout le massif est d'ailleurs une forteresse qui barre l'entrée de la grande rade en croisant ses feux avec ceux de la pointe de Carqueyranne sur la grande terre.

L'intérieur de la presqu'île, sillonné de sentiers et de chemins carrossables, sans cesse à l'ombre des arbres, offre d'exquises promenades. Ces chemins aboutissent à un ravissant petit fjord, ouvert au milieu de la presqu'île et la divisant en deux parties égales. C'est le Creux ou Cros Saint-Georges, un des sites les plus heureux de l'admirable bassin toulonnais. Lac endormi bordé d'un cordon de bastides, de guinguettes, de maisonnettes, de pêcheurs et de beaux jardins.

A l'extrémité du Creux Saint-Georges, l'eau est peu profonde, le rivage est bas; c'est le bord d'un isthme large de cinq cents mètres à peine et dont la partie la plus haute est à quatre mètres seulement au-dessus de la mer. L'isthme ou *vide* du Creux Saint-Georges pourrait donc être facilement coupé par un canal praticable aux torpilleurs de la défense.

Près de l'entrée du Creux Saint-Georges, voici les vastes bâtiments de l'hôpital de la Marine ou de Saint-Mandrier, dont la situation est merveilleuse. Vu du large, on croirait voir un palais italien. Aucun autre de nos établissements hospitaliers n'a une situation semblable, aucun surtout ne possède cette merveilleuse flore qui fait des jardins enchantés de ces cours et de ces parterres.

Tout autour de cette retraite pour les malades et les blessés de la marine, le rivage se festonne de batteries; dans l'intérieur de la presqu'île d'autres ouvrages couronnent les sommets, surgissant au-dessus des pins verdoyants. Sous la plus importante de ces défenses, le fort de la Croix-des-Signaux, occupant le point culminant du massif (122 mètres), une pyramide se dresse à l'ombre des arbres. C'est le tombeau du grand marin Latouche-Tréville. Au-dessous, des falaises de roches violemment colorées bordent la côte.

De ce point la vue est sublime: on commande l'ouverture du golfe, la grande rade, Toulon entouré de ses innombrables bastides, la petite rade animée par les embarcations à voiles ou à vapeur courant entre les formidables masses des cuirassés amarrés à leurs bouées, le Faron et le Coudon majestueux; puis d'autres cimes presque aussi élevées, si elles ont des lignes moins belles, toutes couvertes de forts et de batteries, sillonnés par les voies stratégiques, tracées en zigzags de la base au sommet.

Toulon militaire s'est prodigieusement transformé depuis vingt-cinq ans, de puissants travaux en ont fait une position absolument inexpugnable, bien qu'on ne puisse considérer comme acquise encore la protection, pour la ville elle-même, contre un bombardement venant de la mer.

Si les défenses de Toulon rendues fameuses par le siège dans lequel se révéla Bonaparte, ont été conservées, les murailles ont été reculées pour faire place à la ville nouvelle. Les anciens forts sont restés dans leur état archaïque; ils sont placés à trop faible distance de l'enceinte, mais tous ceux qui ont un commandement suffisant ont été transformés ; en même temps, on occupait, dans un rayon de huit kilomètres, le sommet de ces montagnes rocheuses, en apparence inaccessibles, dont on longe la base entre Sanary et Solliès-Pont quand on se rend à Nice.

Au sommet du mont Faron, abrupte masse de rochers qui couvre Toulon au nord et dont on garnit les pentes par de belles forêts de pins, on est au centre même de la position de Toulon. De là, plus que du sommet voisin, le Coudon, plus élevé cependant de 200 mètres, on peut juger de l'ensemble des défenses. Le Faron s'élève à 502 mètres; le sommet, presque à pic, domine un très étroit plateau sur lequel est un fort, dit de la Croix-Faron, remontant au siècle dernier, et pour la possession duquel se livrèrent de furieux combats pendant le siège. Ce fort est resté dans son état primitif, mais, sur la crête terminale, une batterie a été transformée en un fort puissant, couvrant des escarpements à pic de plus de 100 mètres. Le sommet de la montagne, relié à Toulon par deux chemins courant en zigzag au bord des précipices, est, sur une longueur de 3 kilomètres, couvert de batteries, de casernes, de magasins qui font du Faron tout entier une citadelle énorme, d'où l'on domine la ville, les rades, les presqu'îles de Six-Fours, de Cépet, de Giens et les îles d'Hyères, le plus beau littoral de toute la France.

Une batterie à crémaillère monte de l'ancien fort à celui de la Croix-Faron, fermant absolument le passage par une tranchée profonde et admirablement pourvue de magasins et d'abris.

Mais le Faron est dominé au nord-est et au nord-ouest par des montagnes plus élevées et ayant, elles, un commandement absolu sur tout le pays. A l'est, le Coudon dresse sa haute pyramide à 703 mètres au-dessus de la mer. C'est une montagne isolée, d'accès difficile, qu'une route stratégique permet d'atteindre, dotée d'un fort superbe, assis sur la roche à pic et entouré de batteries. Le Coudon maîtrise absolument la vallée entre les montagnes de Toulon et celles d'Hyères ; il tient sous son canon les chemins de fer de Nice et des Salins-d'Hyères. Ses canons peuvent porter jusqu'à Hyères et à l'entrée de la grande rade, croisant leurs feux avec ceux du fort de Colle-Nègre et d'une batterie intermédiaire élevée sur le mamelon de la Garde.

Plus haute encore est la montagne appelée le Baou de Quatre-Heures, qui se dresse à l'ouest de la pointe du Coudon, à 9 kilomètres à vol d'oiseau. C'est une chaîne non moins abrupte que ses voisines, dirigée du sud-ouest au nord-est, d'Ollioules à Belgentier. Haute de 300 mètres vers Ollioules, elle atteint 516 mètres au cap Gros et, un peu plus loin, 796 mètres à la cime de Caoume.

Le massif tout entier a été aménagé pour la défense. A Caoume, cinq batteries couvrent la crête, dominant absolument tout le système défensif de Toulon; un chemin d'accès, fort sinueux, y monte du village des Pomets. Un autre chemin conduit au sommet du cap Gros, qui porte plus particulièrement le nom de Baou de Quatre-Heures : on y a aménagé l'emplacement de batteries. D'autres travaux sont protégés sur divers points du massif, notamment autour du pittoresque village d'Évenos, bâti sur un piton volcanique; au delà d'Ollioules, des ouvrages couvrent les hauteurs du Gros-Cerveau.

Entre ces montagnes et le Faron se creuse la vallée Dardenne, parcourue en partie par un chemin de fer relié à la grande ligne et uniquement destiné à porter les poudres et les projectiles nécessaires à la défense. Des magasins blindés s'échelonnent sur son parcours.

Voilà pour le nord. Au sud-est, on a cherché à protéger à la fois l'entrée de la rade et la belle et fertile plaine que traverse la voie ferrée. On y a réussi par l'occupation de la péninsule de Carqueyranne. Au point culminant (302 mètres), se dresse le fort de Colle-Nègre et deux batteries annexes, complété par le fortin de la Cavaresse et la batterie de Carqueyranne. De là, jusqu'à Toulon, la côte est jalonnée de défenses; le fort Sainte-Marguerite, le fort du cap Brun et ses batteries annexes, et le fort Lamalgue. Forts et batteries croisent leurs feux avec les nombreuses défenses de la presqu'île de Cépet et de la presqu'île de Tamaris, ouvrages fort nombreux, dont les principaux sont les forts de la Croix-des-Signaux, Saint-Elme, du Caire, Balaguier et de l'Aiguillette.

Au sud-est, sur une colline superbe d'allures, le fort de Six-Fours se dresse avec une majesté admirable. Il bat à la fois la rade de Toulon, les baies de Sanary et de Bandol, et le petit archipel des Embiez. Il empêche absolument tout débarquement sur ce littoral.

Tel est le nouveau système de défense de Toulon, que complètent les travaux effectués dans la presqu'île de Giens et les îles d'Hyères et que renforcent les vieux forts conservés à proximité de l'enceinte. On peut dire que la résistance d'une telle forteresse est presque indéfinie. Mais la rade n'est pas complètement fermée.

La presqu'île du cap Cépet est le point faible de la place. Si les parties hautes masquent Toulon et l'arsenal, l'isthme des Sablettes, qui la relie à la péninsule de Sicié, simple langue de terre à peine élevée au-dessus des eaux, permet, du large, de découvrir complètement la ville et de la bombarder : aussi ce point est-il particulièrement fortifié. Mais cette défense sera insuffisante tant qu'on n'aura pas coupé la langue de sable des Sablettes par un canal permettant aux torpilleurs de sortir à l'improviste et de menacer l'adversaire. Celui-ci devrait donc se tenir fort au large pour éviter une surprise.

A l'entrée de la petite rade, on a particulièrement accumulé les travaux. Les deux passes formées par les extrémités de la jetée qui ferme l'entrée sont couvertes d'ouvrages ; en arrière, la presqu'île de la Seyne, qui regarde directement la grande rade, est non moins bien défendue.

Une attaque de Toulon serait donc une opération périlleuse, plus facile cependant que l'attaque de Brest, où le goulet, si étroit et déjà loin de l'arsenal, est autrement facile à défendre que le vaste évasement de la grande rade de Toulon, beaucoup trop rapproché de la ville et de ses immenses chantiers et parcs à charbon [1].

---

[1] Ardouin-Dumazet : *L'Escadre russe en Provence* (Paris, Berger-Levrault et Cie).

XII

LA BATTERIE DES HOMMES SANS PEUR

Petit problème de topographie historique. — La batterie des Hommes sans peur. — Une page de George Sand. — Carteaux et Dugommier. — La légende de Bonaparte.

Six-Fours, Décembre.

Pendant les fêtes données aux marins russes par la ville de Toulon, la petite ville de la Seyne voulut avoir aussi sa manifestation ; on sait qu'elle fut superbe. L'honorable maire de la Seyne avait eu un instant la pensée de profiter des fêtes qu'il donnait aux marins russes pour faire un pèlerinage patriotique à l'endroit où le chef de bataillon d'artillerie Bonaparte ayant fait placer un poteau avec ces mots : « Batterie des Hommes sans peur », avait conservé tout son monde sous le feu de l'ennemi. La légende veut qu'il ait ainsi préparé la brèche qui permit de s'emparer du fort Murgrave, clef de la rade de Toulon.

Les circonstances ne permirent pas à M. Fabre de mettre son projet à exécution, mais il tint cependant à ne pas laisser achever ces manifestations patriotiques, sans un souvenir pour les vaillants qui arrachèrent Toulon aux Anglais. Sur l'emplacement où la tradition place la batterie des Hommes sans peur, il conduisit quelques journalistes, des sous-officiers de différentes armes, des canonniers, deux marins russes, et exposa l'idée d'élever un monument aux morts qui dorment sous les pins de la presqu'île de Tamaris. L'idée était généreuse, elle fut bien accueillie, elle eut même la bonne fortune de s'attirer la raillerie de beaux esprits de Toulon.

Les beaux esprits de Toulon s'égayaient surtout à l'idée qu'on avait porté une gerbe de fleurs en un point qui n'était pas l'emplacement de la batterie des Hommes sans peur. Cela eût-il été acquis, la manifestation n'en était pas moins touchante. Il n'est pas un coin de ces collines embaumées de myrte et de lavande où le sol n'ait été creusé pour abriter des canons. A côté de la batterie des Hommes sans peur, il y avait celle des Patriotes du Midi, des Braves ou Chasse-Coquins, d'autres encore, dont, en cherchant bien, on devine les traces. Une discussion s'est élevée ; on a proposé une foule d'emplacements, ceux qui voulaient prouver que le maire de la Seyne avait induit ses hôtes en erreur ont prétendu trouver la batterie à l'ouest de la Seyne, aux Quatre-Moulins, c'est-à-dire à deux kilomètres de ce fort Murgrave qu'il fallait réduire.

Ces considérations suffisaient à faire taire les rieurs. Mais il n'était pas nécessaire de démontrer par la valeur de l'artillerie en 1793 que la fameuse batterie ne pouvait être qu'aux abords du fort Caire actuel. Les documents ne manquent pas sur le siège de Toulon, la légende a fait peu à peu place à l'histoire. Les archives de la guerre, les mémoires de l'époque, la patiente reconstitution sur place de la marche du siège ont permis d'éclairer cette partie un peu obscure des guerres de la Révolution. La légende de Bonaparte mettant fin à la lutte par un trait de génie, y perd ; le rôle du commandant de l'artillerie est ramené à des proportions plus modestes, mais la noble et pure figure de Dugommier en sort grandie.

Le problème de l'emplacement des batteries qui obligèrent les Anglais à se retirer avait déjà piqué la curiosité de George Sand. *Tamaris* débute par une recherche de la batterie des Hommes sans peur. Le docteur *** et M. Pasquali découvrent, dans un chemin creux conduisant au sommet de la colline qui porte le fort Caire, au quartier de l'Evesca, des débris de four à boulets rouges et des buttes régulières provenant des talus de la batterie. « Les arbres et les arbustes, dit George Sand, avaient poussé tout à l'entour, mais ils avaient respecté la terre végétale sans profondeur qui avait été remuée et recouverte de fragments de schiste. Nous pûmes suivre, retrouver et reconstruire tout le plan des travaux et ramasser des débris de forge et de projectiles. »

La découverte de George Sand est confirmée par l'examen d'une carte à grande échelle. Nous avons sous les yeux le plan au 1/17,500 accompagnant le récit du siège de Toulon en 1707. Un mamelon supportant un plateau et dominant Tamaris s'appelle la hauteur Mille ; là, les Anglais devaient édifier, quatre-vingt-six ans plus tard, le fort Murgrave ou petit Gibraltar. En arrière, au sud, quelques mamelons boisés couvrent le quartier de l'Evesca ; ces mamelons sont moins hauts que celui de Mille et en sont éloignés de 250 mètres à peine. Or, la batterie des Hommes sans peur était à 120 toises, soit environ 250 mètres des lignes anglaises ; un imprimé retrouvé aux archives de la guerre par MM. Krebs et Morris dit que cette batterie était dominée par les ouvrages anglais. La carte extraite des archives qu'ils publient d'après les documents de l'époque, place la batterie des Hommes sans peur près du rivage, dans un creux dominant la baie des Sablettes et l'entrée de la rade. C'est bien l'emplacement où le maire nous conduisit.

George Sand avait demandé un souvenir pour les patriotes dont les ossements reposent ignorés sous ces bois :

« Les antiquaires cherchent avec amour sur nos rivages les vestiges de Tauroentum et de Pomponiana; on a écrit des volumes sur le moindre pan de muraille romaine ou sarrasine de nos montagnes, et vous trouveriez difficilement des détails et des notions topographiques bien exactes sur le théâtre d'un exploit si récent et si grandiose! Aucune administration, aucun gouvernement, même celui-ci — George Sand écrivait sous le second Empire — n'a eu l'idée d'acheter ces vingt mètres de terrain, de les enclore, de tracer un sentier pour y conduire, et de planter là une pierre avec ces simples mots : *Ici reposent les hommes sans peur!* Ça coûterait peut-être 500 fr.! Ma foi, si je les avais, je me payerais ça! Il semble que chacun de nous soit coupable de ne l'avoir pas encore fait! Quoi! tant de braves sont tombés là, et l'écriteau prestigieux qui les clouait à leurs pièces n'est pas même quelque part dans l'arsenal ou dans le musée militaire de la ville! »

L'écriteau prestigieux! George Sand nous donne la clef de la légende napoléonienne et l'explication de l'attrait qu'a pour nous ce début de la plus étonnante carrière militaire qui se soit encore vue. Dans cette idée du jeune chef de bataillon d'artillerie de prendre les hommes par l'amour-propre, il faut chercher le secret de cette renommée soudaine, et non dans le rôle stratégique de Bonaparte à Toulon. En somme, l'installation d'une batterie destinée à faire tomber les défenses du petit Gibraltar et à maîtriser ainsi l'entrée et la sortie de la rade était fort naturelle ; d'autres que Bonaparte l'avaient proposée. Il avait fallu l'ignorance d'un Carteaux pour ne pas porter ses efforts sur ce point. Carteaux parti, Dugommier adopta une tactique dont son sens de soldat lui faisait reconnaître la justesse. Où Bonaparte se montra digne de la récompense qui l'attendait, c'est plutôt dans son rôle d'exécutant, par sa bravoure au feu, par cette bouillante ardeur qu'il devait témoigner avec plus d'éclat encore au passage du pont d'Arcole.

Ce siège de Toulon est si oublié, la légende a si bien ramené toute la gloire au futur empereur, qu'il n'est pas sans intérêt de rappeler brièvement les phases d'une lutte dont le retentissement fut si grand.

Le Toulon qui ouvrit ses portes aux Anglais et dans lequel ceux-ci, aidés par les Espagnols, les Napolitains et les Piémontais eurent à subir l'attaque des armées républicaines, était loin d'avoir l'étendue et la population du Toulon moderne. Où s'élèvent les vastes et somptueux quartiers nouveaux, compris entre le boulevard de Strasbourg et le chemin de fer, s'étendaient le front bastionné, les tentes et les baraques d'un camp retranché dit de Sainte-Anne. La population, avec les forçats du bagne, n'atteignait pas trente mille âmes, mais, dès lors, la place, par les forts détachés du mont Faron et des hauteurs voisines, était une des plus puissantes de l'Europe. Le fort des Pomets au pied du baou (rocher) de Quatre-Heures et le fort Sainte-Marguerite sur la côte orientale, en dehors de la rade, étaient les ouvrages les plus éloignés. Quant aux presqu'îles du cap Cépet et de la Seyne, aujourd'hui couvertes de forts et de batteries, elles n'avaient aucun ouvrage permanent.

L'arsenal, comparé à celui d'aujourd'hui, était presque embryonnaire. Les appontements de Castigneau, la darse de Missiessy, les établissements de Lagoubran et du Mourillon n'existaient pas. A peine le fort Malbousquet était-il esquissé. De ce côté, c'est-à-dire sur la route de Marseille,

Toulon n'était pas protégé ; aussi les Anglais avaient-ils dû s'étendre sur une ligne démesurée pour conserver, au delà de la Seyne, la presqu'île dont la possession leur garantissait celle de la rade. Ils avaient dû se porter jusqu'à Ollioules, dépasser les gorges, occuper le village d'Évenos, si pittoresquement campé sur un rocher volcanique, et placer leurs avant-postes à l'entrée de la vaste plaine du Bausset.

Carteaux, nommé au commandement de l'armée française formée des troupes tirées des villes des Alpes et de la vallée du Rhône, résolut de chasser l'ennemi de ces positions pendant qu'une division de l'armée d'Italie, aux ordres du général Lapoype, s'avançait par l'est pour occuper Hyères et les trois bourgs qui portent le nom de Solliès. Le 7 septembre, à 10 heures du matin, la formidable position d'Évenos était enlevée, les gorges franchies ; à 2 heures du soir Ollioules était pris et les républicains débordaient dans le bassin de Toulon. Là, ils se trouvaient désormais en face d'une place très forte, qu'un ennemi décidé, plus nombreux, se préparait à défendre. Pour entreprendre un siège, Carteaux n'avait pas de matériel, son armée comptait 4,000 hommes à peine, l'ennemi, dont les forces allaient atteindre de 20,000 à 25,000 hommes en avait déjà 7,000. Rien de

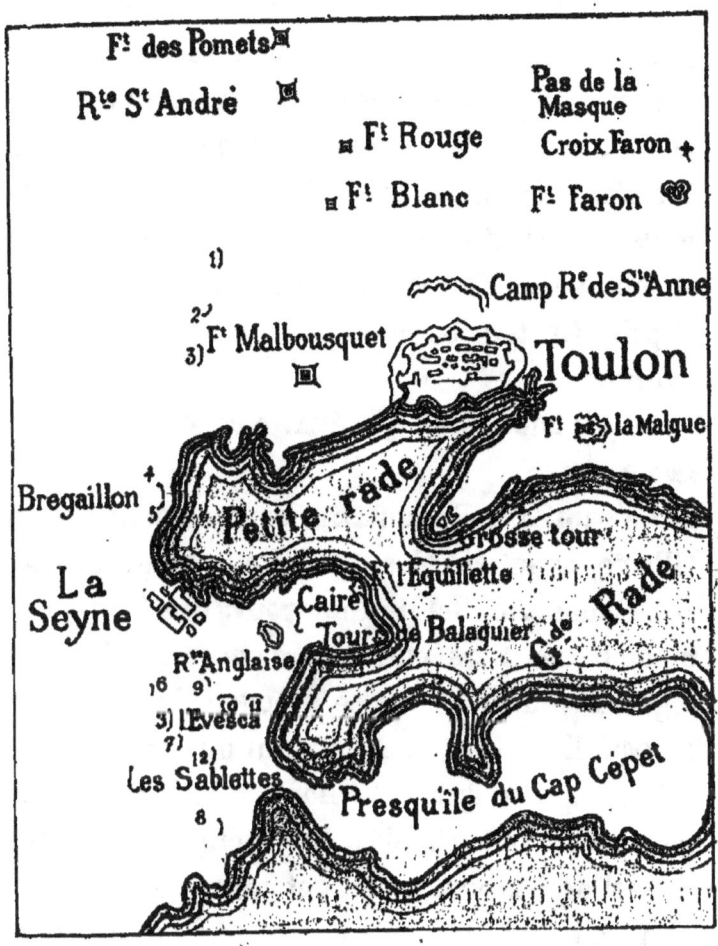

LÉGENDE. — 1re batterie de la Convention. — 2e, de la Poudrière. — 3e, de la Petite Rade. — 4e, de la Montagne. — 5e, des Sans-Culottes. 6e, des Quatre-Moulins. - 7e, de la Grande Rade. — 8e, de Breguart ou de Faubregas. — 9e, des Patriotes du Midi. — 10e, des Braves ou des Chasse-Coquins. — 11e, des Hommes sans peur. — 12e, des Sablettes. — 13e, des Jacobins.

plus incohérent que les troupes de Carteaux ; sauf le 59ᵉ régiment de ligne et le 5ᵉ de cavalerie, il n'y avait que des levées des départements : Mont-Blanc, Côte-d'Or, Basses-Alpes, Allobroges. L'artillerie avait à peine 100 canonniers de ligne ; le reste était formé de batteries de volontaires : Allobroges, Côte-d'Or, Lozère, Pont-Saint-Esprit. En tout 62 pièces de petits et différents calibres.

La division Lapoype était composée de même façon.

Le capitaine Dommartin, commandant de l'artillerie, ayant été blessé à Ollioules, fut remplacé par Bonaparte. Celui-ci ne trouva que deux pièces et deux mortiers pour commencer le siège. La légende veut que, dès ce moment, le jeune chef de bataillon ait désigné le point où il fallait s'installer pour réduire Toulon et ait eu avec son général de vifs démêlés. Les méthodes nouvelles de recherches historiques ont prouvé, au contraire, qu'il fallut un mois pour faire venir de Marseille une vingtaine de pièces avec de maigres munitions. Des documents cités par MM. Krebs et Morris ne laissent guère de doute à ce sujet. Ce ne fut qu'après avoir réuni un matériel médiocre que l'on put songer à étendre le front de l'attaque. Cependant Carteaux, auxquels Salicetti et Robespierre jeune, représentants du peuple, reprochaient son inaction, commença, le 18, une attaque assez vive, il refoula peu à peu les avant-postes ennemis et vint occuper le 21, entre Toulon et la Seyne, la hauteur de Brégaillon, où il installa une batterie qui chassa les navires anglais mouillés devant la Seyne. Cette petite ville tombée entre nos mains, Carteaux, afin de profiter de son succès, s'avança dans la presqu'île pour enlever les forts de l'Aiguillette et de Balaguier. Mais les Anglais réussirent à refouler les Français sur la Seyne.

Pendant ce temps, la lutte s'engageait sur les hauteurs du Faron. Cette montagne domine à pic la ville de Toulon; si nous avions pu nous y installer, la situation des Anglais aurait été dangereuse, mais toutes les attaques échouèrent. Un instant, le général Lapoype se vit maître de la Croix-Faron : Anglais, Espagnols et Napolitains nous en chassèrent.

L'ennemi recevait sans cesse des renforts, ce qui lui permettait de tenir tête à toutes nos tentatives, mais, en même temps, la situation de la petite armée française changeait ; la prise de Lyon avait permis de la renforcer et d'envoyer par le Rhône le matériel de siège rendu disponible. A la même heure, nos succès dans les Alpes permettaient au général Dumerbion de renforcer la division Lapoype.

Si l'armée était plus nombreuse, si le matériel arrivait enfin, il manquait encore un chef capable de mener à bien l'entreprise difficile d'un siège. Heureusement, Carteaux se retira ; il fut remplacé par Dugommier, général entreprenant et habile, dont le premier soin fut de reprendre contre l'Aiguillette et Balaguier la tentative avortée. Le 25 novembre, il décida d'attaquer de nouveau cette presqu'île, dont la possession nous rendait maîtres de la passe, tandis que l'on essayerait encore l'enlèvement du Faron. Ces mesures, surtout la construction de batteries nouvelles, ne pouvaient passer inaperçues ; les assiégés résolurent une grande sortie contre les lignes françaises, entre le fort Malbousquet et les Pomets. Le général anglais O'Hara, commandant en chef, prit en personne la direction. Nos troupes furent d'abord refoulées vers Ollioules, mais Dugommier et un bataillon de l'Isère rétablirent le combat ; l'ennemi fut rejeté au delà du fort Malbousquet en perdant 600 tués ou blessés et 250 prisonniers, dont leur général O'Hara.

Les alliés recevaient cependant des renforts assez nombreux pour leur permettre de continuer la résistance.

Le combat de Malbousquet avait eu lieu le 30 novembre ; pendant une quinzaine de jours, la lutte continua par des canonnades. Le gros de l'effort se porta contre l'Aiguillette et Balaguier, ou plutôt contre une redoute élevée en avant de ces deux forts et appelée par les Anglais fort Murgrave. Elle était si bien construite et armée, elle résistait avec tant de succès à nos batteries des Patriotes du Midi, des Braves ou des Chasse-Coquins et des Hommes sans peur, que nos soldats l'avaient appelée le petit Gibraltar. Dugommier résolut cependant de l'emporter de vive force. Les 15 et 16 décembre, il fit engager un feu terrible contre le fort Malbousquet et la redoute anglaise. Dans la nuit du 16 au 17, quand on crut l'ennemi démoralisé par ce bombardement, les troupes s'avancèrent sur la redoute, par une pluie battante, en engageant un combat violent ; au point du jour, après trois heures de combat, elles étaient maîtresses du petit Gibraltar, d'où elles menaçaient l'Aiguillette et Balaguier.

En même temps le général Lapoype réussissait à se maintenir sur la crête du Faron. Les alliés, menacés dans Toulon, du haut de la montagne, craignant se voir fermer la rade par la chute de la redoute anglaise du petit Gibraltar résolurent de se retirer ; on sait qu'ils le firent en livrant aux flammes la flotte française et l'arsenal de Toulon et en abandonnant la population insurgée à la vengeance des républicains.

Telle est, dans ses grandes lignes, l'histoire du siège. La légende est venue qui a effacé les services des autres chefs, des généraux comme Dugommier notamment, pour ramener tout l'honneur au seul Bonaparte. On connaît les détails de cette légende; on sait comment Junot, sergent de la Côte-d'Or, écrivant sous la dictée du commandant Bonaparte et voyant son papier couvert par la terre jaillissant à la chute d'un boulet s'écria : « Je n'aurai pas besoin de sable pour sécher l'encre. »

Le mot est bien français et dans la note de l'époque. De même l'idée de Bonaparte de placer sur un écriteau ces mots : « Batterie des Hommes sans peur » est la première manifestation de cette science des hommes qui permit au jeune général — Bonaparte fut fait général après le siège — d'accomplir de si grandes choses. Mais les documents récemment mis au jour prouvent que le projet de tenter le principal effort sur la presqu'île de la Seyne était dans la pensée de tous. Si Carteaux ne le comprit pas, les ingénieurs de la marine, les représentants du peuple, les généraux ne cessèrent pas de porter leurs efforts sur ce point. Si l'on ne put entreprendre l'action décisive qu'en décembre, ce n'est pas que Carteaux s'y opposât, mais à ce moment-là seulement on put armer les batteries destinées à préparer l'assaut.

Il m'a paru bon de rappeler le véritable rôle des chefs qui eurent l'honneur de la victoire. A Dugommier surtout, à sa ténacité, puis à Victor, à Laborde, à Lapoype qui surent enlever leurs troupes et les maintenir à l'assaut de positions formidables, fut dû le succès. A cette heure-là, Bonaparte est un collaborateur précieux, un officier d'artillerie habile, déjà entraîneur d'hommes, mais, en dépit de la légende, son rôle ne fut en aucune façon un rôle de premier plan. La levée du siège de Toulon n'est donc point l'œuvre d'un homme, elle reste bien l'œuvre collective des volontaires de la Révolution accourus de toutes parts pour chasser l'ennemi de notre sol.

La liste des troupes présentes aux derniers assauts est fort curieuse à lire. Les Allobroges, les sans-culottes, les montagnards de Marseille, les compagnies ou bataillons du Bec-d'Ambès, des Bouches-du-Rhône, de l'Ardèche, de la

Drôme, de Vaucluse, de l'Ariège, de l'Isère, des Côtes-Maritimes, de l'Hérault, des Landes, de l'Aveyron, des Hautes-Alpes, de la Haute-Garonne, de la Côte-d'Or, de la Gironde, du Mont-Blanc, les détachements des gardes nationales des villes et bourgades voisines, sont le gros de ces 35,000 fantassins, de ces 343 cavaliers, de ces 1,656 artilleurs accourus pour reprendre Toulon. L'armée proprement dite a 3,300 hommes des 59°, 28°, 35° et 23° d'infanterie.

XIII

L'ARCHIPEL DES EMBIEZ[1]. — LES GORGES D'OLLIOULES

Les premières immortelles. — Six-Fours. — Reynier. — Le Brusc. — Calme traversée. — La grande île. — Les cultures et les salines. — Le château. — Sanary. — Bandol. — La culture des immortelles. — La teinture et la fabrication des couronnes. — Le Beausset et la Cadière. — Les grès de Sainte-Anne. — Aux gorges d'Ollioules. — Ollioules et ses fleurs. — La récolte des bulbes.

Ollioules. Décembre.

Je n'ai pas refait cette année l'ascension du Faron et du Coudon, sur lesquels je suis monté jadis au cours des manœuvres navales de 1894, pour étudier le formidable site militaire de Toulon. Mais j'ai pu faire l'excursion des Embiez, petit archipel qui ferme si gentiment la baie de Sanary vers le massif du cap Sicié.

Un chemin ravissant y conduit de la Seyne par de minuscules maquis et de beaux jardins ombra-

---

1. L'orthographe de ce mot est Embiez, malgré la carte d'état-major qui porte Embiers.

gés d'oliviers et de figuiers. Le maquis est semblable par la flore à celui de la Corse, mais les arbustes fréquemment coupés n'ont pas un aussi grand développement. Les cystes, les chênes verts, les myrtes, les lentisques bordent les chemins autour de propriétés où la vigne et le pêcher sont l'objet de soins assidus.

Ici commence la culture des immortelles, les plantations sont faites dans les parties sèches du terrain, disposées en touffes rondes d'un vert bleuté gris, produisant un singulier effet sur qui n'est pas habitué à cette récolte.

Devant nous se dresse une haute colline isolée, presque une montagne, semblant surveiller le paysage et couronnée aujourd'hui par un grand fort moderne aux constructions cyclopéennes. C'est la colline de Six-Fours. La forteresse moderne a remplacé les débris d'une des plus anciennes *positions* stratégiques de la Provence, ville gréco-romaine qui s'est maintenue en un pauvre village dont les constructions semblent faire corps avec les remparts. Des masures à demi écroulées, une petite église romano-ogivale recouvrant une crypte, qui fut une église des premières étapes du christianisme, sont les seuls restes de la ville forte qui garda le rivage contre les Sarrasins. La population est peu à peu descendue dans le *vallat*, construisant ses demeures de chaque côté du chemin de la Seyne à Sanary. Le nom de la commune est demeuré à la contrée, mais le chef-lieu, les administrations, l'église paroissiale sont dans ce quartier bas, appelé Reynier, constituant un joli bourg rempli de beaux arbres, enrichi par la culture maraîchère, celle des artichauts surtout. Les oliviers, très nombreux, donnent lieu à un commerce d'huile important. Cette population de près de 3,000 âmes, répartie en plusieurs hameaux, est fort travailleuse; en dehors des primeurs et des olives, elle cultive en grand les fleurs : anémones et jacinthes romaines couvrent des champs entiers.

Le chemin des Embiez tourne brusquement à la sortie de Reynier et, par une belle campagne plantée d'oliviers noueux, amène en vue de la mer bleue. On traverse un beau bois de pins tordus par le vent et l'on atteint une petite plage bordée d'humbles maisons peintes constituant le hameau du Brusc, habité par des pêcheurs. En face, au delà d'une zone d'eaux calmes et limpides, apparaissent les Embiez, série de coteaux rocheux couverts de verdure et de constructions pittoresques.

Il est facile de trouver des embarcations pour aborder dans la grande île. Ce sont des barques à fond très plat, d'un faible tirant d'eau, car ce détroit de 500 mètres de largeur à peine est une sorte de lagune sans profondeur, sauf un chenal étroit creusé par les courants ; on dirait plutôt une plage inondée, striée par des fosses pleines d'algues, où l'eau est d'une transparence admirable. Sur le sable on voit des myriades d'oursins, le fond en est comme pavé. Des barques nombreuses sont immobiles sur le flot clair, montées par des pêcheurs armés de longues *cannes* de Provence fendues à une extrémité et formant au moyen de morceaux de bois qui écartent les tronçons un petit piège dans lequel on prend les oursins. Des dames, des enfants, deux prêtres sont parmi les pêcheurs, chaque coup amène un oursin ; cette pêche est facile et amusante, mais il faut un grand nombre de ces *châtaignes de mer* pour régaler un homme, il n'y a à manger que de petites languettes orangées accrochées aux parois.

Tantôt glissant sur le fond vaseux, tantôt traversant les fosses profondes, la barque accoste bientôt à la grande île, portant plus particulièrement le nom des Embiez. Les autres îlots sont des rochers sans culture.

La petite jetée où nous accostons est occupée par un douanier. Ce militaire fiscal ne monte point la garde, il pêche tranquillement des bigorneaux, appelés sans doute à fournir le plat de résistance à déjeuner. A peine se dérange-t-il pour nous dire bonjour.

L'île dans laquelle nous prenons pied apparaît sous l'aspect d'un maquis au milieu duquel sont

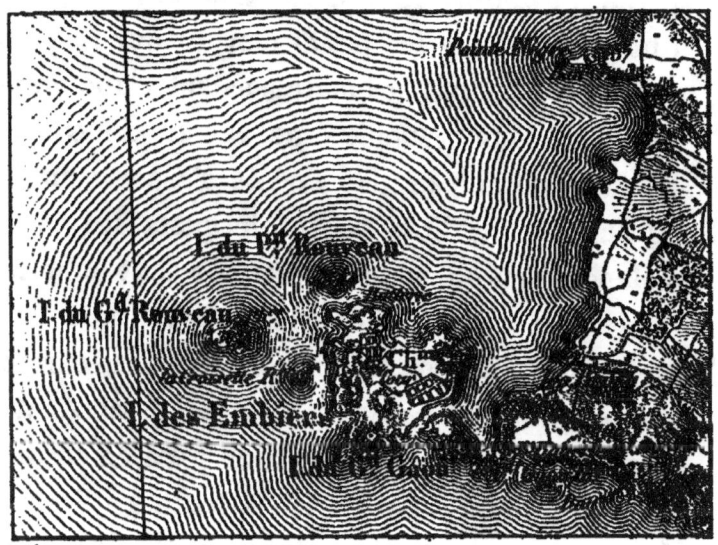

des champs entourés de grands roseaux. Entre les coteaux rocheux, les parties basses sont remplies par des marais salants, principal revenu de la propriété.

Le point culminant est un mamelon de 64 mètres d'altitude. On y accède par de petits sentiers bien tracés à travers les broussailles de chênes verts. Du sommet, la vue est fort belle. Le massif boisé du cap Sicié, haut et noir, semble surgir de la mer d'un bleu intense; à ses pieds vient fuser la vague, blanche d'écume. Entre l'île et la côte est un îlot sauvage, le Grand-Gaou. La grande Embiez est elle-même un monde bien exigu : à peine a-t-elle un kilomètre dans sa plus grande dimension. Mais les petits mornes qui la parsèment, les champs, les marais salants, une grande ferme, la tour crénelée d'un ancien château fort lui donnent une grande variété d'aspect ; au delà surgissent des îlots contre lesquels les vagues s'élancent en blanches volutes. Ce sont le petit et le grand Rouveau, ce dernier portant, au sommet de son mamelon de 34 mètres, une tour carrée à mâchicoulis surmontée par la tour carrée d'un phare. Les gardiens ont su tirer parti de ce territoire exigu, ils y ont créé des jardinets entourés de roseaux pour protéger leurs « cultures » contre le mistral et les embruns. Tout autour la mer fuse sur des écueils.

Dans l'île des Embiez, au pied d'un mamelon rocheux qui fut jadis l'île de la Tour-Fondue et que les travaux des salines ont soudé à l'île principale, une rangée de maisons basses, demeures de sauniers, magasins à sel, résidences de douaniers, bordent les marais salants.

Sur le continent, le panorama est d'une grande majesté. On aperçoit le Bec-de-l'Aigle, la Ciotat, Bandol, Sanary, au fond de leurs baies harmonieuses, la montagne conique de Six-Fours, le Baou de Quatre-Heures, massif, la montagne d'Évenos et son fort, le Faron escarpé, les formes admirables du Coudon. Il a fallu nous arracher à cette vue pour aller visiter le reste de l'île dans sa partie habitée, c'est-à-dire le *château,* devenu une simple habitation de plaisance, à laquelle une vieille tour conserve seule un caractère archaïque. Cet édifice porte le nom de château de Sabran, sans doute en souvenir de l'illustre famille provençale. Sur un mamelon voisin, au delà des salines, sont des substructions très visibles encore, débris d'une forteresse primitive que les gens du Brusc appellent la tour des Sarrasins. Il est probable en effet que ces pirates ont dû occuper cette position d'où ils surveillaient une vaste étendue de mer.

Aujourd'hui, sauf le gardien du château, le fermier, les douaniers et, pendant la saison salicole, les ouvriers des salines, l'île n'est plus occupée. La population n'est guère constituée que par d'innombrables lapins dont les terriers remplissent les Embiez. Les pauvres cultures de cette petite terre doivent être souvent ravagées par ces rongeurs !

Notre barque nous a ramenés au Brusc. De là un sentier longe la mer, parmi les jardins de primevères et de narcisses. D'ici à Bandol, nous ne quitterons guère cette culture abritée d'oliviers qui met des taches neigeuses partout où la terre est fraîche et profonde. Le parfum qui s'élève de ces tapis fleuris est puissant, la brise de mer l'emporte heureusement, mais aux heures chaudes, lorsque le vent ne souffle pas, l'odeur doit être suffocante.

Une pointe a masqué jusqu'alors la baie de Sanary ; on gravit le petit promontoire et l'on découvre tout entier ce joli golfe harmonieusement arrondi, ourlé d'une plage de sable fin et doux de jour en jour plus fréquentée pendant la saison des bains. Le site est charmant. Au pied d'un coteau séparant la baie de Sanary de celle de Bandol, une petite ville s'abrite frileusement, groupée au pied d'une haute tour, devant un port rempli de petits bateaux de pêche ; deux goélettes sont amarrées à la jetée. Le quai est planté de palmiers, Sanary affirme par là son désir de devenir un jour une station estivale comme elle est déjà une station balnéaire. Les coteaux, en effet, l'abritent du mistral, les horizons sur les collines de Sicié, l'archipel des Embiez et la mer sont superbes. Les campagnes sont parmi les plus riches et les mieux cultivées du littoral fortuné.

Sanary est un nom moderne. Il y a quelques années encore c'était Saint-Nazaire-du-Var. Mais le développement de Saint-Nazaire de Bretagne, devenue une grande ville[1], a fait oublier le Saint-Nazaire de Provence, lettres et dépêches allaient régulièrement dans l'Ouest. Pour reprendre son individualité, la petite cité méditerranéenne a demandé à changer son nom français contre son nom provençal et, depuis lors, espérant arrêter une petite partie du flot des étrangers, elle a construit des hôtels et amélioré des promenades.

Sa voisine, Bandol, aspire au même avenir, ses avantages ne sont pas moins précieux, là encore s'arrondit une jolie baie, mieux fermée grâce à une petite île placée devant le cap comme pour briser le premier effort des vagues. Cette île minuscule est habitée : elle a une bastide, un jardin, des champs d'immortelles et quelques arbres.

Quand on descend du coteau de Sanary, ou lorsqu'on passe en mer devant Bandol, ce n'est point la petite ville si gaie à l'œil avec ses maisons claires alignées sur le rivage, ses villas et

---

1. Sur Saint-Nazaire de Bretagne, voir la 3ᵉ série du *Voyage en France*, chapitres IX et X.

ses palmiers qui attire le plus l'attention, mais le beau viaduc de pierre blanche jeté au-dessus du ravin d'Évenos ou ruisseau d'Arran à son débouché dans la baie. Cet ouvrage comporte sept arches de 27 mètres, présentant un développement de 180 mètres. Il a fort grand caractère ; grâce au climat, il a conservé sa blancheur et la netteté de ses lignes ; de la Ciotat aux îles des Embiez, un navire passant devant la côte a toujours en vue le viaduc, qui s'élève presque au bord de la mer. Aussi serait-ce jeu d'enfants pour le moindre aviso de le détruire au moyen de quelques obus. Chaque année l'escadre se livre, d'une façon hypothétique, à cet amusement.

Bandol est une fort aimable petite ville, j'en ai gardé un souvenir ineffaçable depuis l'accueil que nous fit la population pendant la visite de quelques officiers russes en 1894. Des officiers du *Colbert* avaient organisé l'excursion et m'avaient invité à cette fête qui fut une féerie[1]. Les fenêtres, les murs étaient fleuris d'immortelles, on en avait littéralement jonché le quai et les rues, nous marchions sous une pluie d'immortelles lancées du haut des maisons.

---

1. Voir Ardouin-Dumazet, l'*Escadre russe en Provence*. Berger-Levrault et Cie.

Bandol est le centre de cette culture en Provence. Cette zone chaude, abritée des vents du nord par de hautes chaînes calcaires, convient à merveille à la plante, originaire de l'île de Crète ou de Malte, car on n'est pas fixé, assurent les botanistes. Oserais-je dire qu'elle pourrait bien être indigène, puisqu'on la trouve dans tous les terrains secs des bords du Rhône vers Lyon? Certes la plante rhodanienne n'a pas le même aspect en touffes, ses fleurs sont moins grandes, mais elle n'a pas été l'objet de soins. C'est peut-être aussi pourquoi elle est plus robuste et résiste à des froids qui détruiraient l'immortelle de Bandol, appelée immortelle d'Orient à cause de son origine supposée et que les savants nomment *hélichryse* ou *gnaphale*.

Tous les coteaux, autour de Bandol, sont couverts de petites terrasses en pentes, sur lesquelles s'alignent les touffes d'un vert argenté, voisinant avec des carrés de petits pois et des parterres de narcisses qui, lorsqu'ils ne sont pas fleuris, ressemblent à des champs de poireaux.

Mais ces dernières cultures n'ont pas pour Bandol la valeur de l'immortelle. Depuis 1815, époque à laquelle on a commencé à la cultiver en grand, le développement a été considérable. Dès 1835 on évaluait à plus de un million le nombre des pieds, et cela ne suffisait pas à la seule consommation de la France. On devait en importer pour 800,000 ou 900,000 fr. de Sicile et des îles Ioniennes [1].

La plante, bien connue par son feuillage d'aspect cotonneux, est surtout belle en juin et juillet, quand les fleurs d'un jaune d'or se dressent au-dessus des touffes argentées. Il lui faut des terrains secs, mais meubles comme ils le sont dans la zone calcaire. La chaleur lui est nécessaire, une température de cinq degrés au-dessous de zéro la fait périr. En 1837, les froids, ayant été très vifs, détruisirent presque toutes les plantations.

La culture est simple, on divise les vieilles touffes pour faire des boutures. L'opération s'effectue en juillet, quand la plante semble morte. Au bout de quinze jours, abritées par des ramilles, les boutures ont dévoloppé des racines et des feuilles. En février ou mars, on procède à la plantation, en écartant chaque pied de 50 à 75 centimètres ; la récolte commence à la deuxième année seulement, la première année on coupe impitoyablement tous les boutons. Grâce à cette précaution, à des labours et à des binages il n'est

---

[1]. Heuzé, *les Plantes industrielles*, 4º volume (Librairie agricole).

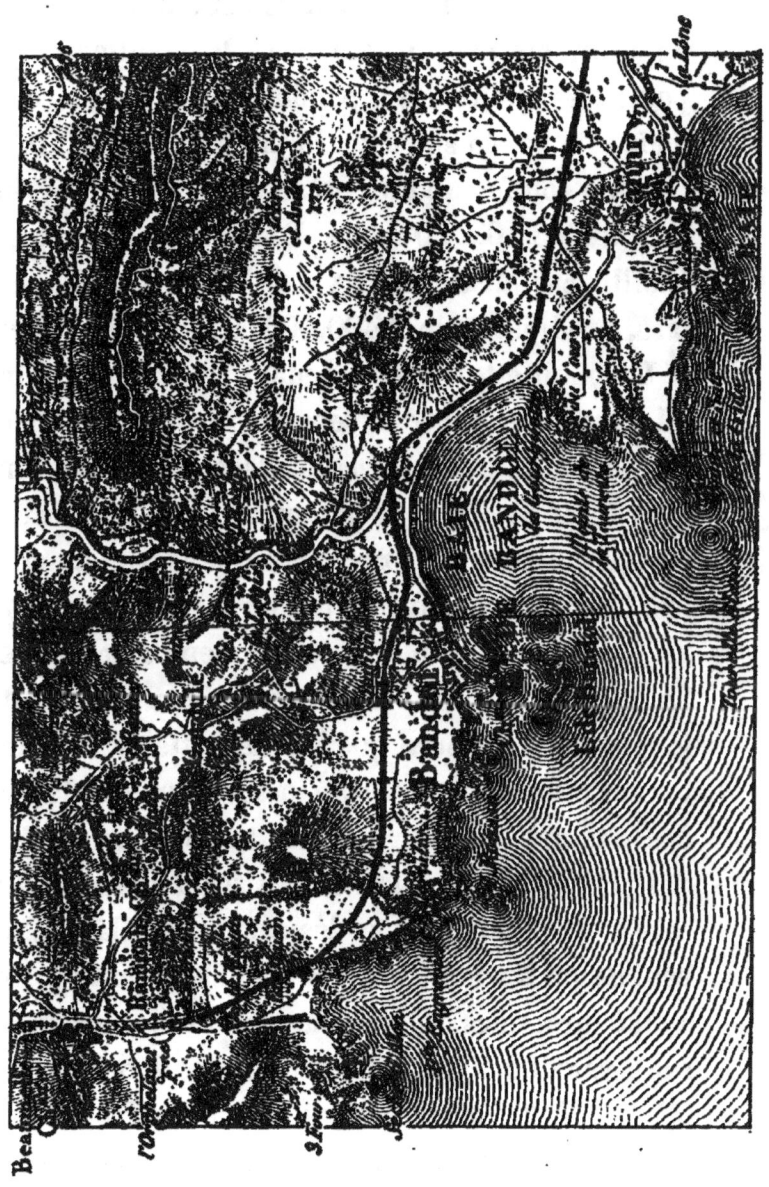

pas rare de voir certaines touffes atteindre 75 centimètres de diamètre. L'année suivante, à partir de juin, on peut commencer la cueillette, qui pourra se poursuivre pendant huit ou dix ans, mais une année sur deux la production est faible. Chaque touffe produit près de 70 tiges, portant chacune de 10 à 20 fleurs. D'après les chiffres recueillis par M. Heuzé, il y a 40,000 touffes à l'hectare, produisant de 2,400,000 à 2,800,000 tiges.

La cueillette a lieu pendant le mois de juin, elle est faite par des jeunes filles qui coupent les corimbes avant l'épanouissement du bouton, quand les capitules, commençant à peine à s'entrouvrir, laissent apercevoir un petit trou au centre. Toute fleur coupée avant ou après l'apparition de ce point noir n'a aucune valeur marchande. La tige est coupée à 25 ou 30 centimètres de longueur. A mesure que la cueillette avance, les immortelles sont placées sur les murs de clôture des champs. Le soir on les ramasse, on en fait des petits paquets que l'on fait sécher dans un local sombre mais aéré en les suspendant la tête en bas. Selon les localités, ces paquets pèsent de 250 à 380 grammes. On estime qu'un kilogramme renferme 400 tiges. L'hectare donne donc environ 6,000 à 7,000 kilogrammes d'immortelles.

La fleur une fois bien sèche, on dépouille les

tiges de leur feuilles. Dans cet état, elles sont expédiées au dehors, à Marseille, Lyon, Bordeaux et Paris, en des caisses bien closes, en isolant les immortelles les unes des autres au moyen de papier ; le contact avec les parois de la caisse froisserait les bractées.

L'immortelle a de nombreux ennemis. La plante vive est menacée par une foule d'insectes et de mollusques. Un ver ronge le pied, les escargots et les limaces la dévorent, les pucerons en sucent la sève ; les temps humides font développer un cryptogame appelé rouille ; enfin la fleur sèche est fort convoitée par les rats.

Jadis Bandol, Ollioules, Sanary se bornaient à la culture et à l'expédition des immortelles, mais depuis quelques années on utilise la main-d'œuvre locale à la teinture et à la préparation des couronnes, la teinture est pour Ollioules une industrie importante, Bandol fabrique les couronnes. La teinture transforme l'immortelle jaune en fleurs noires, vertes ou rouge ponceau.

La population de Bandol tout entière vit de ce commerce et de cette industrie, qui serait élégante et charmante, si l'on n'attachait pas à l'immortelle l'idée d'un symbole funéraire.

Le contraste est brusque entre les grands horizons de mer et de montagne que l'on a de Bandol et de Sanary et la gorge étroite au fond de laquelle monte la route du Beausset après avoir passé sous le viaduc de Bandol. Le torrent roulant parfois un peu d'eau, conserve assez d'humidité à son thalweg pour que les grands roseaux de Provence y croissent avec vigueur. Au flanc des petits monts les myrtes et les grenadiers roses font un revêtement de verdure. Là-haut, très haut, à plus de 300 mètres court une crête abrupte appelée le Cerveau, sur laquelle se profilent des ouvrages fortifiés, une route stratégique passe au-dessous de la crête, épousant toutes les sinuosités du sol.

On sort de la gorge en vue d'un grand bassin couvert d'oliviers, de mûriers et de vignes, semé de fermes et de magnaneries, commandé par des mamelons et des promontoires portant de pittoresques villages, tels la Cadière et le Beausset. Sous un autre ciel, le paysage serait beau; ici, au grand soleil, avec la pureté des lignes et la splendeur des horizons, c'est merveilleux. Au cœur de cette sorte de cirque entouré de monts boisés, à la jonction de toutes les routes, le bourg du Beausset est comme la capitale de ce petit pays de vignerons. Jadis cette contrée était un grand fournisseur de noisettes, les avelines de la Cadière étaient célèbres, on évaluait à 1,000 fr. par hectare le produit des noisetiers. Cette culture est abandonnée aujourd'hui, à peine rencontre-t-on çà et là, sur les bords du ruisseau du Grand Vallat, quelques arbustes isolés, abandonnés des cultivateurs et laissés aux gamins qui viennent croquer les fruits à la saison. Il est probable que les avelines du Levant, celles du mont Athos notamment, que l'on reçoit en abondance à Marseille, ont dû enlever toute valeur aux plantations de la Cadière.

La route tourne brusquement au milieu du Beausset et se replie vers le sud, dans la direction de Toulon. On côtoie des collines aux formes singulières, couvertes de pins, et tout à coup, en vue de l'abrupte colline volcanique couronnée par les ruines d'Évenos, on découvre le plus extraordinaire des paysages : ce sont les grès de Sainte-Anne.

George Sand a décrit ce site dans *Tamaris* avec sa précision et sa vigueur de style ; elle n'a pu, cependant, rendre tout l'étrange de ces boursouflures de sable subitement figées : ici, prodigieux amas de bulles de savon ; là, gigantesque gâteau de cire ; ailleurs, pyramide évidée, excavée par les intempéries.

De hauts escarpements de sable coagulé en un

grès résistant, des corniches, des remparts, se dressent au milieu des épaisses broussailles et des pins, forment un dédale présentant à chaque pas de nouvelles excentricités géologiques. Le massif de hauteurs compris entre la chaîne du Gros-Cerveau et le Beausset est tout entier composé de ces sables agglutinés, pétris, érodés et sculptés.

Ce site singulier est à l'entrée des gorges d'Ollioules, bien belles grâce à l'éclat de la lumière et à la transparence de l'atmosphère, qui donne à tous les détails du paysage une inexprimable netteté de contours. Ces gorges, longues de deux kilomètres, jouissent d'une réputation européenne, cependant elles ne sont pas comparables aux gorges d'Engins et aux gorges de la Bourne.

Il faut passer par ce couloir tortueux pour atteindre Ollioules, bâtie à l'issue du défilé, en plein midi, au sein d'une des campagnes les plus merveilleuses de ce merveilleux pays. Les orangers y sont superbes, les jardins, consacrés à la culture des primeurs et des fleurs, sont parmi les plus beaux de Provence. Quand nous avons accompagné les officiers russes aux grès de Sainte-Anne, la population nous accueillit par une pluie de violettes, d'œillets, de mimosas et de roses thé.

Les hautes parois de la montagne réverbèrent le soleil et font de ce beau bassin d'Ollioules comme un coin de l'Afrique. Les sources y sont abondantes et donnent une vigueur extrême à la végétation de jacinthes romaines, de narcisses et de lis qui couvre 250 hectares. Ces fleurs sont cultivées à Ollioules pour leurs bulbes. On récolte 5 millions de bulbes de jacinthes, 400,000 de narcisses, 100,000 de lis. Par pleins wagons partent ces bulbes en Belgique, en Hollande et en Angleterre.

La ville est digne de cet écrin, les constructions y sont élégantes, beaucoup ont conservé des portes et des fenêtres de la Renaissance ; sur la place, de grands arbres donnent une ombre légère. Des parfums subtils flottent partout, exhalés par des millions et des millions de fleurs qui remplissent les champs et les jardins.

La route traverse cette campagne embaumée qui, peu à peu, se peuple de maisons ouvrières et se change en un faubourg banal, c'est le grand faubourg toulonnais du Pont-du-Las.

XIV

LES CERISAIES DE SOLLIÈS-PONT

Flore africaine. — Pierrefeu. — Dans les Maures. — Collobrières et ses fabriques de bouchons. — Cuers. — Les trois Solliès : Solliès-Pont, Solliès-Toucas et Solliès-Ville. — Les cerisiers. — La culture du sumac.

La Valette du Var. Août.

J'ai ressenti de nouveau, aujourd'hui, cette impression singulière éprouvée lorsqu'on débouche sur Carnoules par le chemin de fer de Gardanne[1]. On a traversé des régions très chaudes, plantées d'oliviers et de figuiers, et pourtant cette large vallée du Réal-Martin donne une sensation nouvelle. C'est un autre Midi, le Midi des plantes au port élégant amenées d'Afrique et des contrées tropicales, filles adoptives du sol de Provence.

Ici, ces nouvelles venues croissent seulement autour des maisons de campagne, elles ne couvrent pas encore des terrains entiers comme à Hyères,

---

1. Voir la 12ᵉ série du *Voyage en France*, pages 261 et suiv.

à Grasse, à Antibes et à Nice, mais le ciel est d'un autre éclat que dans la vallée de l'Issole, les lignes du paysage sont plus pures encore. Les oliviers de la plaine, sous lesquels les vignes, les luzernes et le blé croissent avec vigueur, ont des troncs noueux; leurs branches tordues sont de dimensions plus grandes; ils forment comme une sorte de forêt aux reflets bleus et gris allant mourir au pied des croupes régulières et bien découpées des Maures, revêtues d'un noir manteau de pins.

Aperçu à distance, ce paysage est sublime, mais la course dans la plaine est assez monotone. J'avais quitté le chemin de fer à Puget-Ville pour gagner Pierrefeu dont la silhouette, à demi féodale, se détache si fièrement sur le sombre écran des Maures, et m'étais innocemment engagé dans les oliviers. Malgré la saison, le soleil était cuisant, et je suis arrivé exténué dans le bourg assis au pied du rocher abrupt portant la cité primitive. Du sommet de ce mamelon la vue est superbe sur la plaine couverte d'oliviers et les Alpes de Provence.

Pierrefeu est un bourg très vivant, très actif, dont la population tout entière vit par la préparation du liège. La vallée du Réal-Collobrier, qui s'ouvre ici, est la plus importante des Maures, celle qui pénètre le plus profondément dans l'intérieur de ce massif, si riche en bois de chênes-lièges. Aussi, une grande partie des plaques d'écorces viennent-elles à Pierrefeu pour y être transformées en bouchons ou mises en planches que le chemin de fer transportera dans les grandes villes et à l'étranger.

J'ai à peine le temps de jeter un coup d'œil curieux par les fenêtres ouvertes pour voir les ouvriers se livrer à la fabrication des bouchons ; un omnibus arrive à grand bruit ; il se rend à Collobrières : excellente occasion de visiter une vallée des Maures ! Je prends place sur le siège à côté du cocher et nous voici bientôt en route en longeant les dépendances de l'hospice d'aliénés du département du Var. Après une ascension assez rude par les bois, on descend dans une vallée étroite, presque une gorge, enfermée entre de hautes collines couvertes d'arbres verts : pins élancés, chênes-lièges pour la plupart démasclés, dont le tronc, mis à nu, est d'un rouge sombre. D'abord pittoresque par sa solitude et son étrangeté, le site finit par peser. La route court pendant 15 kilomètres dans ce vallon désert. Peu à peu les hauteurs s'écartent, on rencontre quelques bastides et des vignobles ; par des routes sinueuses on voit déboucher des montagnes des voitures chargées de lièges, bientôt apparaît le mamelon couvert de maisons qui fut le Collobrières féodal. La route, abandonnant le torrent, se transforme en *cours* ombreux, bordé de jolies maisons et de cafés bruyants.

Nous sommes dans une des communes des Maures où l'on travaille le plus à la mise en valeur du liège. Hommes, femmes, enfants, plus de 500 personnes, sur 2,300 habitants, se livrent à la confection des bouchons. Une quinzaine de maisons importantes se partagent ce personnel considérable. Un service de roulage est uniquement consacré à transporter les produits à la gare de Cuers.

La nuit est tombée pendant que je visitais Collobrières, l'omnibus du chemin de fer m'a ramené à Cuers. Je visiterai bientôt une autre partie des Maures, vers Grimaud et la Garde-Freinet, peut-être alors pourrai-je étudier davantage cette vaste région à demi solitaire, habitée seulement par 23,000 âmes pour une surface de près de 120,000 hectares.

Au matin j'ai visité Cuers, c'est un gros bourg, très vivant, assis au bord de la plaine, dans une sorte de cirque où aboutissent de nombreux torrents et dessiné par le Pilon de Saint-Clément et ses contreforts. Abritée du mistral par un de ces petits monts aux assises rougeâtres, Cuers groupe ses toits d'un rouge violacé autour d'une église couronnée par un de ces gracieux campaniles en fer forgé chers à la Provence.

Comme toutes les bourgades de cette contrée, Cuers est enrichi par les huiles de ses oliviers; une grande scierie débite les bois des montagnes voisines; le liège y est transformé en bouchons dans plusieurs ateliers.

La ville s'éveillait quand, sous un soleil déjà chaud, j'ai pris la route *des* Solliès. Il y a en effet trois bourgs de Solliès; ils doivent leur nom à un temple du Soleil sur lequel on a bâti l'église de Solliès-Ville. La campagne traversée est d'une opulence admirable. La forêt d'oliviers est entrecoupée çà et là de grands vergers de cerisiers, d'abricotiers et de pêchers. Le laurier-rose forme des haies au bord des *béals,* torrents ou canaux dont les eaux sont précieusement utilisées.

Peu à peu l'olivier cède la place aux arbres fruitiers et aux cultures. La vigne s'aligne, soigneusement entretenue, encadrant des champs où l'on cultive en grand la violette et la jacinthe. Des haies sèches de cannes de Provence brisent le mistral qui descend parfois de la haute vallée du Gapeau. Les maisons des champs sont nombreuses, entourées de jardins fleuris de roses, de belles-de-nuit, de mimosas d'où s'élèvent d'enivrants parfums.

Les abords de Solliès-Pont surtout sont merveilleux, grâce aux abondantes eaux descendues

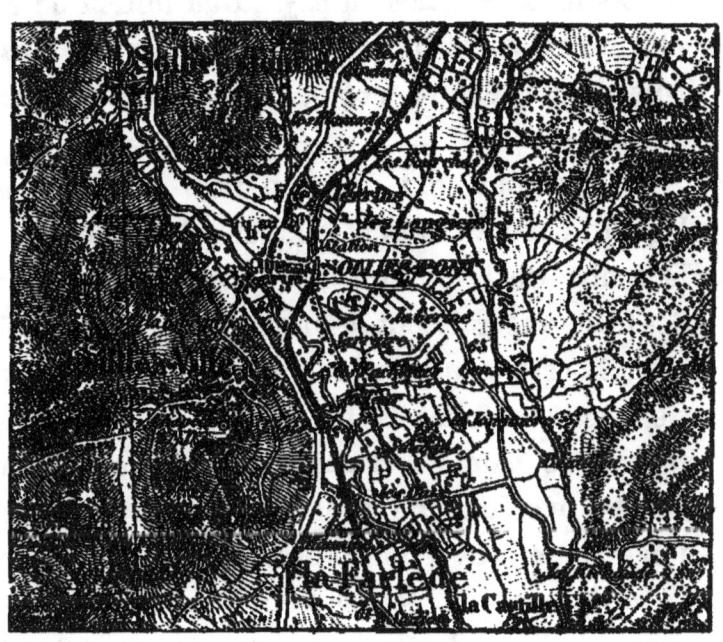

de Méounes et de Belgentier au sein de sites superbes. De vertes prairies sont plantées de grenadiers, de figuiers, de jujubiers, de cerisiers surtout. Ces derniers arbres forment parfois de véritables forêts créées autour de jolies fermes toutes neuves, indice d'une prospérité récente due à la culture des fruits de primeurs. Cette introduction de la vie rurale dans ces pays où jusqu'alors bourgeois et cultivateurs vivaient sous les mêmes murailles d'une vieille cité féodale, est un des grands bienfaits des chemins de fer, qui ont permis l'exploitation facile des produits du sol et nécessité la présence du paysan au milieu de ses champs. Partout où la culture fruitière et horticole n'a pas pénétré encore, les populations restent citadines [1].

Solliès-Pont, qui doit son nom au pont sur lequel la route nationale franchit le Gapeau, est le centre de la culture des cerises dans le Var. Ses fruits apparaissent les premiers sur le marché, avant la cerise de la vallée du Rhône [2]. De là nous viennent ces jolies boîtes en bois de peupliers, garnies de papier-dentelle, dans lesquelles sont rangées avec tant de goût les guignes de Bâle, d'une couleur et d'une fraîcheur admirables. En 1882, la gare de Solliès-Pont expédiait 50,000 caissettes de ces fruits, la quantité dépasse 60,000 aujourd'hui. Et il faut ajouter, à ces chiffres, le nombre des caissettes expédiées par d'autres gares : la Farlède, la Crau, le Luc, Vidauban, etc. Les

---

1. Voir la 12ᵉ série du *Voyage en France* : Alpes de Provence et Alpes maritimes.

2. Voir la 7ᵉ série du *Voyage en France*, chapitre sur Vienne et le pays des cerises.

premières cerises partent du 15 avril au 1ᵉʳ mai ; peu à peu le nombre des expéditions s'accroît. En juin, Solliès Pont remplit chaque jour plusieurs wagons de paniers de cerises dont le poids varie de 3 à 5 kilogr. et de 10 à 12 kilogr. Les cerises de primeur se vendent de 8 à 12 fr. la boîte de 1 kilogr.

Le splendide verger où mûrissent les cerises et les autres primeurs, est au pied du coteau abrupt, au sommet duquel surgissent, parmi les oliviers, les ruines de la cité primitive, encore entourées par les maisons de Solliès-Ville. Ces débris féodaux sont d'un grand effet dans le paysage.

Les hauteurs calcaires des environs ne peuvent se livrer aux cultures arbustives qui font la fortune des rives du Gapeau, mais elles ont conservé une culture intéressante qui disparaît peu à peu de notre pays, celle du sumac, plante tannifère encore fort répandue dans le Bas-Dauphiné, vers Donzère et Montélimar et se plaisant dans les sols secs des hauteurs calcaires. A Solliès-Pont, elle donne lieu à un commerce assez important ; une grande usine l'emploie sur place pour la préparation des peaux de mouton dont on fait du maroquin.

La culture du sumac doit lutter contre la concurrence de l'étranger; mais, seul, le sumac de Sicile est de qualité supérieure aux produits du Dauphiné et de la Provence. Sa culture est assez rémunératrice encore, puisque le sumac croît dans les terres les plus sèches et donne même des produits d'autant plus riches en tannin que le sol est moins frais. C'est un arbuste de 3 à 4 mètres de hauteur, dont les feuilles glabres, très dentelées, velues, sont la partie marchande. La plantation est très régulière, un hectare peut renfermer 25,000 plants. La cueillette des feuilles est des plus simples, les branches sont coupées, la première année, en septembre et octobre, les années suivantes en juillet et août. Quand les rameaux sont secs, on les transporte dans les habitations où les femmes et les enfants les dépouillent à la main. Si la récolte est trop abondante, on bat les branchages à coups de bâton, on les secoue avec des fourches ou bien encore, procédé plus expéditif, on les frappe au fléau sur une aire. Les feuilles recueillies sont alors réduites en poudre sous une meule et emballées dans des sacs pour être livrées au commerce; chaque sac pèse de 100 à 150 kilogr.

D'après M. Heuzé[1], un hectare donne de 1,000

---

1. *Les Plantes industrielles* (Librairie agricole).

à 1,200 kilogr. de feuilles, produisant 850 kilogr. de sumac. Le tannin contenu est dans une proportion de 30 p. 100. Culture facile, les frais ne dépassent pas 10 à 12 fr. par hectare et par an. Malheureusement cette plante si précieuse par sa prédilection pour les terres sèches et calcaires où les autres cultures sont peu rémunératrices, est d'un emploi moins étendu que par le passé, les procédés de tannage par extraits de bois tannifères restreignent chaque jour l'usage du sumac. Cependant notre pays ne saurait suffire à la consommation de ses corroieries, tanneries et maroquineries ; chaque année nous allons chercher en Sicile, en Espagne, en Portugal six millions de kilogrammes de sumac. Peut-être pourrait-on réussir à éviter ce tribut en cherchant à améliorer la culture du *sumac* des *corroyeurs*, *reboul* ou *corroyère*, et à sélectionner les variétés les plus riches en tannin. Il doit y avoir des progrès à réaliser, car les qualités sont trop variées. Tandis que les sumacs du Dauphiné et de Provence, excellents comme qualité, sont encore inférieurs à ceux de Sicile, les sumacs produits aux bords du Lot et de la Garonne sont peu estimés; ils ont cependant à faire face aux besoins de villes industrielles importantes : Graulhet, Millau et Mazamet. Les six millions de kilogrammes que nous achetons à l'étranger permettraient la mise en valeur de plus de 6,000 hectares de terres pauvres.

La rencontre de cette culture aux environs des Solliès m'a conduit à en parler, bien qu'elle soit d'une importance secondaire dans cette contrée. De plus en plus la région se livre à la culture florale et à celle des primeurs. Jusqu'à Toulon ce ne sont que jardins. De la jolie bourgade de la Valette, aux premières pentes du Coudon et du Faron, c'est un tapis continu de violettes et de jacinthes croissant sous les oliviers. Ces champs parfumés sont arrosés par les sources claires qui sourdent au pied des grands escarpements couronnés de forteresses. Pourtant l'eau est trop rare encore; il faudrait, à ces pentes ensoleillées, à cette plaine féconde, des canaux abondants comme ceux des Alpilles. Pour obtenir ces eaux, on se propose d'aller chercher et conduire jusqu'à Hyères la puissante et fraîche fontaine l'Évêque[1]. Si jamais ce grand projet se réalise, le développement de la région centrale du Var dépassera tout ce que l'on peut imaginer aujourd'hui.

---

1. Voir la 12ᵉ série du *Voyage en France*, chapitre XVI.

XV

HYÈRES ET LES MAURETTES

La Garde. — La chapelle de la Pauline. — La Crau d'Hyères. — Dans les Maurettes. — Descente dans la ville. — Palmiers et orangers. — Décadence des *agrumes*. — Splendeur du palmier. — Les jardins d'Hyères. — Culture horticole. — Les fraises. — Les pêches et les avelines.

Hyères. Août.

Au milieu de la vaste et riche plaine étendue aux bords du Gapeau à Toulon, surgit un monticule de basalte qui dut avoir jadis une grande importance militaire, à en juger par ses ruines et par le nom même du site : la Garde. Ce mamelon, aujourd'hui excavé par les carriers, était et est encore un des points vitaux de la plaine, la plupart des chemins viennent y aboutir. Mais le bourg féodal est peu à peu déserté : la population s'étend de préférence dans la campagne, semant de bastides les olivettes, abris des fraisiers et des violettes. La commune a 2,400 habitants, il n'y en a pas 1,000 dans le village. Plus « campagne » encore est la nouvelle commune du Pradet, détachée de la Garde et dont le territoire couvre une partie du littoral et les pentes boisées de la Colle-Noire. De ce curieux petit massif de roches éruptives on découvre la plaine entière, les petits groupes de collines d'Hyères et l'on voit s'arrondir le superbe hémicycle de montagnes formé par les escarpements et les promontoires du Faron et du Coudon.

Du milieu des oliviers et des cerisiers surgit une chapelle blanche, dont les lignes gothiques étonnent dans ce paysage fait pour la silhouette classique des temples du paganisme où les épures régulières des forts. C'est la chapelle d'un château moderne, édifiée avec un grand luxe de matériaux et dont les sculptures sont dues au ciseau de Pradier. Le grand artiste a peuplé cette petite église de chefs-d'œuvre comme Puget avait doté Toulon et les bourgs voisins de statues et de bas-reliefs.

La chapelle se nomme la Pauline; elle a donné son nom à la gare ombragée d'eucalyptus d'où l'embranchement d'Hyères se détache de la grande ligne. De beaux vignobles mêlés de cerisiers l'entourent. Des jardins de fraisiers, des carrés où, le printemps venu, on plantera des melons. C'est une riche campagne, dépendant de la commune de la Crau, arrosée par les eaux dérivées du Gapeau. Au milieu de ces vignes et de

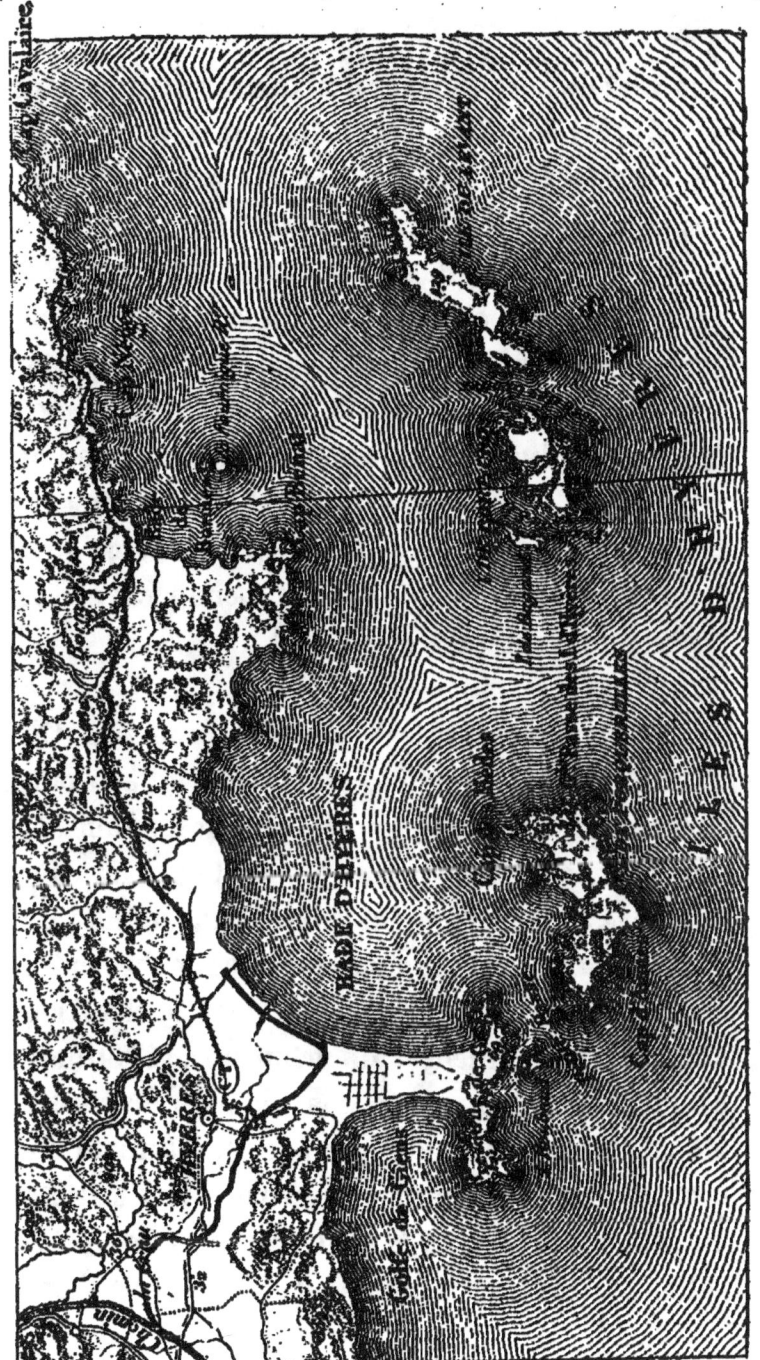

RADE D'HYÈRES. (D'après la carte de l'état-major au $\frac{1}{320,000}$.)

ces vergers surgit un admirable bouquet de grands eucalyptus sous lequel s'abrite la gare de la Crau, un des grands centres d'expédition pour les fruits, les légumes et les fleurs de la plaine.

Au-dessus du village, sur la rive droite du Gapeau aux eaux claires, se dresse un massif de hautes collines aux formes superbes, contrastant par la hardiesse et la teinte de leurs roches avec les formes plus émoussées des Maures. Ces petites montagnes, revêtues de pins et de chênes-lièges, forment un massif complètement isolé ; ce sont les *Maurettes*, les petites Maures. Leur écran abrite Hyères des morsures du mistral.

La fantaisie m'a pris de traverser le massif. Un chemin fleuri y conduit, partant du village ombragé de la Crau, longeant la base des collines et devenant ensuite un sentier montant sous les chênes-lièges jusqu'au point culminant, aiguille de roche surgissant d'un chaos d'autres roches entre lesquelles croissent des genêts dont la floraison doit être merveilleuse au printemps. L'altitude est médiocre, 293 mètres, mais la base du massif plonge sur la plaine d'Hyères, c'est-à-dire au niveau de la mer. La vue est immense. Si les massifs un peu plus élevés de la Colle-Noire et de Costebelle masquent les rivages de Giens, on voit s'étaler les opulentes plaines de la Garde et d'Hyères et se dessiner l'harmonieux rivage de la rade. Au loin s'étend la chaîne des îles, sombres sur le flot bleu.

Les Maurettes jouent à la montagne par les mornes et les pitons de roches qui dominent les arêtes. Entre deux chaînons se creuse un large vallon rempli de bois. La solitude est absolue : pas un hameau, pas une bastide. A peine des sentiers irréguliers où l'on s'égarerait facilement. Un de ces chemins, mieux frayé, suivi par les touristes valides de la ville hivernale, conduit à Hyères.

Il faut arriver ainsi dans l'aimable ville ; elle se présente sous son aspect le plus pittoresque. Sous les remparts croulants, flanqués de tours, les toits d'un rouge sombre se pressent ; plus bas, sur les pentes et dans la plaine se dressent les hôtels énormes, s'alignent les grandes avenues plantées de dattiers, surgissent, toutes blanches au milieu des palmiers et des orangers, les villas et les bastides.

On atteint bientôt les rues étroites, montueuses et fraîches de l'ancienne ville, type de toutes les antiques cités de Provence. De vieilles portes, de vieilles tours, des escaliers conservent à ce cœur de la cité son aspect d'autrefois. Le modernisme n'a pénétré dans la ville que par les palmiers de la place principale baptisée orgueilleusement du nom de ces arbres, entourant l'obélisque élevé à l'un des *lanceurs* de la station hivernale, un tailleur teuton devenu le baron Stolz.

Le palmier, aujourd'hui l'arbre d'Hyères, a supplanté les orangers fameux jadis, il est en effet un nouveau venu. Arthur Young ne le donne pas comme très commun dans son *Voyage en France* accompli en 1789. Abel Hugo, dans sa *France pittoresque,* publiée vers 1838, signale seulement la haute cime de quelques palmiers. Il a fallu les chemins de fer amenant sur ces rivages la foule des riches oisifs pour que le luxe des végétaux de l'Orient et des tropiques vînt transformer le pays. Il est bien difficile aujourd'hui de se faire une idée de cette contrée il y a cent ans, cinquante ans même. Arthur Young disait qu'elle était *trop vantée;* s'il trouvait la vallée « magnifiquement cultivée », il la déclarait sèche et la montrait seulement couverte de vignes, de mûriers, de figuiers et d'autres arbres à fruits. Quant aux orangers et aux citronniers, il ne s'en déclare guère enchanté; un hiver terrible venait, il est vrai, de les geler. Rares étaient les spécimens de dattiers, « la datte y vient bien », dit le voyageur anglais;

En ce temps-là déjà, Hyères était une station hivernale. Mais combien les prix payés alors par les Anglais nous semblent minimes! On louait une maison entière à raison de deux ou trois louis par mois tout compris : mobilier, linge, couverts. Le meilleur hôtel de ce temps-là, l'hôtel de Necker,

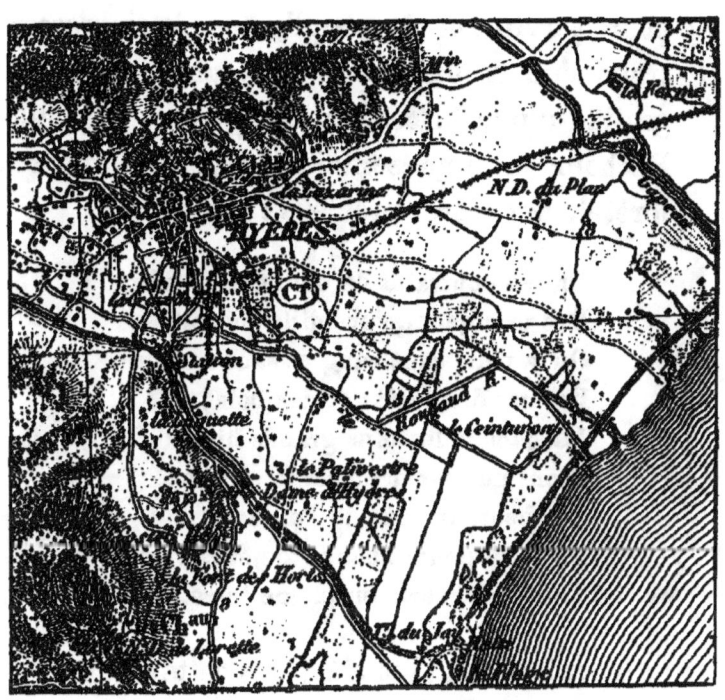

avait une table d'hôte très bien servie à 4 livres par tête. On a bien changé tout cela, dans ces hôtels monumentaux dont les enseignes, hautes de plusieurs pieds, se lisent à grande distance!

Hyères était alors la ville des orangers. Là seulement en France on trouvait cet arbre; il avait valu au petit archipel — où l'oranger ne venait guère — le nom d'*Isles d'Or*.

Cette végétation de l'oranger passait jadis pour une merveille. La légende s'en est emparée ; on racontait que Charles IX et huit seigneurs de sa cour parvinrent à grand'peine à embrasser le tronc d'un oranger. Et l'arbre ainsi mensuré fut gratifié d'une inscription pompeuse. Chapelle et Bachaumont représentaient Hyères comme une forêt de ces arbres précieux :

> On est contraint de chercher l'ombre
> Des orangers qu'en mille endroits
> On y voit, sans rang et sans nombre,
> Former des forêts et des bois !
> Là, jamais les plus grands hivers
> N'ont pu leur déclarer la guerre ;
> Cet heureux coin de l'univers
> Les a toujours beaux, toujours verts,
> Toujours fleuris en pleine terre.

L'oranger n'a plus à Hyères cette situation prépondérante ; ses fruits, y mûrissant mal, ne peuvent lutter avec la production de l'Espagne, de la Sicile et de l'Algérie, aussi a-t-il perdu beaucoup de terrain ; on le garde comme une preuve de la douceur du climat. Le palmier l'a détrôné : non seulement il ombrage les places de la vieille cité, mais il est devenu à peu près le seul arbre d'alignement dans les avenues de la basse ville. Il y atteint des proportions superbes et forme en certains points de véritables voûtes de verdure. Le boulevard des Palmiers est une merveille des *Mille et une nuits*. Cette avenue est moins longue que celle de la gare, également bordée de palmiers, mais ces beaux arbres y sont plus serrés, plus touffus, moins souillés par la poussière. A leur ombre, en 1894, fut offert un « vermouth » d'honneur aux marins russes avant le banquet de la ville d'Hyères.

Fière de cette végétation africaine que nulle ville du littoral, pas même Bordighera, ne possède aussi vigoureuse et belle, Hyères a ajouté à son nom celui des arbres qui bordent ses avenues et emplissent ses jardins, la vieille cité où naquit Massillon, où saint Louis débarqua à son retour d'Égypte se nomme désormais Hyères-les-Palmiers, nom bien fait pour attirer les touristes et les malades incités par le développement de Cannes et de Nice à se porter vers ces rivages plus lointains. Les hôtels ont leurs parcs remplis de ces arbres et conservent encore les orangers qui, jadis, firent la réputation du site. C'est une débauche d'arbres et de fleurs des tropiques sur ces pentes ensoleillées, sur les boulevards montants et sinueux d'où l'on découvre la ville entière, la plaine opulente, les collines boisées de pins, la presqu'île de Giens, la rade souvent animée par l'escadre de Toulon et les îles lointaines.

Hyères ne se borne pas à ce rôle de ville d'hiver. Son doux climat, ses plaines fertiles, les eaux dérivées du Gapeau lui ont permis de devenir en quelque sorte une ville industrielle. Mais l'industrie ici est la production horticole parvenue à son extrême limite d'intensité.

Ce n'est pas, comme sur tant d'autres points du littoral, une seule spécialité. Hyères a tout demandé à son sol : les fleurs, les fruits, les légumes, les plantes vertes. Les horticulteurs sèment les noyaux de dattes comme le maraîcher parisien sème les poireaux ; il repique les jeunes palmiers en pépinières et alimente l'Europe entière de plantes d'appartement. Le sol se prête si bien à ces merveilles, que le Jardin d'acclimatation de Paris est venu créer à Hyères ses cultures les plus considérables. Son admirable domaine, près de la gare, couvre un vaste espace ; c'est une des curiosités du Midi. Toutes les plantes d'Afrique, d'Amérique et de l'Orient recommandées par leur port, leur feuillage ou leurs fleurs se rencontrent dans les plates-bandes de ces parterres. D'autres horticulteurs ont suivi le Jardin d'acclimatation dans cette voie. Non seulement ils élèvent les arbres et les arbustes, mais ils cultivent les fleurs pour les expédier à Paris et dans les grandes villes, font les graines comme à Saint-Remy de Provence[1] ; les oignons et les bulbes comme à Ollioules ; recueillent la fleur d'oranger pour la distillerie et alimentent ainsi une grande partie du commerce hyérois.

Mais une portion seulement. La caractéristique de cette riche contrée, c'est la multiplicité des petits domaines. La partie irriguée du territoire ne comprend pas plus de 1,500 hectares ; les eaux y sont amenées par une dérivation du Gapeau, appelée le Béal. La dérivation a plus de 400 ans d'existence. Cet ancêtre de nos canaux d'irrigation a été creusé en 1486 par un ingénieur nommé Jean Natte. La partie que ne peuvent atteindre les eaux d'arrosage est consacrée à la culture *au sec* des petits pois, haricots, bulbes de fleurs, rosiers pour fleurs coupées. La sécheresse rend ces cultures fort aléatoires, aussi escompte-t-on beaucoup l'arrivée des eaux de Fontaine-l'Évêque[2] qui permettraient l'arrosage, jusqu'à une altitude considérable, sur le flanc des Maurettes. Ce serait une transformation merveilleuse, les coteaux de-

---

[1]. Voir 12ᵉ série du *Voyage en France*, chap. V et VI.
[2]. 12ᵉ série, chap. XV.

vant offrir aux jardins un abri contre le mistral, souvent malfaisant dans la plaine.

En attendant ce grand travail, les 800 propriétaires des 1,500 hectares irrigués accomplissent un labeur énorme; ils emploient une armée de 6,000 travailleurs dans ces admirables jardins. La production est vraiment extraordinaire. 500 hectares sont uniquement consacrés aux fleurs coupées. De novembre 1896 à mai 1897, les jardins ont fourni à la gare 84,000 colis postaux, valant environ un million de francs. Et tout n'avait pu s'expédier; depuis le 15 février on n'envoyait plus de violettes, le cours des marchés étant trop bas.

Les primeurs couvrent 1,000 hectares et produisent de 8 à 12 millions de francs par an, selon la température. Dans la période de 1896-1897, qui fut mauvaise, on expédia 95 tonnes en novembre, 92 en décembre, 443 en janvier, 773 en février, 124 en mars, 619 en avril et 1,100 en mai. Les principaux produits sont les salades, les haricots verts, les petits pois, les artichauts et les choux-fleurs.

La fraise tient également une grande part dans la production horticole, la valeur dépasse 60,000 francs; Paris en reçoit de 500,000 à 800,000 kilogrammes. Certaines années, le nombre des wagons de fraises s'est élevé à près de 250 ; en moyenne, chaque train de primeurs en emporte cinq.

Ces humbles cultures entrent donc pour la plus grande part dans le commerce d'Hyères, dépassant de beaucoup les produits, considérables encore, des somptueuses plantes exotiques : palmiers, fougères arborescentes, araucarias et toute la famille des *agrumes* : orangers, citronniers, bigaradiers, etc.

Cependant le visiteur est davantage intéressé par les jardins fleuristes et arbustifs. Les palmiers, les bambous, les plantes grasses, les lauriers-roses, les orangeraies, les champs de violettes, de giroflées, de muguets, d'anémones frappent plus le visiteur venu du nord que les artichauts, les petits pois et les haricots abrités par les grands roseaux ou les belles lignes de maïs rubané qui, l'été, s'emparent du sol.

Les fruits sont surtout représentés par les pêches. Les pêchers forment sur certains points de véritables bois. Un seul domaine, celui de la Décapris, expédie année moyennne 150,000 kilogrammes de pêches par chemin de fer. Au mois de juin, la production atteint 3,000 kilogrammes par jour. A 16 ans, dit M. Baltet, un pêcher produit 81 kilogrammes de fruits, tout en abritant de son ombre légère les fraises, les violettes et les jacinthes. Le même domaine a entrepris sur une grande échelle la culture du noisetier ; cet arbuste, grâce à l'irrigation, produit de 800 à 1,000 francs par hectare, surface occupée par 100 ou 150 pieds. C'est encore une culture appelée à se développer, lorsque les eaux d'irrigation pourront baigner les flancs des collines.

Nulle part ailleurs, sans doute, on ne trouverait des flores aussi diverses que sur ces pentes heureuses des Maurettes et dans la plaine alluviale du Gapeau. Il y a, à la fois, les jardins classiques du Nord et la végétation ornementale de l'Orient. Les figuiers de Barbarie, les palmiers, les agavés se dressent au milieu des cultures maraîchères, les cyprès alignent leurs noires pyramides parmi les orangers. Cette diversité de la végétation, autant que la splendeur du ciel et la pureté harmonieuse des horizons, donne au paysage d'Hyères son charme intime et pénétrant. La nature y semble moins apprêtée que dans les fastueux jardins de Cannes et de Nice.

XVI

LES ISLES D'OR. — GIENS ET PORQUEROLLES

La plage et les salins d'Hyères. — Navigation sur la rade. — Abordage à Porquerolles. — Dans l'île. — Le Langoustier. — Le val Notre-Dame. — La presqu'île de Giens.

Carqueyranne (1895). Juillet.

Ce matin, j'ai pris à Hyères le chemin de fer des Salins, prolongement de la ligne qui dessert la cité hivernale après avoir longé la base de Costebelle, beau massif de collines boisées dont les plis abrités du vent se peuplent d'hôtels et de villas ; la voie ferrée pénètre dans la partie la plus basse de la plaine, traverse des vignes gagnées sur des marais, comme l'indique le nom de Palivestre porté par un hameau, et atteint la mer au milieu d'un beau bois de pins parasols qui recouvre de petites dunes. Le site est charmant, des villas commencent à s'aligner au bord d'une plage d'un sable doux. C'est la station de bains d'Hyères, la *plage* par excellence : une halte en permet l'accès facile.

Et désormais le chemin de fer longe le rivage bas, en vue de la rade immense bornée par les îles. Il franchit le Gapeau appauvri par les irrigations et se termine au milieu de salines grises, où, parmi les digues d'argiles, croissent de maigres tamaris. Un misérable hameau de sauniers s'étend devant un petit port formé par une jetée délimitant un bassin où les petits bâtiments viennent charger du sel, où abordent les embarcations des navires de l'État[1]. C'est le port Pothuau, du nom du ministre qui en décida la construction.

Du bassin part la chaloupe à vapeur qui accomplit le service postal avec Porquerolles[2], la seule des îles que je puisse aborder aujourd'hui. Il n'est pas très facile de visiter l'archipel en entier, surtout par les vents du nord-ouest, soufflant avec violence depuis près d'une semaine. Je me promettais cependant l'excursion complète ; il n'y faut pas songer : aucun bateau ne peut nous conduire à Baugad, Port-Cros et l'île du Levant.

De la jetée du port on est au cœur même de cette belle position militaire de la rade d'Hyères,

---

1. Le port a donné lieu en 1896 à un mouvement, entrées et sorties, de 426 navires, jaugeant 58,565 tonnes.

2. Depuis ma première excursion à Porquerolles, la chaloupe à vapeur a cessé son service.

champ de manœuvres pour les escadres et les navires-écoles. Les îles forment, avec la partie rocheuse de la presqu'île de Giens, si curieusement rattachée au continent par deux cordons littoraux entre lesquels s'étale un vaste étang, une rangée elliptique de hautes terres et d'îlots, séparant de la grande mer un bassin de 150 kilomètres carrés. Il est des rades plus fermées, plus faciles à défendre, il n'en est point qui puissent être comparées à celle d'Hyères pour l'étendue et les commodités d'accès.

Nous embarquons sur le petit vapeur. Courant sur la mer très houleuse, il se dirige vers la station de la Plage, où nous étions passés ce matin. Nous passons entre la *Couronne*[1], navire-école de canonnage, et l'*Algésiras* sur lequel sont formés les officiers de torpilleurs.

Le vent vient, très fort, par la trouée entre Costebelle et les Maurettes, la houle augmente et nous couvre d'embruns, mais bientôt Costebelle nous abrite, puis c'est la petite ligne de dunes, formant un des deux pédoncules de sables entre lesquels est enfermé l'étang des Pesquiers, dont les eaux, sursaturées de sel, alimentent les salins de ce nom. Cette frêle ligne de dunes est un des

---

1. Remplacée aujourd'hui par le *Saint-Louis*.

accidents les plus curieux de nos côtes, mais elle est plus large encore que celle de l'ouest, simple levée à peine visible sur les cartes. Ces deux cordons littoraux réunissent au continent les terres rocheuses et hautes de la presqu'île de Giens, que l'on pourrait considérer comme une des îles d'Hyères.

La barrière des dunes nous abrite du vent de l'ouest, formant comme un môle naturel brisant l'effort des vagues. Ce môle et la chaîne élevée de la presqu'île font de ce coin de la rade appelée rade de la Badine une partie de mer très calme, où sont en ce moment abrités une douzaine de voiliers.

Les escadres réunies pour les manœuvres sont dans le voisinage. Déjà nous apercevons les mâts militaires et les cheminées de l'escadre de réserve se détachant sur le fond vert de l'île. Dès que nous avons doublé la pointe de l'Estérel, la flotte tout entière apparaît. Le vent pousse la mer dans la petite passe commandée par l'aride île Roubaud et y provoque une tempête en miniature. Des canots à vapeur remorquent une file de canots, reliés par un câble, qui vont former à la passe le barrage hypothétique des torpilles. Sur la houle, écrêtée par le vent, les légères embarcations bondissent, les torpilleurs évoluent rapidement. D'autres vont s'abriter dans le petit port de Porquerolles, formé par un embryon de jetée s'avançant dans une petite baie harmonieusement dessinée.

Le village de Porquerolles aligne ses maisons

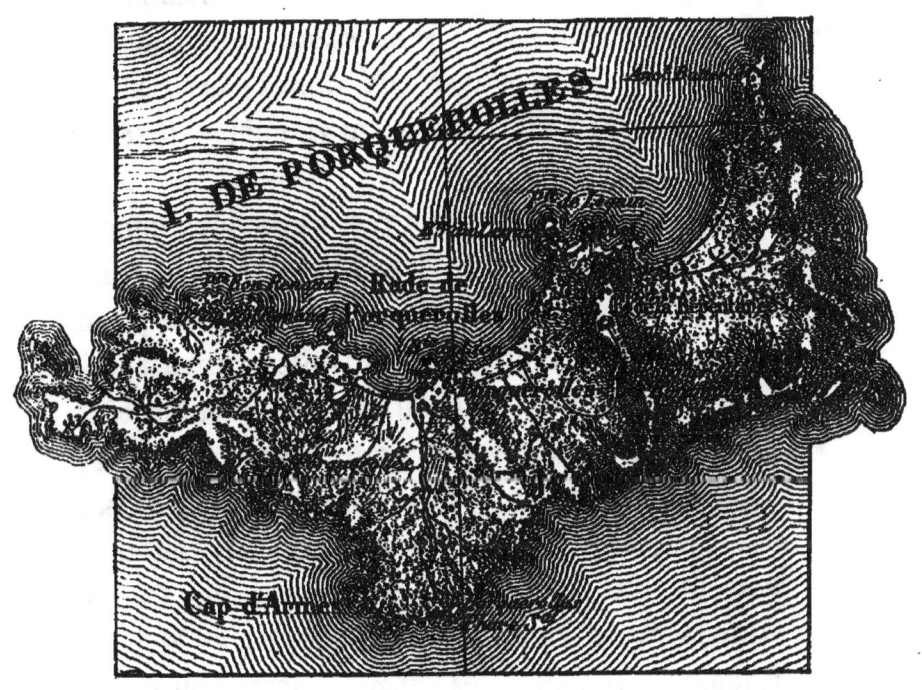

et ses jardins plantés de palmiers au bord de la petite anse. Une grande·place plantée d'arbres, une humble église, un petit hôtel, sont le cœur de l'agglomération ; deux cafés, des *bars*, deux épiceries, une boulangerie, le bureau des douanes entourent la place; chaque maison a sa terrasse ombragée par une tente ou des branchages étalés. Sur un rocher, un pittoresque donjon, ancien réduit de l'île, étage ses constructions. Aujourd'hui, il est délaissé par la défense; le réduit est porté au point culminant de l'île, sur une colline de 146 mètres d'altitude, d'où l'on commande toute cette petite terre verdoyante et embaumée, avec ses chaînons couverts de pins et d'arbousiers, ses petites vallées tapissées de vignobles. C'est le fort de la Repentance.

Sauf au village où nous venons de débarquer il n'y a pas de population dans l'île. On avait tenté de mettre la petite plaine centrale en valeur au moyen d'enfants détenus, des révoltes n'ont pas permis de poursuivre la tentative. L'île tout entière, excepté les emplacements de forts et de batteries, appartient à M. et Mme de Roussen; celle-ci est une femme de lettres qui a acquis une certaine notoriété de romancière sous le nom de Pierre Ninous et de Paul d'Aigremont. M. et Mme de Roussen habitent, près du petit port, une charmante habitation, en vue de la rade d'Hyères et des montagnes lointaines de Toulon.

La partie cultivée est peu étendue; c'est, au centre, la plaine couverte de beaux vignobles. Autour de l'anse où l'on aborde il y a quelques beaux jardins dans lesquels j'ai vu de rares orangers, descendants, sans doute, des arbres qui firent donner le nom d'Isles d'Or à ces terres, couvertes en réalité de maquis et de bois de chênes-lièges et de pins.

250 habitants peuplent en permanence le village, les forts et les édifices maritimes, sémaphores et phares. Mais parfois le nombre s'accroît, lorsque les bâtiments de l'ancienne colonie pénitentiaire sont transformés en sanatorium pour les soldats revenus de meurtrières campagnes coloniales. Jadis il y eut une population bien plus considérable, car une usine de produits chimiques, fabriquant surtout de la soude et de l'acide sulfurique, s'était installée à la pointe occidentale de l'île, dans le vallon de Langoustier; elle occupait 1,200 ouvriers. Les émanations sulfureuses avaient ravagé la campagne : les bois étaient roussis, les récoltes brûlées. Aussi, lorsque le duc de Vicence se rendit acquéreur de Porquerolles, il ferma l'usine. M. de Vicence, d'ailleurs, ne conserva pas longtemps ce domaine, mais quand il céda l'île à M. de Roussen, il y a une quinzaine d'années, il se réserva un petit terrain près de Porquerolles pour y construire un jour une villa. Il ne peut revendre ce terrain qu'à M. et Mme de Roussen. C'est une situa-

tion analogue à celle des îles Chausey dans la Manche[1].

Les habitants de l'île comprennent environ 50 ouvriers employés par M. et Mme de Roussen pour la culture, un certain nombre d'employés de l'État : préposé des douanes, agent sanitaire, receveur de la poste, préposé des lits militaires ; puis de rares pêcheurs, la côte de Porquerolles étant assez pauvre en poissons. Le reste est composé de retraités de la flotte, de l'arsenal de Toulon et de l'armée séduits par la douceur du climat.

Le village a donc quelque vie, il montre même un embryon de civilisation, les rues sont éclairées par des réverbères, et des écriteaux indiquent les chemins. L'animation se montre surtout à l'arrivée du bateau de Toulon, les marchandes de fruits et de légumes chargent aussitôt leurs produits sur des brouettes et vont les débiter par les rues ; les ménagères sortent en hâte pour ne pas laisser échapper l'occasion de se ravitailler.

Les insulaires dépendent en effet du continent pour leur nourriture, et cependant l'île est fertile et pourrait même prendre part aux expéditions sur Paris. Les primeurs y viennent comme à Hyères, mais l'exportation en est rendue aléatoire

---

1. Voir 5ᵉ série du *Voyage en France*, chap. XIX.

par la difficulté des communications; le bateau à vapeur des Salins ne semble pas appelé à rendre de services; la barque de la Tour-Fondue aboutit en un point du littoral (Giens) trop éloigné du chemin de fer et sans communications régulières; enfin le *Courrier des îles d'Hyères*, vapeur toulonnais, ne passe que trois fois par semaine; il est subventionné par le ministre de la guerre et doit, avant tout, assurer les services militaires; le patron a le droit de refuser les passagers civils et le fret du commerce. Dans ces conditions, les productions des îles ne sauraient être assurées de transport, les produits agricoles sont menacés d'être perdus. Il ne faut donc pas s'étonner si la plus grande partie du sol reste en friche.

Dans Porquerolles, terre où les parties cultivables sont étendues, on reconnaît vite cette situation; sauf quelques champs d'artichauts, il n'y a que de la vigne. Lorsque l'on se rend dans l'ouest, à Langoustier, où les constructions des usines abandonnées ont grand air encore, on est affligé de cette solitude. Il reste, il est vrai, de beaux massifs de pins, mais ils sont toujours guettés par l'incendie.

Un chemin bien tracé sous les chênes verts et les pins conduit dans la partie orientale de l'île. La promenade est pénible à cause de la chaleur, mais les parfums venus des myrtes, des cistes et des bruyères, des bouffées d'air marin arrivant par les vallons la rendent bientôt exquise. Et l'on est bien payé de sa peine quand on a atteint le rocher sur lequel le sémaphore est construit !

De là on découvre vers le sud une immense étendue de mer ; à l'est, séparées de nous par la grande passe, sont Bagaud et Port-Cros ; elles semblent former une seule île avec la terre plus longue mais plus basse de l'île du Levant.

Au-dessous même du fort, vers l'est, se creuse une petite vallée, très profonde, couverte de pins et de maquis sur les pentes, plantée de vignes au fond, commandée du côté de la mer par un vieux fort pittoresque appelé *Alicastre*, de *Castrum Ali*, dit-on, en souvenir du chef sarrasin qui l'aurait construit. La légende locale veut que le Masque de fer s'y soit arrêté pendant qu'on le conduisait à l'île Sainte-Marguerite. La vallée se nomme Notre-Dame ; on y voit encore quelques vestiges d'une abbaye qui releva du célèbre monastère de Saint-Honorat dans les îles de Lérins. Rabelais s'intitula lui-même caloyer des Isles d'Hyères. Des débris de sépulture bien antérieurs au christianisme y ont été trouvés par M. de Roussen. Une ferme-écurie c'est tout ce que l'on rencontre dans ce beau cirque qui pourrait abriter un village. On y vit, dit-on, jusqu'à 20,000 soldats rapatriés de Crimée, dans un camp-sanatorium pour lequel 30 puits avaient été creusés. En 1811, on avait déjà réuni 23,000 hommes pour l'organisation des régiments de la Méditerranée.

Ce n'est pas le val Notre-Dame qui attire mon attention, mais les autres îles où j'espérais tant aller ! Ces parties de l'archipel sont inaccessibles aujourd'hui, aucun bateau n'est là pour nous faire accomplir la traversée. Certes, la brise est bonne ; en peu de temps nous aurions atteint Port-Cros, mais il faudrait revenir vent debout, nulle voile de pêcheurs ne s'y risquerait.

Tout ce que je puis obtenir c'est d'être conduit à la presqu'île de Giens, où une embarcation me dépose avant la nuit. J'ai suivi ces beaux rivages, festonnés d'anses bien abritées, où s'ouvrent de riants vallons dans lesquels la végétation est superbe. Cette petite terre est une merveille, on envierait presque, en la parcourant, le sort des enfants scrofuleux de Lyon installés dans le bel hospice créé par M. Sabran, où ils retrouvent si rapidement la santé.

Il m'a fallu rentrer à Paris sans avoir visité les autres îles, car le vent a continué à souffler. Je le regrette : ces petites terres sont peu connues, rares sont les visiteurs dans leurs bois de pins et de chênes.

Et cependant je les ai vues de près, un jour, en allant en Corse, notre vapeur longea leur rivage méridional dressé sous forme de hautes falaises panachées de pins, mais d'un aspect désolé. Pas une maison là-haut, l'isolement semble absolu. Seule Port-Cros est habitée, elle a des champs et des jardins. Quant à l'île du Levant, devenue propriété de l'État et champ de tir pour la garnison de Toulon, elle est presque déserte, on n'y trouve qu'une vingtaine de personnes, gardiens de phares et de sémaphores et leurs familles.

Porquerolles. Août 1897.

J'ai pu revenir ici après deux ans et cette fois j'espère bien achever ma visite de l'archipel. Le *Courrier des îles d'Hyères*, sur lequel j'ai embarqué à Toulon ce matin, est dans le port, nous allons partir pour Port-Cros dans quelques minutes. En attendant le départ, je note mes impressions de traversée.

Le vapeur toulonnais est maintenant le seul moyen rapide de communication avec les îles. Celui des Salins a dû cesser un service trop peu rémunérateur; on parle bien d'installer un bateau à pétrole entre la Tour-Fondue et Porquerolles, avec hôtel à la Tour-Fondue, voitures de corres-

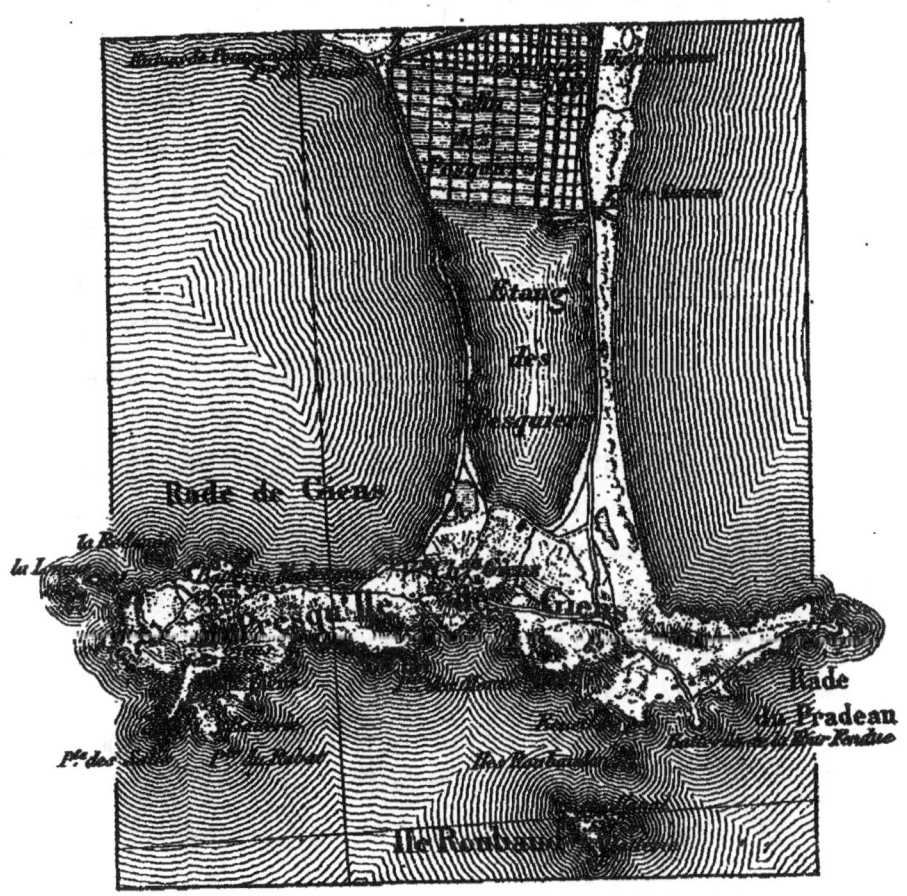

pondance, etc., mais tout cela est projet en l'air. Le *Courrier* résiste à toutes les concurrences, malgré l'imperfection évidente du service.

Le petit vapeur part du quai de Cronstadt, il embarque d'assez nombreux passagers, presque tous en seconde classe et chargés de paniers, de caisses et d'ustensiles de tous genres, ce sont les commerçants de Porquerolles. Quelques militaires complètent les passagers de l'avant. A l'arrière nous sommes cinq à six touristes ; je dois aller au delà de Porquerolles, les autres rentreront par la Tour-Fondue. Porquerolles est la seule des îles où l'on séjourne un peu, les hivernants d'Hyères s'y installent volontiers à cause de la régularité du climat.

Rapidement nous sortons de la rade. En cette saison brûlante, l'aspect général de ce golfe serait farouche par les hautes crêtes grises revêtues d'une jeune et maigre verdure de pins sans la pureté du ciel et de la lumière, les contours heureux des hauteurs et l'éclat aveuglant des constructions.

Lorsqu'on a dépassé la digue formée de blocs cyclopéens, la rade semble s'évanouir ; un instant, par l'ouverture des passes, on voit reposer sur le flot les cuirassés de l'escadre, puis on n'aperçoit plus que leur lourde mâture militaire, semblable à des édifices chimériques et cela paraît loin, bien loin.....

Le bateau passe au pied du cap Cépet dont les roches fulgurantes ont leurs teintes relevées par la tendre verdure des jeunes pins. Dans la forêt, des sortes de clairières sont des batteries reconnaissables au fût monstrueux des canons de côte. Dans ce décor à la fois tragique, riant et guerrier, au fond d'un petit vallon se forme un hameau de bastides peintes de couleurs claires. Il est peu de situation comparable à celle-là pour jouir à la fois de la mer et des lignes pures des monts.

A mesure que l'on avance, les détails tout à l'heure cachés se découvrent : voici surgir la terre la plus méridionale de la France continentale, le cap Sicié aux teintes fauves, surmonté de sa chapelle de Notre-Dame de la Garde et d'un phare d'un blanc éclatant. Du côté opposé, les Maures et les Maurettes, que le soleil n'éclaire pas encore, ne présentent que des croupes confuses.

Très calme à notre sortie de Toulon, la mer se creuse ; le vapeur roule, des crêtes blanches apparaissent au sommet des vagues, des lames vont fuser contre les falaises inclinées du cap Sicié, semblables, du côté de la grande mer, à des dalles bien polies. Des gémissements se font entendre à bord, le mal de mer a saisi ses victimes. En vain montre-t-on aux malades la côte toute voisine, cela ne peut les guérir.

La côte, c'est la presqu'île de Giens ; nous la voyons grandir à chaque tour d'hélice. D'ici elle paraît absolument insulaire ; le cordon littoral, si bas, est invisible sur beaucoup de points. Par contre, les roches de la péninsule sont fort hautes, fort abruptes et d'aspect imposant. Des écueils les précèdent, sur lesquels écume la vague. Au-dessus, des bois de pins encadrent une vigie et un fort. A mesure que l'on approche, on distingue plus nettement les capricieuses dentelures du rivage, falaises bizarrement creusées et érodées, marbrées par des traînées de quartz, panachées parfois par des pins. Les deux pointes des Salis et du Rabat, surtout, sont superbes et farouches. La côte plus loin s'humanise, il y a des cultures ; la falaise, plus basse, se festonne de petites anses. Au fond de la plus large on aperçoit la masse des bâtiments du sanatorium, couverts de tuiles rouges, badigeonnés d'une teinte rosée. Ils encadrent une vaste place que domine la tour de la chapelle surmontée d'une flèche aiguë. Plus haut, sur l'arête de la colline, le village « peuplé d'*Arbanais* ou *Albanais* », comme on les appelle à Hyères, le village, tout petit, aligne ses maisons neuves à côté des ruines d'un château fort. Une humble église, dix maisons à peine, voilà Giens.

La partie Est de la presqu'île est moins sauvage, les cultures sont nombreuses, régulièrement séparées par des barrières de roseaux.

Le vapeur passe entre cette partie de Giens et la petite île de ROUBAUD, couverte de broussailles odoriférantes et, malgré son exiguïté, dotée d'une villa, jolie maison à terrasse, flanquée d'une tour carrée à mâchicoulis, accotée d'une tourelle à poivrière. C'est la villa du docteur Richet, si connu par ses expériences de spiritisme et d'occultisme. Il a fait ici sur la fameuse Sicilienne *Eusapia* des expériences qui ont fait du bruit ; il aurait fait passer l'âme de cette jeune femme dans le corps d'une Parisienne, *par échange,* me dit un voisin à demi effaré. Dans une île de la mer bretonne, ce conte gris serait angoissant ; ici, sous ce beau ciel, on se prend à sourire. Et, pourtant, *chi lo sa !*

Non loin de la villa où s'accomplirent ces merveilles est un fanal édifié dans des constructions blanches. Ce phare et la villa Richet voilà toute la vie sur Roubaud. Un autre îlot, bien plus petit, Roubaudon, n'est qu'un triste écueil désert, mais il montre encore quelques ruines.

Sur Giens, le curieux château fort de la Tour-Fondue dresse au-dessus de la mer ses vieilles murailles drapées de lierre ; une petite jetée le relie au littoral qui s'abaisse et finit par une langue de terre basse à la batterie de l'Estérel.

Le *Courrier*, maintenant, se dirige sur Porquerolles et, peu après, vient s'amarrer à la jetée. L'île n'a plus l'aspect riant que je lui vis : un incendie non encore complètement apaisé vient de dévaster ses bois, de grandes taches rousses ou noires couvrent ces collines si belles jadis, des traînées fauves courent dans les arbres préservés, car, heureusement, le feu a pu être circonscrit.

L'animation est grande sur la jetée, tout le village est là, et avec les habitants les soldats convalescents de la légion étrangère revenus du Dahomey et de Madagascar. Ils sont une centaine au sanatorium, libres de leurs mouvements, pouvant se promener dans les bois, mais manquant un peu de distraction. Ces vaillants hommes ont parfois l'air distingué ; je cause à un caporal à deux chevrons qui me répond avec une extraordinaire pureté de langage. Ces épaves de la vie civile ont repris dans les rangs les qualités qui les distinguaient avant les fautes qui les obligèrent à s'enrôler.

Pas de service, pas de corvées, celles-ci sont faites par dix hommes du 111e commandés par un sergent. Les promenades dans les bois, la baignade sous les yeux d'un médecin, voilà la vie au sanatorium.

Pendant l'incendie, tous se sont offerts pour

aller au secours, mais ils avaient trop présumé de leurs forces et ils ont dû renoncer à se mêler aux travailleurs.

Sur la jetée, les hommes du 111ᵉ et un détachement d'artilleurs reçoivent les vivres. Le service des forts emploie en ce moment 80 de ces derniers qui entretiennent les batteries.

La sirène se fait entendre, le *Courrier* va partir à Port-Cros.

XVII

LES ISLES D'OR : BAGAU, PORT-CROS
ET LE LEVANT

Lou capelan des îles. — Le cap des Mèdes. — L'île de Bagau.
— Port-Cros et ses forts. — Le village. — Le château d'un
académicien. — Destruction des bois. — État économique.
— En route pour l'île du Levant. — Le Petit-Avis et le
Grand-Avis. — L'ancien pénitencier. — Les Pierres-Blanches.
— L'étang et la cascade. — En route pour le continent.

Le Grand-Avis (île du Levant). Août.

Au moment où le *Courrier* des îles d'Hyères est venu démarrer, deux prêtres, dont un avait le ruban rouge sur sa soutane, sont arrivés au quai. Le prêtre décoré était le père Dorgère, ancien aumônier du corps expéditionnaire du Dahomey, qui a rempli les fonctions d'ambassadeur près de notre farouche ennemi le roi Behanzin. Il accompagnait au bateau le curé de Port-Cros, allant rendre visite à ses ouailles, car si Port-Cros est officiellement siège de la paroisse, *lou capelan*, comme on dit ici, habite Porquerolles, où la population est plus considérable, mais un autre prêtre dessert la petite église de Port-Cros. A Porquerolles le curé remplace un aumônier militaire, l'abbé Olivier, qui résida 53 ans dans l'île.

Lou capelan est venu prendre place à côté de moi. L'occasion était excellente pour obtenir des renseignements sur les îles. Très aimablement, le père Bozon me les a fournis, je lui dois plus d'un détail intéressant sur ces petites terres dont il est enthousiaste. Il m'en vante la fertilité et le climat ; jamais son thermomètre n'a marqué plus de 26°.

Nous sortons de Porquerolles pour longer la côte de l'île jusqu'au cap des Mèdes, aigu, dentelé, hérissé, précédé de nombreux rochers érodés et troués par la mer. A l'extrême pointe sont des remparts et des ouvrages sans valeur aujourd'hui, mais habités par huit marins ayant pour unique occupation de ramasser les débris de projectiles provenant des tirs des vaisseaux-écoles de canonnage. Nous doublons le cap pour franchir la grande passe des îles d'Hyères. De là on découvre la côte orientale de Porquerolles, sauvage, boisée, d'abord impossible. Au loin les autres îles surgissent de la mer. La disposition de l'archipel ne permet pas de voir les passes et l'on croit découvrir une terre unique. Bagau paraît soudée à

Port-Cros ; cependant, peu à peu, son caractère insulaire se précise. C'est un rocher allongé, sans grand relief, montrant des batteries abandonnées et un seul toit rouge, le magasin du génie, lui-même déserté aujourd'hui. Les falaises sont hautes, bizarrement tailladées. Un maigre manteau de broussailles recouvre l'île, habitée seulement par des lapins.

La pointe de Bagau doublée, on voit s'ouvrir un bassin large et tranquille, c'est la passe ou mieux la rade de Port-Cros, du nom de l'île dont on distingue bien maintenant le relief. Terre assez haute, car sa colline la plus élevée, à l'extrême pointe sud, atteint 207 mètres. Une sorte de fjord s'ouvre au cœur de la rade, au-dessous du vieux et pittoresque fort d'Estissac, œuvre de Vauban (Estinac de la carte de l'État-major). Les murs gris et les remparts de ce vieil ouvrage sont bizarrement dépassés par les toits rouges des constructions modernes. Cette pittoresque bicoque, qui va disparaître pour faire place à une batterie rectiligne, est dominée par un fort puissamment armé, dit de l'Éminence. Au bas même de la pointe une ancienne batterie, dite vieux château, est la résidence d'un portier-consigne qui, avec le gardien de batterie de l'Éminence, constitue toute la garnison, accrue de temps à autre par deux ou trois artilleurs de Porquerolles venus pour faire les travaux d'entretien.

L'aspect de l'île dans ses parties hautes est assez sauvage, mais le petit port ne manque pas d'une certaine grâce. Sous la batterie aux formes arrondies, aux bastions crénelés, entourés d'agavés et de figuiers de Barbarie, une vingtaine de maisons s'alignent sur le rivage, très humbles pour la plupart. L'église est à l'extrémité du hameau, ancien magasin du génie dont un porche et un petit campanile ont modifié l'aspect. Deux eucalyptus rabougris croissent péniblement à l'entrée.

Je vais droit au « château », c'est-à-dire à la demeure fort simple du propriétaire de l'île, M. le comte Costa de Beauregard, membre de l'Académie française. La maison, flanquée de pavillons simulant des tours, est enfouie sous les eucalyptus, les géraniums géants et les lauriers-roses. Une allée bordée de mûriers la sépare des communs et conduit dans un petit vallon planté d'oliviers, de vigne et d'artichauts. Les bâtiments disparaissent sous des plantes grimpantes : chèvrefeuilles, vignes vierges, passiflores. Le jardin se termine au rivage par de beaux bosquets de palmiers, d'eucalyptus et de mimosas. C'est charmant en ce mois caniculaire, ce doit être adorable au printemps.

Les bois qui dominent le vallon et couvrent de leur manteau les collines embaumées tombent systématiquement sous la hache : les beaux pins qui faisaient de l'île un paradis ne sont plus. Non que M. de Beauregard soit un vandale, mais il sait l'incendie toujours là, guettant les bois de pins ; il rêve de transformer Port-Cros en forêts de chênes-liège, essence très résistante. Malheureusement, les jeunes pousses ont des ennemis terribles, les lapins les dévorent et la reconstitution des bois sera bien difficile. Les locataires de la chasse, M. Martin, grand industriel de Tarare[1], et M. Sabran, négociant lyonnais qui a créé le sanatorium de Giens, font moins la chasse aux léporides qu'ils ne s'efforcent de peupler Port-Cros en gibier précieux. Ils y ont mis des faisans du Sénégal, des perdreaux, des oiseaux de l'Extrême-Orient qui promettent des chasses princières.

Les bois et la chasse sont donc le produit principal de l'île. Il y a deux sources minérales ferrugineuses, l'une dans le vallon de Ménage-Notre-Dame, l'autre sur le littoral du nord ; elles sont inexploitées. Il y eut, dans le fjord de l'est, Port-

---

1. J'ai décrit ses établissements dans la 7ᵉ série du *Voyage en France*, chap. XIII.

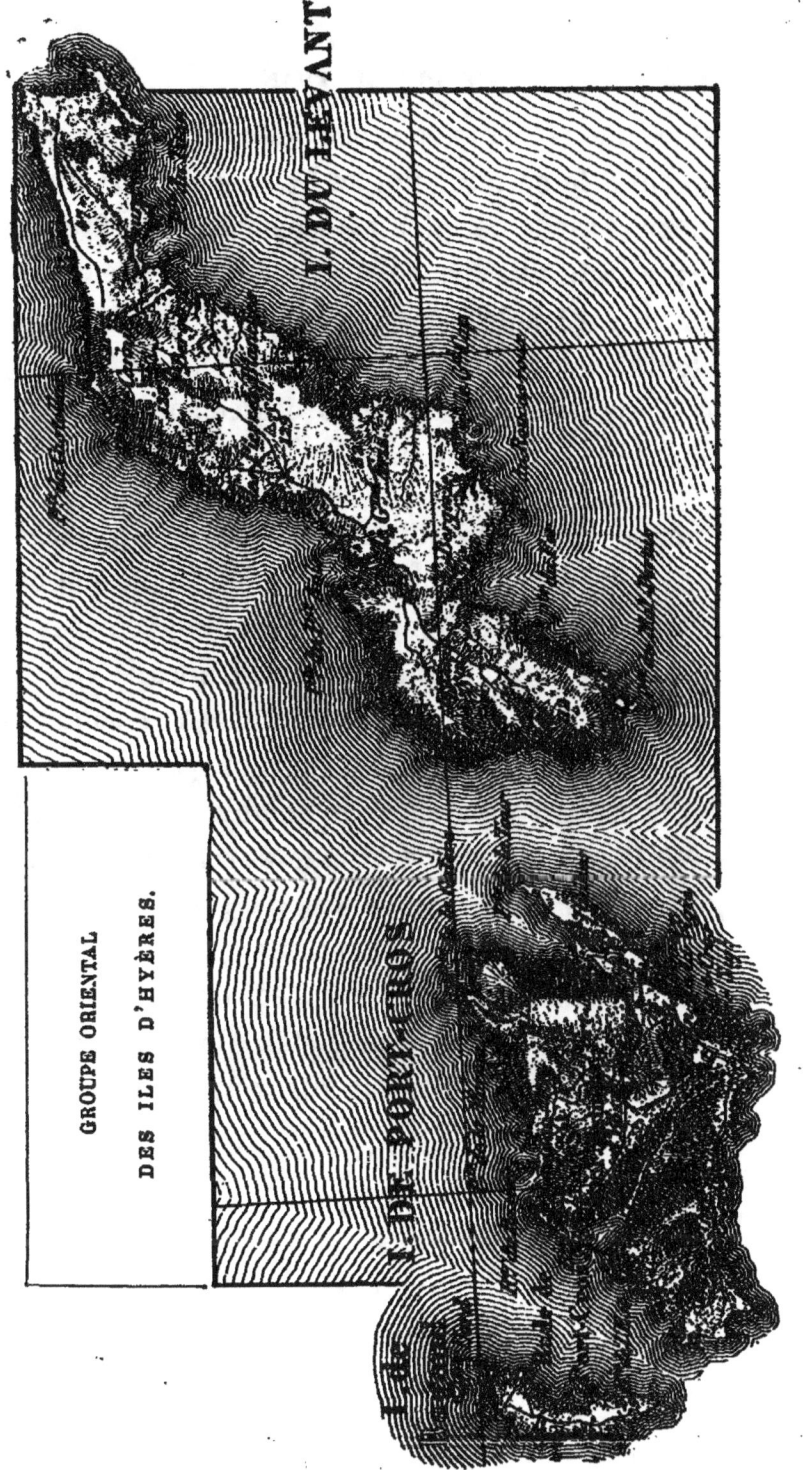

Man, une fabrique de soude; elle est abandonnée. Quant à la culture, nul ne l'entreprend. Il n'y a même pas de fermier et cependant on offre un loyer gratuit de 5 ans pour la mise en valeur des terres cultivables. Après ce délai, le produit des récoltes serait partagé avec le propriétaire. Comme à Porquerolles, la difficulté des communications rend la colonisation aléatoire.

Au-dessous du jardin du château, sur le rivage même, de légères constructions de planches et de briques attirent l'attention; elles ont été élevées à la suite de la campagne du Tonkin, elles servirent pour la désinfection des vêtements des soldats. Plus loin, en revenant au port, on passe devant des maisons d'apparence très humble. L'une d'elles est masquée par une varangue enveloppée de vigne et de plantes grimpantes, c'est le presbytère. Non loin, une maison plus haute, précédée d'une terrasse et de tonnelles, est l'édifice le plus important de l'île. C'est un hôtel. Ouvrant sur la terrasse, une porte vitrée montre cette inscription :

État Civil

POSTES

et

Agence sanitaire

Défense d'entrer

Toute l'administration de l'île est là derrière, dans un étroit espace de six pieds carrés. L'aubergiste est tout à la fois : adjoint spécial de la commune d'Hyères et tient les registres de l'état civil, il arraisonne les bâtiments rentrant au port et remplit les fonctions de facteur et de receveur des postes pour les 80 habitants de l'île. Ce ne doit pas être bien absorbant. Les 80 habitants lisent peu, la plupart sont des pêcheurs qui vont porter le poisson au Lavandou, station du chemin de fer[1].

Je suis voisin à table avec le propriétaire d'un petit yacht marseillais et sa famille qui paraissent séjourner ici depuis plusieurs jours. Le gardien de batterie du fort de l'Éminence est venu chercher le pain et la viande apportés par le bateau; ce militaire est vêtu à la bonne franquette, d'une veste grise et d'un vaste chapeau ; il met ses provisions dans un grand filet, boit son apéritif et, alerte, sous le grand soleil, rejoint le fort où il vit seul avec sa femme.

Mon déjeuner est rapide et sommaire : deux œufs, deux rougets, voilà ce que l'hôtel peut me donner après une discussion à l'office sur la possibilité de faire un repas. Œufs et poissons, tout est exquis, d'ailleurs.

---

1. Voir chapitre XVIII.

Le batelier de l'île du Levant vient me relancer. En arrivant j'ai convenu avec lui qu'il me laisserait le temps de visiter l'île et me ramènerait au Lavandou pour le train. Il est pressé, car il a charge du courrier, me dit-il sans rire. Or, il y a dix-neuf habitants à l'île du Levant!

Nous voilà en route; le courrier est une barque à voile, très solide pour résister aux terribles coups de mistral de ces parages. Nous devons aller à l'aviron sur la rade, calme comme un lac, mais à peine sortis nous sommes pris par la houle. Il y a à bord la sœur et la nièce de l'adjoint de l'île du Levant, la petite fille a le mal de mer dès que le roulis et le tangage se font ressentir.

Le patron me parle de Port-Cros, il m'en vante la plage, me montre une calanque appelée de la Fausse-Monnaie, sans d'ailleurs m'expliquer la cause de ce nom. Le mistral, s'il est désagréable, a du moins l'avantage de nous conduire vite. La barque passe près du rivage aux rochers déchiquetés et percés de grottes. Au fond d'une jolie anse, barrée par le rocher du Rascas, s'ouvrent des vallons solitaires boisés de pins; dans l'un d'eux, quelques vignes d'un vert doux mettent un peu de fraîcheur.

Au delà apparaît l'île du Levant, longue croupe

broussailleuse avec de très rares bouquets de pins. Elle semble faire corps avec Port-Cros, mais lorsque nous avons doublé la pointe de la Galère, on voit s'ouvrir le passage entre les deux îles, appelé passe des Grottes. De ce côté Port-Cros s'infléchit pour encadrer une jolie baie, très solitaire, c'est Port-Man, rade jadis vivante : il y a sur la pointe de la Galère des restes de forts et deux toits rouges de casernes abandonnées, puis les débris de la fabrique de soude. Au fond de la baie croissent de grands roseaux indiquant que l'eau douce coule à fleur du sol. C'est dans l'anse de Port-Man que les moines de Lérins avaient fondé leurs établissements. En ce moment il y a une petite colonie de bûcherons piémontais qui coupent les pins et les conduisent au rivage.

L'île du Levant est bientôt atteinte ; elle est dominée par une grande bâtisse déserte aujourd'hui, le « château » de l'ancien propriétaire, le comte de Pourtalès. A côté sont deux maisonnettes blanches. Sauf cela, l'île semble absolument sauvage. Aucune vie ; cependant, en doublant une pointe, on découvre, au fond d'une crique, une petite maison basse devant laquelle attendent quatre ou cinq personnes et une charrette minuscule attelée d'un âne lilliputien. La maisonnette est celle du batelier qui m'a conduit, la voiture vient chercher la femme et la fillette qui étaient à bord. Au-dessus la colline se dresse, revêtue d'un maigre maquis de lentisques, de cistes et de myrtes, végétation sombre sur laquelle de rares pins mettent des teintes plus claires.

J'ai une heure pour parcourir l'île. C'est peu en apparence, c'est largement suffisant en réalité, l'île n'étant qu'une fort longue colline dont un chemin assez large suit continuellement l'arête. Ce chemin monte par quelques lacets et débouche en présence d'un véritable village entouré d'arbres et d'arbustes d'ornement. Il y a là usine, grands bâtiments, communs, église, etc., mais tombant en ruines, lamentables. L'usine fut une fabrique d'ébauchons de pipes travaillant les racines de bruyère provenant du défrichement de l'île; elle occupa jadis de nombreux ouvriers. Les autres bâtiments étaient une sorte de pénitencier d'enfants et d'adolescents, fermé depuis 1866 à la suite d'une révolte pendant laquelle les jeunes détenus se livrèrent à tous les excès. Les eucalyptus, des haies de lauriers-roses, des rangées de yuccas et d'agavés montrent que l'île peut, elle aussi, être mise en valeur. Avant la révolte il y eut là jusqu'à 600 habitants; on y cultivait 400 hectares dont 80 de vignes. D'ailleurs, à diverses reprises, les religieux avaient cultivé l'île. Les moines de Lérins s'y étaient installés dans les premiers siècles de la chrétienté. Le chemin, passant devant les habitations saccagées, s'élève au point culminant de l'île. L'air est embaumé par les cistes; les cigales poussent leurs cris stridents. Le sol brille d'un éclat extraordinaire ; la roche tout entière est de quartz et de mica dont les cristaux et les paillettes étincellent.

A un détour du chemin est la maison du gardien du domaine abandonné : un agent du service de l'*hydraulique* agricole au ministère de l'agriculture. L'hydraulique ! sur cette terre calcinée par le soleil, c'est d'une belle ironie ! Ce fonctionnaire est en même temps adjoint spécial ; comme le maître d'hôtel de Port-Cros, il possède tous les pouvoirs administratifs. Il règne sur un peuple de dix-neuf habitants, lui compris : gardiens de phares, guetteurs de sémaphores, bateliers du courrier. La population de l'île s'accroît parfois de pêcheurs du Lavandou attirés par l'abondance du poisson dans ces parages.

C'est ici le Grand-Avis. Le chemin continue à monter au milieu des vignes abandonnées et mortes, dont des ceps noircis et des sillons très visibles indiquent encore les alignements. Les cistes s'emparent peu à peu de ce domaine au milieu duquel sont une allée de pins et un petit enclos planté des mêmes arbres et d'eucalyptus rabougris : le cimetière; les tombes y sont assez nombreuses, mais anciennes, elles recouvrent les restes de détenus de l'établissement pénitentiaire. Une de ces tombes a été entretenue jadis, on l'a recouverte d'un gros bloc de quartz. Une seule est récente, elle renferme le corps d'un vieillard décédé en 1893.

Malgré son abandon, cet asile est moins lugubre que les cimetières des petites îles bretonnes[1]. La nature, même dans ce maquis désolé, est radieuse. Le ciel est d'un bleu intense, la mer est plus bleue encore, sur le continent les montagnes ont des formes superbes.

Le chemin continue à monter, semé de micas éclatants; il parvient bientôt au point culminant de l'île appelé *les Pierres-Blanches* sur la carte de l'État-major. On est à 129 mètres au-dessus de la mer. De là on découvre l'île entière, ses petits vallons, ses collinettes parfumées qui s'abaissent vers la pointe du nord, éclairée par le phare du Titan. Au sud la vue s'étend sur l'horizon infini de la mer, au nord le flot bleu vient mourir contre les premières pentes des Maures dont les hautes croupes sombres se dessinent mollement

---

1. Voir 5° et 6° séries du *Voyage en France*.

sur le ciel. Au premier plan, toute blanche, Hyères s'étale.

Les Pierres-Blanches sont surmontées d'une madone de bronze, portant Jésus sur les bras. La statue surgit du maquis parmi les arbousiers, les romarins et les myrtes. Ces broussailles revêtent toute la partie nord de l'île, ses vallons creux, ses crêtes étincelantes de mica. Au milieu, fauve, s'en va le chemin du phare, dont la longueur et le bon état étonneraient si l'on ne savait que l'île du Levant, devenue propriété de l'État, destinée à être fortifiée, est le champ de tir des troupes de la marine, qui viennent chaque année y exécuter leurs feux de guerre. On loge tant bien que mal les troupes dans les bâtiments croulants du pénitencier. En ce moment ce caractère militaire ne se devine qu'aux inscriptions et aux avis du préfet maritime interdisant de circuler dans telle ou telle partie de l'île.

Au retour j'ai traversé le hameau pénitentiaire. Il est navrant d'abandon et cependant on a fait d'énormes travaux pour le créer. Une digue barre un vallon et forme un étang aux eaux claires servant à irriguer le jardin où des palmiers sont debout. Une petite partie de ce jardin est entretenue par l'adjoint. Les eaux, pendant les pluies, s'écoulent dans un ravin où elles forment une cascade abondante, à en juger par la roche polie et rongée. Au bas de ce site inattendu, où les roseaux sont nombreux, coule une source, sans doute produite par les infiltrations de l'étang.

Du rivage, le batelier me fait signe qu'il est temps de partir. Je redescends au Petit-Avis par les allées conduisant au château et nous prenons aussitôt le large. Le mistral n'a pas cessé, aussi la chaloupe appuie et tangue sur des lames courtes et pressées. Nous devions mettre une heure et demie pour la traversée, la brise est si favorable qu'en une heure à peine nous accostons aux blocs énormes de la jetée protégeant le petit port du Lavandou.

XVIII

DES MAURES A SAINT-TROPEZ

Le chemin de fer du littoral. — La Londe et ses mines. — — Bormes. — Dans les chênes-lièges. — Le Lavandou. — En longeant les côtes. — Cavalaire et Gassin. — Ramatuelle. — Saint-Tropez.

Saint-Tropez, Août.

Il est peu de plus beaux trajets par voie ferrée que celui d'Hyères à Fréjus. La petite ligne à voie étroite du Sud de la France s'est gentiment jouée des obstacles du terrain. Elle gravit les Maures, les troue par des tunnels, court en encorbellement sur les falaises, perfore les promontoires, ourle de son double ruban de rails le sable des plages, festonne les petites anses. Sans fatigues on traverse ainsi dans tout leur charme intime le massif et le rivage des Maures, pays encore à demi solitaire, malgré sa splendeur triomphale.

J'ai fait souvent ce trajet, m'arrêtant, dans chaque excursion, au hasard de la course, tantôt pour suivre un ravin plein de lauriers-roses, tantôt pour voir travailler les démascleurs de liège, tantôt pour regarder sur la grève les pêcheurs apporter les rougets, les rascasses et les homards retirés des filets et des pièges. Et j'y reviens toujours avec la même joie, tant ces côtes ignorées sont divinement belles.

Le départ d'Hyères n'est pas pour faire prévoir ces paysages. Après la traversée de cette banlieue d'orangers et de jardins, après les opulents vignobles qui bordent les deux rives du Gapeau, on pénètre dans la zone paludéenne des salins qui vont mourir au bord de la rade étincelante. Le *Saint-Louis*, la *Couronne*, le *Cacique*, vieux et glorieux navires devenus des écoles de torpillage et de canonnage, apparaissent un instant, pittoresques encore par leurs lignes de sabords, alternativement peintes de noir et de blanc, derniers spécimens d'une marine disparue. Plus loin se dresse la masse noire de l'île de Porquerolles.

Et le train court par la triste étendue des marais salants, traverse des vignobles, puis, montant parmi les chênes-lièges, pénètre au milieu de vastes olivettes qui n'ont pas la grâce des oliviers de la Seyne. Parmi ces arbres, un village d'aspect morne, semblable aux embryons de villes surgies dans les pays nouveaux. Des maisons basses, des rues sans pavage, tracées à même la terre et le sable ; pas un arbre, pas une fleur : on dirait un campement de mineurs.

C'est un peu cela ; ce village, la Londe, est habité par 700 ou 800 ouvriers, pour la plupart italiens, qui travaillent aux mines de plomb argentifère du bassin de Bormettes. Le gîte est assez puissant pour que le chemin de fer à voie étroite, avec le transbordement obligatoire aux Salins, soit insuffisant. On doit embarquer le minerai sur le rivage même, au moyen de chalands. Pour éviter ces difficultés, on achève, en ce moment, la construction d'un chemin de fer reliant au réseau les mines et les usines[1].

Les mines s'étendent de la Londe à la côte. Il y a même un centre d'exploitation à la bordure des eaux, les galeries vont sous la mer.

Ce paysage industriel dépassé, la ligne se lance en pleine solitude, d'un caractère africain. Les chênes-lièges et les pins abritent des cistes, des myrtes, de grandes bruyères, des lentisques, d'où monte une senteur pénétrante. Un des ravins, franchi par la voie, est rempli de lauriers-roses ; c'est le point de la Provence où cet arbuste semble

---

1. Les mines de plomb argentifère de ce bassin, la Londe, Bormettes, la Rieille, ont fourni 60,235 tonnes en 1896 ; on en a lavé 68,450.

le mieux dans son habitat. Au milieu de ces bois parfumés, les habitants de lointains et invisibles hameaux ont planté des vignes dont les rangées régulières et le feuillage tendre contrastent avec la sauvagerie du maquis.

Le chêne-liège domine ici ; nous traversons tout un canton récemment exploité. L'écorce enlevée, le bois apparaît d'un rouge sanglant. Çà et là des tas de liège sont disposés. Dans les profondeurs on aperçoit parfois les ouvriers qui travaillent au « démairage ».

Brusquement le rideau noir des pins et des chênes s'écarte ; le train descend dans une vallée large et lumineuse, bientôt changée en plaine couverte de vignobles, d'oliviers énormes, de figuiers au tronc puissant, à la vaste ramure. Au fond, la mer éclatante, fermée par les collines de l'île du Levant ; tout autour, les petits monts des Maures revêtus de leur parure de bois. Au flanc d'une de ces collines, sur une terrasse, apparaît une petite ville entourée de débris de remparts et de tours, semblable en tout à un village corse. C'est Bormes, dont le doux climat devrait faire une exquise station hivernale, mais qui reste ignorée malgré sa flore tropicale, ses agavés, ses eucalyptus, ses bosquets de mimosas.

En vain Bormes a un plan d'alignement à côté

du vieux bourg, il a tracé des avenues et des boulevards, les villas et les hôtels ne sont point venus encore. Pourtant le site est une des belles choses du Midi, la ville féodale est une des plus étranges et des plus pittoresques ; ses rues en pentes, tortueuses, étroites, coupées de poternes défensives, rappellent, avec plus de pittoresque encore, celles de Gardanne et des autres cités de la Haute-Provence. Ces voies, il est vrai, sont toujours aussi sales et puantes par l'accumulation des détritus que les pluies se chargent seules d'enlever.

Des abords de la petite ville la vue est d'une incomparable splendeur sur la plaine verdoyante, les beaux villages qui s'étendent jusqu'au cap Bénat, les îles de Port-Cros et du Levant. Plus haut, le panorama est plus grandiose encore, lorsque, sortant des bois, on peut atteindre le sommet de quelque roche d'où l'on domine une immense étendue de mer et les côtes festonnées des Maures.

Après la grande chaleur de midi, je suis allé, par ces bois, à la recherche d'une exploitation de chênes-lièges. J'ai rencontré un vaste chantier au delà du ravin profond, sauvage et embaumé par les cistes, où passe la route de Toulon à Saint-Tropez.

Cette partie de forêt est des mieux entretenues.

Le chêne-liège seul y croît ; on a soigneusement expurgé le sol de toutes les autres essences. Ce sont de beaux arbres, d'un port moyen, au tronc droit, au feuillage épais. L'écorce, comme plissée dans le sens de la hauteur, est d'un gris fauve. Ce sont des arbres déjà vieux, ayant subi le *démasclage*, c'est-à-dire l'enlèvement de la première écorce, qui n'a aucune valeur marchande. Il a fallu laisser à la sève le temps de refermer la plaie et produire l'écorce bonne à employer. Il faut, suivant les terrains, huit, dix ou douze ans pour produire le liège utilisable, et il faudra une période semblable pour pouvoir, de nouveau, reprendre du liège sur la même partie.

Cette levée du liège ne se fait pas sur toute la longueur du tronc. Celui-ci et les maîtresses branches sont partagés en sections dont l'écorce est enlevée successivement. Si l'on dépouillait entièrement l'arbre, il pourrait périr.

La levée de l'écorce avec des instruments spéciaux est rapidement accomplie par les bûcherons, auxquels succèdent d'autres ouvriers qui procèdent, après dessiccation des planches, à l'enlèvement de la partie rugueuse de l'écorce par un raclage appelé *démairage*. Ainsi nettoyé, le liège est vendu aux fabriques de bouchons.

Le chêne-liège est, pour les Maures, une fortune

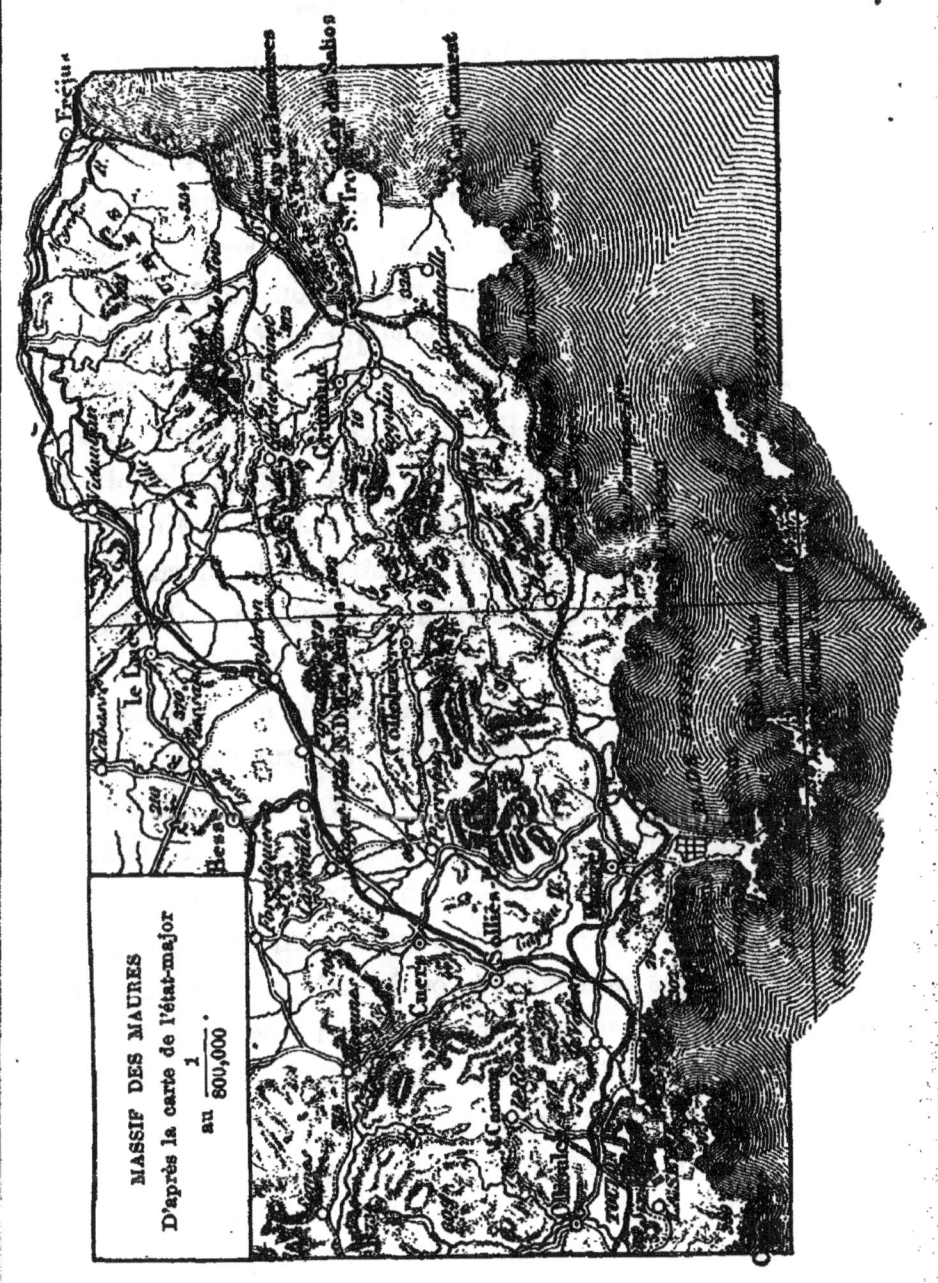

précieuse, la seule fortune pourrait-on dire; on en connaît la valeur depuis un siècle à peine. La légende, qui s'empare rapidement de toutes les découvertes, prête à un berger de la fin du siècle dernier l'idée de tailler le premier bouchon. Cette fabrication est devenue rapidement florissante, et les forêts de chênes-lièges que la France possède dans les Maures, l'Estérel et les Landes, celles d'Espagne et du Portugal, celles d'Algérie et de Tunisie, sont devenues le siège d'une exploitation très active. Cependant les progrès n'auraient pas été aussi rapides si l'industrie et la marine n'avaient demandé des quantités croissantes de liège.

Dans les forêts des Maures et de l'Estérel, le chêne-liège n'est pas l'essence dominante, le pin d'Alep, le chêne vert et le chêne rouvre couvrent une aire trois fois plus étendue. Le pin est particulièrement abondant; son bois, d'une valeur moindre que le liège, a en outre le grand inconvénient d'être une proie facile pour les incendies. Or, dans cette contrée où la saison pluvieuse est courte, le soleil implacable et les vents secs ont bientôt calciné l'herbe et fait tomber les feuilles du sous-bois : bruyères, genêts épineux ou arbousiers. Il se forme sur le sol une couche épaisse de végétation comparable à de la poudre pour la rapidité de conflagration. Qu'un fumeur imprudent jette une cigarette, qu'un pâtre veille mal sur son feu, qu'un chasseur laisse tomber la bourre de son fusil encore enflammée, et l'on voit, presque spontanément, flamber une forêt entière sur des centaines ou des milliers d'hectares. Le feu se répand d'autant plus vite que les pommes de pins enflammées éclatent, se transforment en projectiles, et portent au loin l'incendie.

D'énormes désastres se sont ainsi produits dans les Maures et se renouvellent chaque année ; mais ils ont une compensation : de toutes les essences, le chêne-liège résiste le mieux. Si l'arbre extérieur est perdu, la racine continue à vivre et fournit des drageons qui donneront de nouveaux sujets. En supprimant les broussailles et les pins on accroît ainsi le domaine de l'arbre précieux. Mais c'est une transformation bien lente, on s'efforce de la hâter, dans quelques forêts, en faisant disparaître tout végétal autre que l'essence productrice du liège.

Ainsi placé au milieu des grands bois de chênes-lièges, Bormes est naturellement devenu un centre important de fabrication de bouchons. Je n'ai pu visiter les ateliers, mais j'aurai tant d'occasions d'en rencontrer dans les Maures !

Comme toutes les vieilles cités du littoral de

Provence, Bormes a son faubourg maritime, petit port qui fait un commerce assez actif, grâce à ses pêcheurs. Le mot port est un peu excessif, ce n'est qu'une plage sur laquelle on tire les bateaux. Une digue a été construite, mais elle est inutilisable.

Si Bormes veut devenir une station hivernale, son faubourg s'efforce de se transformer en ville de bains. Le succès n'est pas venu encore, et le Lavandou reste un petit village de pêcheurs, endormi sous de beaux platanes, en vue des îles de Bagaud, de Port-Cros et du Levant, apparaissant, d'ici, séparées par leurs passes.

Désormais, le chemin de fer suit le rivage. La montagne, jusqu'à la baie de Cavalaire, borde le flot bleu, dessinant de jolies anses rocheuses sur lesquelles fuse le flot, ou de minuscules plages où vient mourir la houle. On traverse de petits vallons plantés de vignes, on troue, par de courts tunnels, de petits promontoires. Sans cesse on a sous les yeux la mer divinement belle : d'un vert profond au pied des roches, d'un bleu sombre au delà, puis, suivant la lumière et les ombres, grise, opalescente ou lilas.

Pas un village, pas un hameau, mais de rares bastides et, là-haut, dans les forêts, des maisons blanches plus rares encore. Cependant le chemin de fer a multiplié les arrêts pour amener la vie sur ces rivages oubliés. Les stations ont des noms charmants. Voici la Fossette, Cavalière, où un horticulteur hardi a planté un vaste champ de roses thé et de roses rouges; Prasmousquier, le Canadel, le Dattier, Cavalaire. Ces petites haltes, où ne descendent et ne montent guère de voyageurs, sont dans le plus éclatant des paysages. Les pins et les chênes-lièges avec leurs sous-bois odorants, revêtent toutes les pentes et descendent jusqu'au flot.

A Cavalaire les montagnes sont moins abruptes, elles forment un vaste demi-cercle entourant une superbe baie. Il y a un hôtel, quelques villas, embryons d'une station naissante, mais surtout des huttes de branchage, servant d'auberges.

Cette baie, bordée de sable fin pendant près d'une lieue, a de vastes ambitions; mais Cannes, Nice et leurs voisines ont pris un trop grand essor pour que cet admirable coin de rivage puisse lutter avec elles. Cependant l'or a fait bien des merveilles, il pourra peut-être changer en cité des *Mille et une nuits* ce vaste et tranquille hémicycle de hauteurs où des palmiers et des orangers disent déjà la douceur du climat.

En attendant l'accomplissement de ces destinées, le pays se colonise. La grande dépression entre les Maures et le massif de collines de Saint-

Tropez se couvre de villas qui sont en même temps de grandes exploitations agricoles. Il y a des vignobles immenses, bien entretenus, jusqu'au sommet du coteau sur lequel se dresse l'amphithéâtral village de Gassin.

Je suis revenu coucher à Cavalaire pour repartir ce matin au point du jour, afin d'éviter la chaleur. J'ai pris la route longeant la mer avant de gravir la colline très haute qui sépare de la baie les campagnes de Ramatuelle. Un col donne accès à ce village, véritable type des bourgs fortifiés contre les attaques des Maures. Depuis bien longtemps les Maures ne viennent plus, mais les villages inexpugnables qui les bravèrent restent debout, comme par une confuse et atavique reconnaissance des populations.

Je ne décrirai pas le bourg, il ressemble à tant d'autres de ces bourgs provençaux dont je me suis efforcé de rendre l'aspect!

La campagne de Ramatuelle, jusqu'à Saint-Tropez, exagère encore le caractère ultra-méridional des Maures. Si jamais le flot des hivernants se porte dans ces vallons si bien clos aux vents du nord, les merveilles végétales dépasseront tout ce que l'on voit dans cette région fortunée de l'extrême Sud-Est. Déjà, autour de quelques

« châteaux » la végétation est véritablement tropicale.

La chaleur est forte et je ne jouis guère de ces merveilles. Aussi est-ce avec joie que je traverse les bois ombreux de Pampelone. Les bastides et les villas se pressent maintenant, entourées de palmiers, d'agavés et de lauriers-roses. De grands pins-parasols, au port majestueux, se dressent dans la campagne; voici, au loin, des tours, des remparts, quelques mâts de navires. C'est Saint-Tropez.

Eh quoi! cette petite cité endormie au bord d'un beau golfe, sous les lauriers-roses et les figuiers, c'est le même Saint-Tropez que je vis grouillant de foule, plein de chants, de cris et d'acclamations, ses rues couvertes de fleurs, lorsque nous y avons conduit, on 1894, quelques officiers russes[1]!

Le port est tranquille, quelques petits navires reposent dans la darse fermée par des môles de maçonnerie. De belles maisons font face à ce bassin dont les sépare une place ornée de la statue du grand marin Suffren, originaire de Saint-Tropez. Sur ce quai sont les cafés, c'est-à-dire la vie,

---

[1]. Voir Ardouin-Dumazet, *L'Escadre russe en Provence*. Berger-Levrault et C¹ᵉ, éditeurs.

le reste de la ville étant formé de rues étroites et tranquilles.

Le panorama découvert de ce quai, ou mieux encore, de l'extrémité des môles, est un éblouissement. Le golfe est une merveille de grâce par ses contours arrondis, les collines boisées de pins-parasols, les hauts fûts des palmiers; au delà, le noir massif des Maures, les collines de Saint-Raphaël, les monts d'un rouge de feu de l'Esterel, puis, dans le lointain vaporeux, les premières cimes des Alpes forment le plus splendide des décors. Saint-Raphaël, Fréjus, Sainte-Maxime, étagent près du bord leurs maisons blanches; Grimaud, sur sa butte, commande le paysage. Si l'on se retourne vers la ville, on découvre celle-ci étroitement blottie au pied de son antique citadelle, à laquelle on accède en traversant le vieux et pittoresque quartier des pêcheurs, dont beaucoup de maisons sont bâties au-dessus du flot, formant comme une digue à la mer bleue.

Par les rues tranquilles, enjambées d'arceaux, souvent bordées de jardins dont les arbres semblent se pencher curieusement sur la muraille, on atteint les Lices, promenade bordée de grands platanes ombreux dont le feuillage contraste avec la ramure presque noire des pins-parasols, d'un si grand effet dans le paysage.

Saint-Tropez fut jadis une ville très vivante ; au temps de la marine à voiles, elle armait beaucoup de navires, elle en construisait beaucoup. Aujourd'hui toute cette prospérité est partie, ses chantiers sont déserts ; la population vit du sol, de la pêche, de la préparation du liège des montagnes voisines[1]. Un industriel dauphinois, M. Grammont, qui a créé la belle usine de tréfilerie de Pont-de-Chérui, près de Lyon[2], a installé au bord de l'anse des Canebiers, à l'est de la ville, une usine pour la fabrication des câbles électriques. Mais c'est un élément d'activité insuffisant. Il est vrai que Saint-Tropez possède son golfe merveilleux, ses jardins, sa petite Afrique de Pampelone et de Ramatuelle. Aussi est-elle de plus en plus visitée par les riches hivernants de Saint-Raphaël et de Cannes, en attendant l'heure où elle prendra à son tour le rang qui lui est dû parmi les grandes stations de la Méditerranée.

---

1. Le mouvement du port est assez considérable encore : 732 navires entrés et sortis, 49,792 tonnes.

2. 8º série du *Voyage en France*, p. 108.

XIX

TRAVERSÉE NOCTURNE DES MAURES

Les pins-parasols de la Foux. — Cogolin. — Les fabriques de bouchons. — Grimaud et ses ruines. — Un dîner chez Annibal. — En route pour la Garde-Freinet. — Les châtaigniers des Maures. — Un pin-parasol dans un châtaignier. — La Garde-Freinet et les Sarrasins. — Dans la forêt brûlée. — La plaine de l'Argens.

Vedauban. Août.

Les bords du golfe de Grimaud, entre Saint-Tropez et l'embouchure de la Môle, offrent un paysage unique en Provence par le nombre et le port des pins-parasols. Il y a certes d'autres arbres de cette essence sur les rivages de la Méditerranée, mais ils sont isolés, on les devine plantés par la main de l'homme pour embellir le paysage. Autour de Saint-Tropez, au contraire, on les reconnaît chez eux, tant ils se dressent avec aisance au milieu des parcs fleuris de lauriers-roses et de roses. Ils font de la route riveraine une incomparable avenue.

Le géant de la race est à l'endroit où le rivage

du golfe se tourne vers le nord, près du château de Bertaux. La ramure de l'arbre est immense, le tronc a dix mètres de circonférence à la base ; il en a encore cinq à hauteur d'homme. A son ombre est un arrêt du petit chemin de fer sur route. Au delà, d'autres pins-parasols sont pittoresquement groupés dans une plaine de sables et d'alluvions conquise sur le golfe par les eaux de la Môle et de la Giscle, torrents à sec chaque été, descendus par une vallée solitaire de la partie centrale des Maures.

Ces bouquets de pins font un cadre charmant à l'hippodrome de la Foux, célèbre dans toute la région par les beaux chevaux amenés de la plaine de Cogolin et des hameaux des Maures. Ces animaux, dans lesquels on retrouve tous les signes de la pure race arabe, descendent de chevaux arabes laissés par les Sarrasins, si longtemps maîtres du pays. Ils paissent dans la grande plaine due aux atterrissements des torrents.

Sous les pins est la gare de la Foux, station la plus vivante du petit réseau littoral Sud de la France. C'est le croisement entre la ligne principale et celle de Cogolin à Saint-Tropez desservant dans les Maures la seule région véritablement peuplée. Saint-Tropez, Cogolin, Grimaud, centres importants, ont par la Foux toutes leurs relations avec Fréjus et Nice d'un côté, avec Toulon et Hyères de l'autre. Aussi l'animation est-elle grande dans cette plaine solitaire, sous le parasol des pins majestueux.

Les trains de Cogolin et de Saint-Tropez ont de minuscules machines et des wagons si mignons que la ligne principale, d'un type réduit cependant, prend l'aspect d'un grand chemin de fer. Sous les grands arbres, en vue du golfe bleu largement ouvert, cela semble des joujoux. Sur les quais et dans la cour de la gare, une foule de voyageurs et d'excursionnistes se pressent, gesticulent, parlent à haute voix. Puis le grand train fuit vers Saint-Raphaël et le silence se fait. Les deux petits convois s'ébranlent à leur tour pour courir sur les accotements de la route.

De la Foux à Cogolin, la distance n'est pas longue, une lieue à peine entre un contrefort des Maures et la plaine d'alluvions couverte de vignes et de prairies. Des moutonss, des chèvres, des vaches paissent dans ces vastes étendues verdoyantes. Bientôt, le train s'arrête à l'entrée d'une petite ville, dans une gare fort active, où s'empilent les sacs de bouchons, produit principal de cette Provence de la Provence, comme on appelle parfois cette ample et lumineuse vallée, si bien abritée des morsures du mistral, mais que les habitants nomment simplement « le Golfe », faisant ainsi de la contrée riveraine un pays bien à part.

Cogolin n'est pas la capitale du Golfe, ce rang revient à Grimaud dont Saint-Tropez est le port. Mais c'est le centre le plus vivant et le plus animé. Les rues, larges et propres, sont bordées de mûriers, arbre très répandu dans la vallée, où les sériciculteurs sont nombreux. Au cœur de la ville est une vaste place plantée de platanes et bordée sur un de ses côtés par un hôtel de ville auquel un large perron donne accès. Cette partie de Cogolin est régulière, les maisons sont modernes, propres mais banales. Sur les pentes d'une colline s'étagent d'autres demeures plus pittoresques, entourant l'église et un beffroi, restes du Cogolin féodal.

Dans les rues de la basse ville flotte une indéfinissable odeur que l'on reconnaît bientôt en voyant partout du liège brut ou travaillé; des bouchons sont étalés sur des claies devant les maisons, des sacs en sont remplis. Par les fenêtres entr'ouvertes et les portes, on voit des hommes et des femmes travaillant à tailler les bouchons.

Cogolin est avec la Garde-Freinet un des grands centres de cette industrie. De belles routes pénétrant dans l'intérieur des Maures par la vallée de la Môle, le vallon du Périer et la Garde-Freinet, amènent à Cogolin les plaques de liège d'une grande partie des forêts du massif. A certains moments, l'arrivée des voitures chargées de liège est incessante.

Tout le monde a vu dans les villes importantes les ateliers de bouchonniers. Pour attirer la clientèle, les commerçants en bouchons installent volontiers ces petites fabriques en vue des passants; mais ceux-ci voient une partie seulement du travail, la plus amusante pour le curieux, consistant à tailler un bouchon dans un parallélipipède de liège au moyen d'un couteau bien affilé, ou bien à produire le bouchon avec une machine qui lui donne une régularité absolue. Dans les grandes fabriques, le travail est plus compliqué, car on doit commencer par soumettre les plaques de liège à la vapeur, afin de les rendre souples et de pouvoir obtenir des feuilles très planes et régulières. Les plaques sont mises à sécher très longtemps, plusieurs mois parfois. Souvent on les soumet encore à la vaporisation au moment de s'en servir. Les parallélipipèdes sont découpés au moyen de machines spéciales; d'autres machines, très ingénieuses, permettent d'obtenir très rapidement le bouchon. Les ouvriers et les ouvrières qui font fonctionner ces appareils arrivent à une habileté extraordinaire.

Les bouchons, pour les qualités supérieures, ne sont pas encore bons pour la vente ; on les place dans des caisses closes sous lesquelles on fait brûler du soufre. L'acide sulfureux qui se dégage détruit certaines matières organiques qui pourraient communiquer un mauvais goût aux liquides et donne au bouchon une blancheur fort recherchée.

Cogolin n'est pas le plus grand centre pour cette industrie. La Garde-Freinet et Collobrières ont des ouvriers plus nombreux, mais grâce à la régularité des rues c'est le bourg des Maures où l'on voit le mieux fonctionner cette industrie qui a repris une importance nouvelle depuis que l'on a trouvé l'emploi des déchets. Jadis les débris provenant du démasclage, du démairage et de la taille des bouchons trouvaient un débouché restreint dans la tannerie, en Angleterre surtout, mais on a réussi à les utiliser : on en fait des garnitures pour tuyaux de vapeur empêchant la déperdition de la chaleur, c'est la base de la fabrication du linoléum dont l'emploi est si répandu, on les mélange à une peinture ignifuge utilisée sur les navires ; enfin, mêlé à du mortier, le liège produit des briques légères, insonores, à l'abri d'incendie, utilisées partout où l'on veut des bâtiments légers. C'est ainsi que les fabriques de poudre et de dynamite s'en servent dans les constructions ; actuellement rien ne se perd donc de ces déchets autrefois encombrants.

Cogolin a d'autres industries ; jadis elle préparait des ébauchons de pipes avec les racines de bruyère, ses industriels ont pensé qu'ils pouvaient éviter le transport à Saint-Claude en achevant eux-mêmes les pipes, et l'on commence cette fabrication qui peut être pour les Maures une nouvelle source de revenus.

Grimaud est à trois kilomètres de distance seulement, sur une terrasse de la montagne d'où elle domine son active voisine. Rien ne me retient à Cogolin, je ne verrai pas la fabrique d'ébauchons de pipes et de pipes, j'ai déjà vu cette industrie en Corse[1] et dans le Jura. Les mines de plomb argentifère auxquelles je me promettais une visite sont abandonnées provisoirement, l'usine qui en dépendait ne livre plus d'alquifoux au commerce. En route donc pour Grimaud.

Un coin de plaine, le lit desséché de la Giscle traversé et la route s'élève sur des pentes couvertes de mûriers, droit vers Grimaud, bien étalée sur ses collines, sous les ruines grises, mais fièrement dressées et trouées du château. La chaîne

---

1. *Voyage en France*, 14ᵉ et 8ᵉ séries.

des Maures se présente tout entière, dessinant avec une netteté extraordinaire ses souples ondulations.

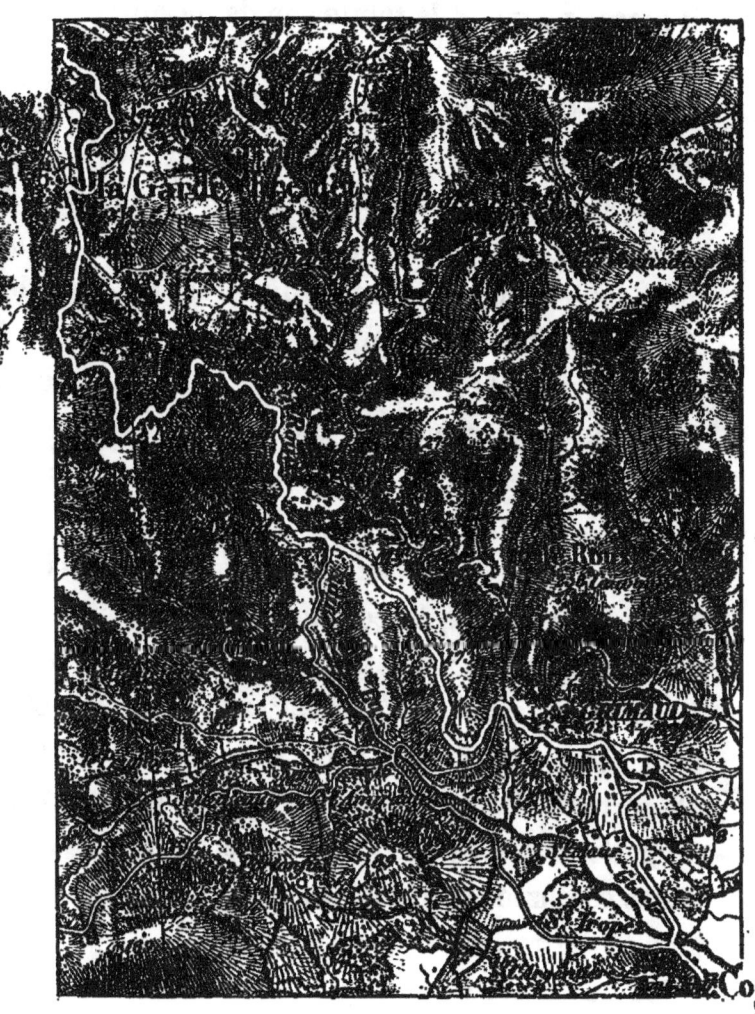

Peu à peu les mûriers disparaissent, ils font place à des oliviers étiques, à des chênes-lièges fraîchement démasclés. Un de ces arbres est enveloppé par un lierre dont les sarments couverts de feuilles sont d'un admirable effet sur le gris de l'écorce neuve et la teinte sanglante du tronc mis à vif.

La petite ville, si fière vue d'en bas, est fort avenante aux abords : de belles maisons, un élégant groupe scolaire ; sur les rues et dans les jardins des micocouliers, des palmiers, des eucalyptus ; des lauriers-roses énormes disparaissant sous les fleurs. La place principale est ombragée de micocouliers au feuillage panaché, d'autres bordent des avenues montueuses. Dans quelques rues, de vieilles demeures à arcades ogivales sont restées debout.

D'étroites ruelles, tranquilles mais assez sales, conduisent à la butte conique que surmontent les débris du château des Grimaldi. C'est une ruine lamentable, sans grandeur et sans vie, peut-être ai-je cette impression parce que la désillusion a été forte. Grimaud vue de la plaine ou des bords du golfe doit toute sa grandeur et sa poésie à ces restes émoussés dont les pierres viennent chaque jour accroître l'amas des décombres.

Mais si la visite aux ruines est une déception, celle-ci est compensée par l'admirable panorama dont on jouit sur la plaine de Cogolin, le cercle immense des Maures, le golfe éclatant enfermé entre ses heureuses collines et la petite Saint-Tropez assise au milieu de ses pins, de ses palmiers et de ses fleurs, toute blanche par ses façades, toute grise par ses toits.

Le crépuscule finissait pendant que nous descendions les ruelles pour gagner le petit hôtel Annibal. M. Annibal avait dressé notre table sur un balcon dominant le prestigieux paysage. La nuit s'est faite très douce, très lumineuse encore et bientôt la lune, se levant, a donné à ces horizons nocturnes une grandeur et une splendeur féeriques.

A ce moment, le loueur de voiture que j'avais fait demander pour préparer le lendemain ma visite à la Garde-Freinet et ma descente vers Vidauban est arrivé. En le voyant j'ai songé combien il serait plus pittoresque de traverser la montagne par cette nuit étincelante. Lui-même préférait partir de suite et rentrer au matin; nous nous sommes donc vite entendus. Une demi-heure plus tard nous nous mettions en route.

Il faisait doux; une odeur pénétrante d'héliotropes et de roses s'élevait des jardins de Grimaud. D'autres parfums se perçoivent; à peine a-t-on atteint la campagne et l'on est saisi par l'arome puissant des cistes, senteur qui fait de la Corse une terre embaumée. C'est bien ici une route comme celles de Corse : même solitude, mêmes monts assombris par le manteau de bruyères et de cistes, appelés *mertes* dans les Maures. Mais les arbres sont grands ; avec leurs ceintures sanglantes, les chênes-lièges gigantesques prennent dans la nuit claire une apparence fantastique. D'abord maîtres du terrain avec les pins, ils cèdent bientôt la place aux châtaigniers énormes dont les branches puissantes et l'immense ramure font peser sur ces pentes une majesté d'ombre et de silence. Nulle part en France on ne trouverait d'aussi grands arbres de cette essence ; il est de belles châtaigneraies en Limousin et en Dauphiné, mais les plus majestueux de leurs hôtes n'ont pas le port superbe du châtaignier des Maures. Et il ne s'agit pas ici de quelques massifs, le châtaignier recouvre 4,000 hectares dans les Maures. On évalue à 30,000 quintaux la production moyenne et la valeur des récoltes à près de 550,000 fr. C'est peu auprès de la Corse qui produit dix fois plus de marrons. Mais la valeur de la châtaigne corse est moitié moindre que celle du marron des Maures, connu sous le nom de marron du Luc, du principal marché, et vendu, d'ailleurs, comme marron de Lyon.

La route s'élève par d'incessants lacets parmi

les châtaigniers, au-dessus d'un profond ravin que l'obscurité rend insondable. On contourne la haute montagne conique sur laquelle est la chapelle de Mirmar, comme la nomment les gens du pays, le Miramas de la carte. De là-haut on a la vue de la mer, ce qui a valu le nom du petit édifice.

Le conducteur de la voiture nous arrête pour nous montrer une curiosité célèbre dans le pays, c'est, en contre-bas de la route, un châtaignier d'une grosseur inouïe. L'arbre est creux, depuis des siècles sans doute, car, dans l'humus accumulé à l'intérieur, une graine de pin-parasol a germé, un arbuste est né, a grandi, est devenu un grand arbre dont la ramure arrondie couvre tout un côté du châtaignier nourricier. Vu ainsi, au clair de la lune, le double végétal est d'un effet extraordinaire.

Les châtaigniers sont de plus en plus vigoureux, ils font de la route une avenue pleine de mystère. L'aspect est rendu plus saisissant par la profondeur vaporeuse du ravin que côtoie la route surplombée par l'arête rocheuse du *Midi*. Là-haut, sur une pointe que nous montre le cocher, sont les restes du fameux château sarrasin de la Garde-Freinet. Ils se détachent sur l'azur illuminé du ciel, on dirait qu'on va les toucher du doigt, mais il faut longtemps encore traverser les châtaigneraies, il faut parcourir une grande *feraÿr* (quartier) d'oliviers et atteindre un bouquet de pins avoisinant la chapelle Saint Éloi, avant de voir la vieille forteresse planer au-dessus de nous et son rocher se dresser, menaçant et sévère.

Le bourg est endormi, de hautes maisons bordent la route formant ici une sorte de boulevard. Devant les portes d'auberges stationnent des voitures dételées, chargées de grandes mannes renfermant des cocons. La Garde-Freinet est, comme toute la contrée, un grand centre pour l'élevage des vers à soie.

D'étroites et inquiétantes ruelles s'ouvrent sur la route; on les devine montantes, pleines de détours et d'escarpements. Ce bourg, lugubre à cette heure, a conservé ainsi son aspect farouche d'autrefois, quand, à l'abri de la forteresse couronnant le rocher, les Sarrasins commandaient la Provence et toute la vallée du Rhône jusqu'au cœur du Jura. On sait peu l'histoire confuse de ces temps lointains (du VIIIe au Xe siècle); l'incursion sarrasine n'a pas d'historiens bien précis, cependant l'installation des mahométans à la Garde-Freinet — Fraxinet, *lieu planté* de frênes — est restée vivace dans la mémoire; elle fut assez puissante pour que tout nid de pirates sarrasins fût appelé un fraxinet. Enfin, les peuples de Bourgogne et du royaume d'Arles, las de cette terreur, se décidèrent à chasser l'envahisseur. Ce fut une guerre terrible, dont les détails sont ignorés, mais l'extermination est acquise. Les musulmans furent réduits à chercher asile dans les parties les plus inexpugnables des montagnes. C'est pourquoi sur beaucoup de points, tels que le Dévoluy[1] et surtout dans les Maures, où les bois offrirent aux Sarrasins un abri propice, on retrouve le type arabe dans toute sa pureté. Mais ces fils de Sarrasins ont perdu même le souvenir de leur race ; afin de ne pas être massacrés jusqu'au dernier, leurs ancêtres ont dû se faire chrétiens. Pour qui n'a jamais vécu au milieu des Arabes, l'habitant des Maures ressemble aux autres Provençaux.

Les descendants de ces « fiers Sarrasins » sont au demeurant de pacifiques cultivateurs, bûcherons ou bouchonniers. La Garde-Freinet fut longtemps le centre le plus considérable pour la préparation du liège, mais la difficulté des communications conduit peu à peu les industriels à descendre sur le rivage ou dans la vallée de l'Argens. Il est plus facile d'amener les plaques de liège au pied des montagnes que de les hisser par de rudes chemins jusqu'à ce col élevé de la Garde-

---

1. Voir la 10ᵉ série du *Voyage en France*, chap. XXIII.

Freinet. Grimaud, le Luc, Collobrières, Pierrefeu sont bien mieux placés.

Nous quittons le bourg sans avoir rencontré âme qui vive. La lune brille de tout son éclat, le rocher des Sarrasins se détache nettement sur le ciel éclatant, un pin-parasol se profile à côté, tout noir. Au-dessous se creuse, très profonde, une vallée que l'on devine sauvage, aucune lumière n'y apparaît. La route descend rapidement, fort sinueuse ; sur son ruban blanc la lune projette crûment l'ombre des châtaigniers et des pins. Puis, pendant cinq kilomètres, on parcourt un paysage funèbre, ce fut une forêt de pins ; elle a été incendiée et sur les pentes, dans les ravins, on ne voit que les squelettes noirs des arbres. Rien de saisissant comme cette nature morte ; aucun bruit, aucun parfum ne s'élève, l'incendie doit être de récente origine et la vie n'a pu renaître encore.

Mais dès qu'on a dépassé la zone brûlée, des murmures d'insectes se perçoivent et l'odeur pénétrante des cistes flotte sur la campagne. On atteint une immense plaine boisée de pins et de chênes-lièges, trouée de rares clairières plantées de vignes. Longue, longue route à cette heure. On franchit l'Aille et désormais on rencontre des maisons, les champs, les vignes, les plantations de mûriers de ce plantureux paysage traversé par le chemin de fer entre Toulon et Fréjus.

Quand nous atteignons Vidauban, le jour ne va pas tarder à paraître [1].

---

1. Sur Vidauban et la vallée de l'Argens, voir la 12º série du *Voyage en France*.

XX

AU PIED DE L'ESTÉREL

Sainte-Maxime. — Déraillement dans le maquis. — Fréjus. — *Bravade* et *bravadeurs*. — A travers Fréjus. — Un port disparu. — Valescure et Saint-Raphaël. — Les bauxites du Var. — Les pavés de Dromard.

Fréjus. Août.

Le chemin de fer du Sud, après avoir quitté la vivante gare de la Foux et ses grands pins, court à travers des terres basses, franchit la Molle ici calme, profonde, paludéenne, en vue du golfe de Grimaud, large et bleu. Au-dessus du rivage, au loin, toute mignonne, Saint-Tropez mire ses hautes maisons blanches, encadrées par des bois d'un vert profond. On traverse des prairies dans lesquelles paissent d'élégants chevaux gris, attachés à des cordes. Au-dessus des prés se dressent les Maures, riantes ici avec les villas semées dans les pins, indices d'une transformation prochaine du « Golfe » en pays d'hivernants. Déjà une ville de repos a surgi, c'est l'ancien village de Sainte-Maxime. Abrité du mistral qui souffle souvent sur

Saint-Tropez, il attire davantage les visiteurs. — S'il n'a pas comme Saint-Tropez le magique rideau de l'Estérel et des Alpes lointaines, on jouit d'une vue incomparable sur le golfe et sur les Maures aux lignes d'un bleu sombre. Des plages de sable fin, un petit port, des campagnes heureuses où le palmier balance son éventail donnent un charme à la fois tranquille et puissant à la cité naissante. Mais la ville, malgré ses grands hôtels, est bien menue encore, on a tracé tout autour d'elle, dans les bois et les maquis le plan d'une nouvelle cité de Cannes : les constructeurs ne sont point venus encore. Rien d'étrange comme ces longues avenues de Guerrevieille que ne borde aucun édifice.

Plusieurs balancelles ou tartanes sont amarrées dans le port, indice d'un commerce assez actif[1]. Sainte-Maxime est, en effet, le débouché de plusieurs vallons des Maures, des routes le relient à la vallée de l'Argens et en font l'entrepôt des vignobles du Plan-de-la-Tour, des scieries, des exploitations de chênes-lièges, des châtaigneraies fort importants dans cette partie des Maures. Le torrent de Préconiou, qui atteint la mer à Sainte-

---

1. Mouvement du port en 1896 (entrées et sorties réunies) : 248 navires, 10,408 tonnes.

Maxime, arrose une des vallées les plus populeuses du massif.

En cette saison, Sainte-Maxime, désertée, n'a guère d'attraits pour le voyageur ; malgré la mer, la chaleur est forte. J'ai repris le premier train pour aller coucher à Fréjus. La voie ferrée traverse des vignes et des pins en contournant la presqu'île massive du cap des Issambres, atteint le rivage et le suit longtemps. La houle, forte dans ces parages ouverts au vent d'est, retrousse en longues ondulations le sable blanc et fin. Au large, des récifs surgissent, couronnés de balises.

Nous voici de nouveau en plein maquis parfumé par l'odeur puissante des cistes. Soudain le train ralentit, il est en présence d'un autre convoi dont deux wagons ont déraillé. Et la nuit vient !

Pendant que l'on décharge les wagons pour essayer de les replacer sur les rails, tous les voyageurs mettent pied à terre. Nous sommes en pleine brousse ; au-dessus des myrtes et des cistes de rares pins se balancent. Pas une maison, pas une culture, la mer est déserte. Fréjus est à 11 kilomètres encore et l'on prévoit deux bonnes heures de travail pour déblayer la voie. Notre train, prenant les voyageurs pour Hyères, rebrousse vers la Foux et nous laisse près du convoi déraillé dont la machine va, à son tour, à la Foux.

Agréable perspective vraiment! Un voyageur tirant un jeu de cartes de sa valise organise une partie de manille bientôt très animée. Je prends le parti de chercher une gare en suivant à pied la voie. Excursion charmante dans la pinède embaumée, creusée de ravins dans lesquels les lauriers-roses mettent des traînées de couleur tendre. La nuit vient, elle est complète quand j'arrive à la Gaillarde, halte au bord de la mer, au fond d'une petite anse servant de rade foraine pour l'embarquement des bois. Pas une auberge, pas la moindre buvette. Aucun abri que la salle commune de la gare encombrée de colis. J'ai attendu là trois mortelles heures avant qu'un train soit venu. Nous devions être à Fréjus à 6 heures du soir, à 10 heures seulement nous débarquions dans la ville endormie, nous longions de vieux murs romains et atteignions l'hôtel où l'hôte, navré, avait vaguement de quoi faire un souper. A peine aurai-je le temps de reposer et je devrai rentrer à Paris sans avoir vu autre chose de Fréjus que les murs romains et l'hôtel. Mais je reviendrai ici.

Fréjus. Mai.

En arrivant à Fréjus, hier matin, j'ai croisé un singulier cortège. Un officier de vaisseau, d'une marine invraisemblable, comme les corps navals d'une république lointaine et chimérique de l'Amérique centrale, venait en tête : habit à aiguillettes, épaulettes, bicorne, suivi d'un second en même tenue, puis d'une foule disparate de soldats dans tous les uniformes connus et inconnus. Il y a des hussards rouges, bleus, verts ; des grenadiers de Louis-Philippe, des sapeurs en grand bonnet à poil ; des zouaves, des matelots, que sais-je encore ? Tous sont armés de fusils qui furent des armes sérieuses il y a bien des années. Tromblons, canardières, fusils de chasse, carabines, pistolets, il y a de tout. Le cortège est carnavalesque et solennel. Les enfants, tout autour, se bousculent et crient.

J'ai suivi et nous sommes arrivés à l'hôtel de ville. Un monsieur attendait sur la porte, le maire, me dit-on ; il a remis à l'officier de marine une longue pique et, aussitôt, une détonation formidable a retenti. Mousquets, tromblons et Lefaucheux sont partis à la fois ; les enfants criaient de plus belle, les chiens fuyaient effarés.

C'était le commencement de la *bravade,* la fête du bruit, particulière à ces rivages du Golfe et aux bourgs de l'Estérel et des Maures. On attribue cette cérémonie aux habitants de Saint-Tropez. Obligés de se défendre eux-mêmes jusqu'au moment où Louis XIV mit garnison dans leur ville, ils voulurent au moins, une fois par an, redevenir soldats. Les *bravadeurs* nomment un *capitaine de ville* et un *major* ; sous leur direction ils processionnent et font parler la poudre toute la journée, même bien avant dans la nuit.

De Saint-Tropez la coutume s'est étendue à d'autres bourgs de Provence. Partout, le spectacle est le même : des détonations incessantes, des promenades aux flambeaux de résine, ou *pégoulado*, à travers les rues étroites.

Fréjus a, de plus, la promenade du « vaisseau », en souvenir de la barque dont l'équipage refusa de prendre saint François de Paule, obligeant le saint à venir à Fréjus, porté sur la mer par son manteau étendu. François de Paule trouva la ville dévastée par la peste ; il implora le Seigneur et obtint la fin du fléau. Des acteurs bénévoles retracent cet événement. L'un d'eux est costumé en religieux ; un second, en vieille femme, descend, dit-on, d'une autre vieille à qui, vers 1482, saint François annonça la disparition de la peste. Un colloque très animé a lieu en provençal, je n'y ai compris mot, mais aujourd'hui on vend dans les rues le *Petit Marseillais* racontant la bravade ; j'y trouve le dialogue, facile à comprendre à la lecture, même pour qui n'est point félibre.

— *Fremo, dit le saint, d'ounte ven qu'en arribant dins aquesto grando vilo, noun rescontri dègun? D'ounte ven que lei pouerto et lei fenestro soun fermado? Que vesi meme l'herbo creisse per carriero? D'ounte ven uno tant grando soulitudo?*

— *Ah! moun pero,* répond la vieille femme, *es que la pesto ravojo despueis longtems aquestou païs; que quasimen toutei seis abitant n'en soun mouert, e que aquelei que vivoun encaro si tenoun enferma din seis meison, vo ben si soun retira dins lei campagno...*

Et la bonne vieille conduit le saint à la cathédrale. Il prie, sonne trois coups à la cloche, sort au milieu du peuple, trace une croix avec son bâton sur le pavé et s'écrie : *Misericordi, Segnour, pardonnas aou pople de Frejus.*

D'après le journal qui me permet de comprendre cette petite scène populaire, Fréjus a brûlé 200 kilogrammes de poudre dans les deux jours de fête; plus bruyants, les Saint-Tropéziens en dépenseront 300 kilogrammes la semaine prochaine!

Pendant que la foule exulte, je cherche, au dehors de Fréjus, des endroits calmes. L'amphithéâtre en ruine est désert aujourd'hui, il n'est jamais bien vivant d'ailleurs, malgré la route qui le traverse de part en part. Ces arènes ne sont plus qu'un carrefour. Elles ont été grandioses, à en juger par leurs proportions, mais ce ne fut guère, par l'architecture et le choix des matériaux, un monument comparable aux arènes de Nîmes et aux arènes d'Arles. On le reconnaît aux restes

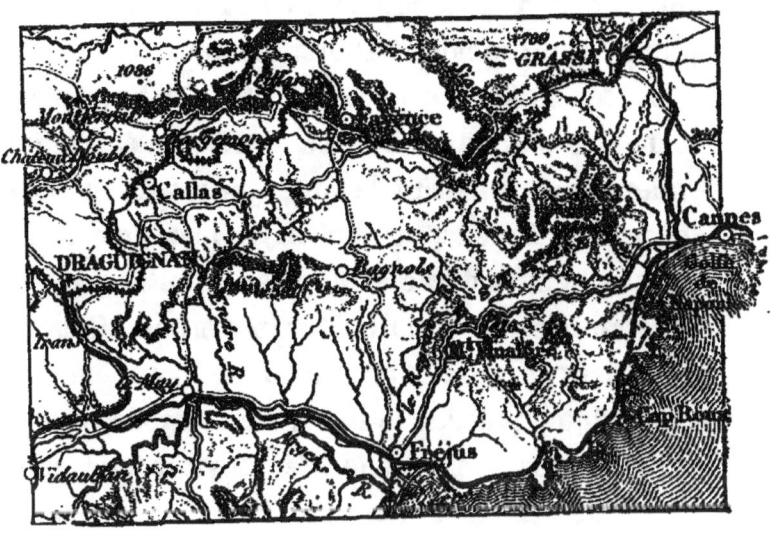

L'ESTÉREL

D'après la carte de l'État-major au $\frac{1}{600,000}$.

délabrés de maçonnerie faite de moellons. Fréjus, ville de création délibérée, construite pour être à la fois un arsenal et un port de commerce, a voulu avoir tout à la fois : ses môles, ses bassins, ses lieux de plaisir. Aucune préoccupation monumentale ne se mêla à ce programme militaire et mercantile. C'est pourquoi les débris du passé, sauf les arènes, n'offrent qu'un caractère d'utilité : celliers, magasins, phares, aqueducs. Encore a-t-on délaissé la pierre taillée pour le blocage. C'est à la grande époque romaine ce qu'est, à l'égard du moyen âge, notre architecture moderne, par devis, adjudication, rabais et allotissements.

Et cependant ce devaient être de fiers marchands, ces armateurs et ces gens de négoce qui avaient ainsi construit de toutes pièces, à l'embouchure de l'Argens, un outillage maritime aussi complet et considérable rappelant, toutes proportions gardées, nos installations modernes. Malheureusement le site, bien choisi au point de vue économique, puisque le bassin de l'Argens, large, facile d'accès, riche et fertile, ouvrait une voie directe vers Toulon et Marseille, était défectueux par la nature du fleuve. Celui-ci amène du limon en abondance, il a peu à peu colmaté le golfe, les bassins se sont comblés ; les époques de décadence ont enlevé toute énergie à la population et Fréjus, dévastée par les guerres, décimée par les fièvres, est devenue l'humble petite ville de nos jours, dont le nom même serait ignoré si elle n'était resté le chef-lieu d'un diocèse. A ce rang Fréjus a dû les rares édifices élégants de ses rues et les façades sculptées qui arrêtent l'attention pendant la promenade à travers ses artères banales, mais larges et propres.

La cathédrale est peut-être la plus humble de France. Elle s'ouvre sur deux petites placettes dont l'une est ombragée par deux énormes micocouliers; devant l'autre est l'évêché, précédé de parterres plantés de palmiers et de lauriers-roses. Contre le mur du palais est une très belle fontaine, statue de femme, en marbre, tenant un vase d'où coule un filet d'eau. Cette statue a été prise à la chartreuse de Montrieux, près de Toulon, où elle ornait le tombeau d'un comte de Valbelle.

Pour pénétrer dans l'église, il faut descendre plusieurs marches; elles conduisent à une crypte sombre, de modestes dimensions. C'est la cathédrale cette salle à demi enterrée, mais dont plus d'un détail mérite cependant l'attention. Le silence y est complet, aucune des rumeurs de la ville en liesse n'y parvient. La foule a déserté le parvis, à cette heure elle est tout entière sur la large rue Nationale, dont quelques maisons particulières ont conservé un caractère aristocratique.

Calme aussi est le *Cours*, qui sera tout à l'heure envahi. Ce n'est pas, comme le cours des autres villes du Midi, le boulevard de ceinture gagné sur les remparts, mais une large esplanade en terrasse, avec des parterres et des jets d'eau, d'où la vue est superbe sur la mer et la plaine paludéenne qui a remplacé le port romain et sur l'Estérel.

Pan! pan! pan! vingt fois pan! pan! pan! La bravade me poursuit et va envahir le Cours. Je descends en hâte et saute dans l'un des breaks qui vont à toute vitesse chercher à Saint-Raphaël les curieux et les curieuses.

La route traverse la plaine qui fut le port, où l'on rencontre encore les quais antiques. Des vignes et des prairies couvrent l'emplacement où flottèrent les galères de César et d'Auguste.

La vue, vers le nord, s'arrête sur les maisons blanches de Valescure, entourées d'arbres et dont la nappe continue atteindra bientôt les premiers plans de l'Estérel. Il y a dix ans, me dit le conducteur du break, il n'y avait pas une maison pour s'abriter dans cette plaine en pente douce plantée d'oliviers, maintenant « c'est tout palais ». *Tout palais* est peut-être excessif, mais il n'en est pas moins vrai qu'il naît une cité de féerie aux pieds de ces croupes boisées, dominées par le mont Vinaigre, hérissé de roches rouges.

Voici Saint-Raphaël, annoncé par de banales maisons de faubourgs et un monticule couvert par le vieux village féodal autour duquel se crée la ville moderne. Car Saint-Raphaël est aussi une nouvelle venue dans les cités du littoral. Elle a été découverte, prônée et lancée par Alphonse

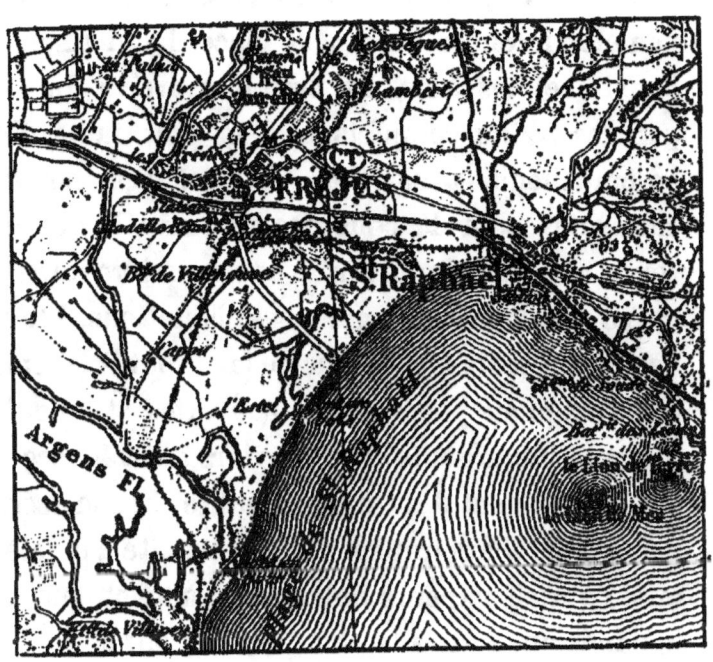

Karr qui fit également la vogue d'Étretat[1]. Par une bonne fortune singulière, la ville née par le caprice de littérateurs et d'artistes se trouve aujourd'hui hériter du rôle maritime de Fréjus. La découverte des mines de bauxite, c'est-à-dire du

---

1. 16e série du *Voyage en France*.

minerai servant à fabriquer l'aluminium, dans le bassin de l'Argens a rendu aux bouches du petit fleuve leur caractère d'entrepôt pour une vaste région. Fréjus ne pouvant plus recevoir de navires, Saint-Raphaël, sa voisine, dont le port est trop peu étendu encore, a pris sa place. Là viennent la bauxite et les grès. La première arrive du Luc par des trains complets et l'on doit, faute d'un embranchement maritime, la décharger sur des charrettes pour la conduire au quai. Ce minerai rouge ainsi manipulé forme une poussière intense, saupoudrant tout. La gare, ses plantations, l'hôtel des postes jadis d'un blanc de lait, toutes les maisons jusqu'au port en sont couvertes et colorées d'une teinte ardente. Les ouvriers qui déchargent les wagons sont d'un rouge sombre. Et sans cesse passent les chars transportant la bauxite à la jetée, où de grands vapeurs hollandais, autrichiens, allemands ou anglais la chargent [1]. Pour cette opération, on a dû créer tout un outillage, installer des grues servant en outre à mettre à bord les pavés des importantes carrières de Dromard. Ces pavés sont expédiés partout, dans le Nord, dans la mer Noire et le Danube, où ils sont employés par les villes roumaines. Bauxite et pavés

---

1. En 1896, les carrières de bauxite ont produit 29,630 tonnes.

sont un élément considérable de fret pour Saint-Raphaël; ils assurent l'avenir du port[1].

Ceux qui ont jeté les fondements de la ville d'hiver, percé les boulevards, planté les palmiers des avenues, transformé en parcs les maigres pinèdes du littoral et même construit un embryon de môle pour abriter le petit bassin ne s'attendaient certes pas à cette prospérité commerçante. Ils ont été séduits surtout par la beauté du paysage : le rivage déchiqueté, ses récifs rouges, le bel horizon des Maures forestières, la lointaine perspective de la vallée de l'Argens, dans laquelle surgit le grand rocher fauve de Roquebrune, si étrangement découpé en aiguilles et en falaises. En avant Fréjus, en amphithéâtre, couronnée par les tours de la cathédrale et ses débris d'édifices antiques.

Saint-Raphaël a de belles villas, mais plus modestes, plus intimes que celles de Cannes. L'une d'elles se nomme l'*oustalet du capelan*, c'est-à-dire la maison du curé, longtemps habitée par Gounod. Une inscription rappelle que le maître y composa *Roméo et Juliette*. Tout près est la Maison-Close, annoncée par un grand mur de blocaille et entourée par un jardin merveilleux. Ce fut la demeure

---

1. Mouvement du port de Saint-Raphaël en 1896 (entrées et sorties réunies) : 359 navires, 48,687 tonnes.

d'Alphonse Karr; il y vint comme littérateur au repos et s'y découvrit des aptitudes pour l'horticulture et le commerce des fleurs.

Saint-Raphaël n'a pas complètement réalisé les espérances de ses fondateurs ; malgré son casino, ses avenues, ses bains de mer, il y a bien des vides encore sur les voies tracées à grands frais. Les hivernants se portent au dehors, sur les collines, à Valescure surtout, où chaque jour voit naître de nouvelles villas au bord des boulevards tracés en pleine campagne. On en rencontre jusqu'aux grandes carrières de grès de Dromard, dont les pierres blanches tranchent si brutalement avec les teintes ardentes du paysage voisin, terres rouges des cultures de rosiers ou grès rouge de l'Estérel. Mais quand les monts se hérissent en énormes falaises, entourant les petites anses si merveilleusement bleues qui festonnent le rivage jusqu'au golfe de la Napoule, la solitude se fait. Rares sont les maisons dans cette partie du littoral où les monts par leur forme, leur hardiesse, leur couleur, leurs bois de pins sont d'une beauté inexprimable.

XXI

CANNES ET ANTIBES

De Grasse à Cannes. — Mouans et Mougins. — Le Cannet. — Cannes. — La Californie. — La vie à Cannes. — Le golfe Jouan et ses fleurs. — Vallauris. — Juan-les-Pins. — Antibes.

Antibes. Août.

Je suis allé coucher à Grasse la nuit dernière afin de descendre au point du jour par les campagnes embaumées venant mourir au golfe de la Napoule. J'ai trouvé Grasse comme je la vis l'an dernier, en pleine préparation des parfums extraits du jasmin et de la tubéreuse[1]. A peine le jour se levait, éclairant d'une lumière douce et pâle les grands oliviers plantés sur les terrasses, abri des champs de violettes. D'autres terrasses sont couvertes de rangées de jasmins à grandes fleurs en ce moment épanouies; elles semblent saupoudrées de neige. Sur les chemins creux et les petits ravins, un aqueduc d'irrigation jette des

---

[1]. Voir la 12ᵉ série du *Voyage en France*, chap. XXI.

arches légères. Par les chemins profonds descendent les ramasseuses de jasmin, coiffées de chapeaux aux grandes ailes, portant au bras un panier carré dans lequel elles déposeront leur moisson au capiteux parfum.

Des jardinets sont couverts de tubéreuses. Des hommes, d'un coup de ciseau, tranchent les fleurs sur leurs hautes hampes. A côté, des champs de rosiers se succèdent, lamentables par comparaison avec les parterres fleuris. A peine çà et là quelque rose retardataire. Au printemps, quand les fleurs couvrent les arbustes, ce doit être merveilleux.

Un petit hameau, le Plan-de-Grasse, étalé sur un ressaut régulier de la montagne, est comme enfoui au milieu des jasmins, des rosiers, des vignes et d'oliviers énormes.

Le chemin que j'ai suivi, de préférence à la grande route, traverse le Plan et rejoint Mouans à travers les jardins et les olivettes. Mouans est un bourg riant et prospère, arrosé par des fontaines claires donnant à la végétation une richesse incomparable. Mollement assis dans la verdure, il contraste avec la fière silhouette de Mougins, campé sur une colline revêtue de vignes et d'oliviers.

Le pays se creuse en un vallon d'apparence

sauvage, aux flancs boisés de pins, au fond duquel coule la Frayères, un des trois torrents de ce nom. Le chemin de fer suit le ravin, mais la route monte aux flancs de la colline de Mougins pour gagner directement Cannes par des sinuosités et des rampes incessantes, ménageant à chaque instant des échappées superbes sur les campagnes, la mer, les bois de pins noirs que dominent les branches étalées des vastes pins parasols. Dans les parties basses et arrosées, c'est un adorable fouillis de fleurs et d'arbustes : figuiers, vignes, cannes de Provence. Peu à peu, le paysage s'anime : voici les premières villas, ombragées d'eucalyptus, séparées par des lignes de cyprès et de lauriers, fleuris de roses. Un chemin montueux me conduit au Cannet, somptueux faubourg de Cannes, encore commune autonome, mais destinée à devenir partie intégrante de la grande station hivernale [1]. Déjà une longue avenue de 3 kilomètres, plantée de platanes et de palmiers, réunit les deux centres, bordée d'hôtels monumentaux, de villas, de jardins somptueux. Le Cannet, humble village il y a quelques années encore, se transforme sans cesse ; des allées, de belles routes ont troué ses olivettes séculaires.

---

1. Cannes, au recensement de 1896, avait 22,959 habitants, le Cannet en comptait 1,843.

L'éloignement de la mer lui vaut une clientèle de plus en plus nombreuse, le climat marin n'étant pas favorable à tous les valétudinaires qui viennent chercher la guérison sous le ciel de Cannes.

Le boulevard descend en pentes douces jusqu'à la ville, de plus en plus vivant à mesure que l'on approche de la cité. La campagne cède chaque jour du terrain à la marée montante des constructions; d'énormes hôtels, déserts en cette saison, surgissent au-dessus des jardins arrosés par les eaux de la Siagne et remplis des plantes les plus rares. Beaucoup de villas sont des palais entourés de palmiers, d'agaves, de figuiers de Barbarie et d'orangers. Parcs et jardins sont de pures merveilles par la splendeur de la végétation et les soins incessants des jardiniers.

Il faut voir Cannes dans cette région enchantée. Toutes les rues sont propres, tenues avec un soin méticuleux, les maisons sont soigneusement peintes, les magasins sont somptueux à la façon anglaise, mais tout cela évoquerait plutôt l'idée d'une station britannique. Le charme propre de Cannes, ce sont ces allées sinueuses entre les parcs, remplis de végétaux exotiques prenant des allures triomphales. Tel bosquet de bambous droits, énormes, touffus, évoquerait l'idée de la Chine si, à côté, un autre hivernant n'avait eu la fantaisie de préférer la flore africaine. Et tout près, voici un bois de chênes, de vrais chênes comme en Bretagne, mais parfumé de cistes et de myrtes; un bosquet de frênes borde un ruisselet; à côté c'est une pinède pleine de bruits de cigales. Une pénétrante odeur balsamique vient de tous ces jardins au milieu desquels on aperçoit tantôt une villa aux couleurs claires, tantôt un palais de style italien, un château féodal ou quelque bâtisse d'architecture hybride, en ce moment endormis pour se réveiller aux premières brumes d'octobre dans la brumeuse Angleterre.

Il reste peu de jardins de rapport sur ces coteaux fortunés. Parfois, cependant, on rencontre quelque plantation d'orangers, de cassies ou de mimosas, mais les arpents de terre jaune recouverts par ces rangées d'arbustes seront un jour vendus à prix d'or et remplacés par quelque jardin féerique, entourant un palais des *Mille et une Nuits*.

Cannes, en cette saison caniculaire, est la plus calme et la plus tranquille des villes de province. La population semble disparue; une grande partie, il est vrai, est envolée vers le Nord, dans les villes d'eaux, les stations de bains de mer, partout où se porte la foule cosmopolite.

Il ne reste à Cannes que les commerçants et

les propriétaires dont l'industrie consiste dans la location des appartements meublés.

Pendant l'hiver, l'abondance règne sur les marchés, où s'entassent fleurs, fruits, légumes, victuailles de toutes sortes. Du jour au lendemain, quand le signal du départ est donné à ces hirondelles mondaines, on ne trouve plus que les viandes coriaces du pauvre bétail local.

Puis l'hiver arrive : tout s'éveille, cuisiniers, valets et femmes de chambre, cochers reviennent par centaines à la fois, les hôtels clos s'entr'ouvrent, les villas font miroiter leurs fenêtres jusqu'alors masquées par des volets.

L'animation s'accroît de plus en plus, la rue d'Antibes et le merveilleux boulevard de la Croisette au bord de la mer, sont remplis de promeneurs élégants et d'équipages aristocratiques. Mais, à 5 heures, le calme se fait, chacun s'enferme chez soi, les magasins eux-mêmes se closent, car aucun client ne viendrait.

Dans un pareil milieu, tout est hors de prix : j'ai recueilli sur ce sujet cher aux ménagères de tous les pays les doléances de petits commerçants venus du Nord. Si l'on veut quelques œillets, on les paie de 7 à 8 fr. la botte de douze ; une branche de mimosa que l'on paierait au même instant 50 cent. à Paris vaut ici 2 fr. Les riches hivernants prennent tout sans compter, par énormes bottes.

L'indigène seul peut lutter : quiconque sait parler patois obtiendra des conditions plus douces; on n'écorche que l'étranger. Celui-ci est la fortune du paysan non seulement l'hiver, mais l'été encore ; il retient d'avance tous les fruits et légumes de choix et se les fait envoyer dans sa résidence estivale, jusqu'au fond de l'Écosse. Le Cannais en est réduit à vivre des rebuts et de ses *pommes d'amour*, c'est-à-dire des tomates.

Après les pentes ensoleillées et les allées ombreuses de la Californie, le grand charme de Cannes est dans sa Croisette, d'où la vue est si belle sur la mer bleue, les îles, les monts fulgurants de l'Estérel. Paysage maritime bien plus vivant que celui de la baie des Anges à Nice, grâce au petit archipel de Lérins, à la courbe harmonieuse du rivage, à la masse pittoresque de la vieille ville, petite bourgade couronnant un monticule au-dessus du port[1], à l'écart de la jeune et opulente cité mollement étalée sur la rive.

Dans ce vieux Cannes seulement, on retrouve quelque chose du passé ; ce mamelon exigu n'oc-

---

1. Le port de Cannes a un mouvement assez considérable : 460 navires jaugeant 71,184 tonnes y sont entrés en 1896 ; il en est sorti 454 jaugeant 68,033 tonnes.

cupe pas la centième partie de l'espace couvert par les quartiers de palais ombragés de palmiers. Le progrès a été rapide, depuis le moment où lord Brougham, séduit par la grâce de ces rivages harmonieux, par la douceur du climat, la salubrité des coteaux couverts d'oliviers, attirait ses compatriotes et faisait de ces campagnes solitaires l'Éden admiré aujourd'hui.

A juste titre, la ville reconnaissante a placé la statue du lord chancelier d'Angleterre sous les platanes touffus de ses allées de la Liberté, parmi les fontaines murmurantes et les parterres fleuris.

Cette affluence des Anglais a donné à Cannes un caractère exotique qu'aucune autre ville, même Nice, ne possède à un tel degré. Il est plus d'un hôtel où le visiteur français pourra parler russe, allemand, anglais surtout, mais ne saura se faire entendre dans sa langue natale. Les professeurs d'anglais de la ville ont une clientèle assurée dans les commerçants, ceux-ci devant connaître l'idiome britannique, sous peine de voir les affaires aller à des concurrents plus avisés. J'ai retrouvé à Cannes un compatriote du Dauphiné, qui a quitté Voiron pour installer un magasin d'objets d'art. M. Robert, sa femme et sa demoiselle de magasin consacrent l'été à se familiariser dans la langue de Shakespeare.

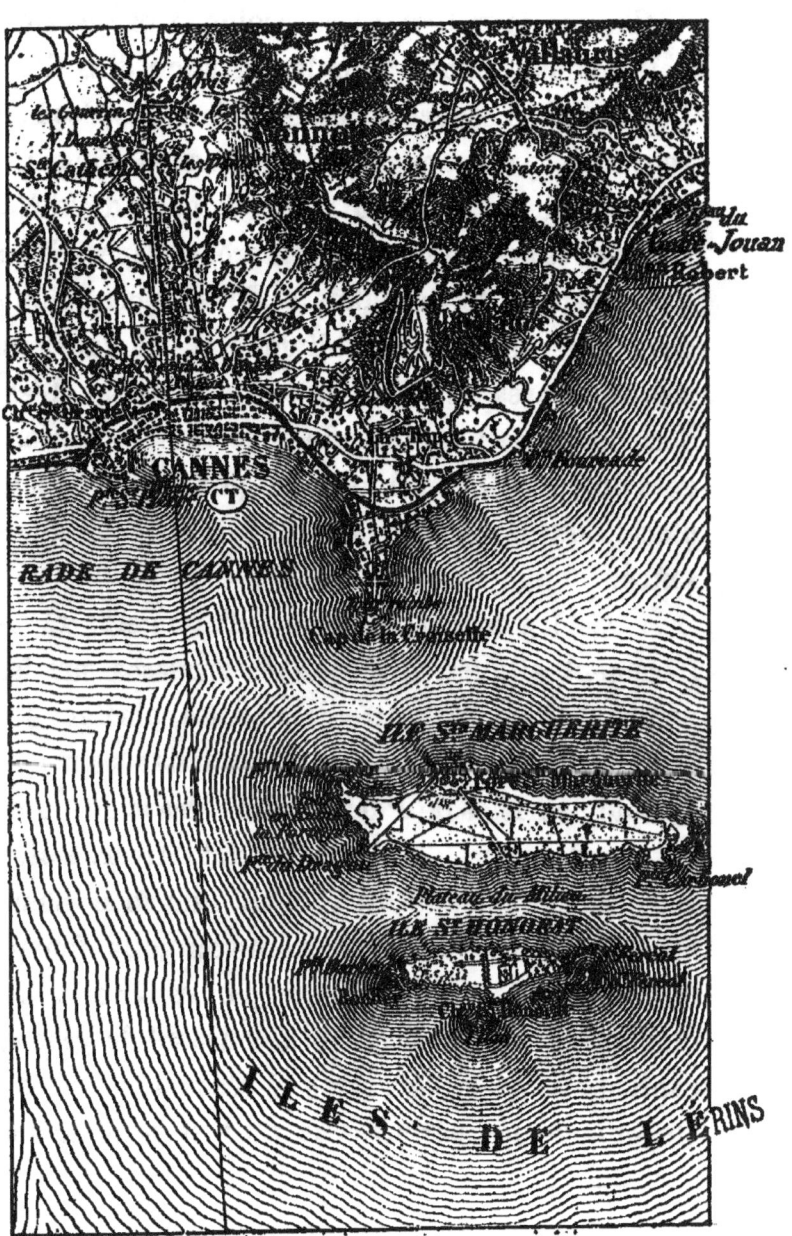

Chaque jour Cannes se prolonge par de nouvelles constructions dans la direction d'Antibes. Le littoral se couvre d'hôtels et de villas, les bois se trouent par des avenues, les grandes propriétés se morcellent. Avant dix ans, le golfe de la Napoule et le golfe Jouan présenteront l'aspect d'une gigantesque cité de palais et de cottages enfouis sous les palmiers, les oliviers et les lauriers-roses, séparés par des allées de mimosas. L'aspect des choses se modifie sans cesse, les orangers du golfe Jouan diminuent peu à peu, faisant place aux jardins et aux habitations de plaisance.

Il reste pourtant beaucoup d'orangers, régulièrement alignés, disposés en terrasses sur les pentes de l'amphithéâtre de collines, abritant les cultures de fleurs destinées à alimenter les magasins de fleuristes de Paris, de Londres et de toutes les grandes villes du Nord pendant l'hiver. Moins considérable qu'à Nice[1], cette industrie charmante est encore fort importante au golfe Jouan. On compte les horticulteurs par centaines, les uns, gros industriels qui ont consacré de grands capitaux à créer des serres vitrées ou couvrir de clayonnage les parterres la nuit et pendant les

---

1. Voir chapitre XXIII, pages 335 et suivantes.

vents trop frais, les autres, petits jardiniers cultivant seulement quelques ares.

Dans ces jardins, parmi ces orangers aux teintes sombres, les maisons blanches des horticulteurs sont comme semées, donnant au paysage beaucoup de vie et de gaîté.

De jolis chemins montent par ces parterres embaumés, depuis le petit port — que l'on agrandit, où l'escadre séjourne souvent, abritée des vents de l'ouest par les îles et les collines — et la belle usine de céramique de M. Clément Massier, jusqu'à une gorge ouverte dans la montagne. C'est le vallon des Travers, aux pentes rocheuses, très raides, remplies d'arbres verts, dont le ruisseau se donne parfois des allures de torrent furieux bondissant de chute en chute. Au-dessus, parmi les orangers, les petites bastides blanches contrastent avec cette sauvagerie d'ailleurs pleine de lumière.

A l'issue de la gorge, bordée par deux routes très fréquentées, on atteint Vallauris et l'on se trouve loin, bien loin des campagnes peignées jusqu'alors traversées. C'est un gros bourg d'aspect industriel, où s'élèvent les fumées noires des fours à potier. Vallauris, malgré son nom dérivé de *Vallis aurea* ou vallée d'or, est en effet un bourg d'ouvriers; il vit par la céramique commune, mais le voisinage des cités de luxe le pousse de plus en plus à produire les faïences d'art. Les artistes, peintres et sculpteurs, qui sont venus passer l'hiver sur ces rivages, frappés de la plasticité de la terre et des dispositions artistiques des ouvriers qui fabriquaient les faïences communes, se sont plu à encourager cette industrie, à donner des conseils. Un des potiers, M. Clément Massier, installé à Golfe-Jouan, avait étonné ses visiteurs par son goût et ses recherches. Il avait appris seul à dessiner en visitant les musées. Gérôme, Cabanel, Berne-Bellecourt, Puvis de Chavannes, s'intéressèrent à ses efforts. M. Massier vit bientôt se développer sa production, grâce à la clientèle élégante du littoral. Il voyagea, chercha des modèles nouveaux, s'inspira de l'antique et, finalement, trouva une voie en dessinant des vases et des socles d'un goût parfait; il ne se borna pas à la forme, mais chercha encore dans l'émail des teintes et des reflets métalliques qui ont été une révélation. Les effets chatoyants de ses émaux irisés ont été un des grands succès de l'Exposition de 1889.

Mais M. Massier n'aurait jamais obtenu les résultats auxquels il est parvenu s'il n'avait été aidé par un personnel préparé déjà par l'atavisme et l'habileté professionnelle. Les meilleurs tourneurs pour la poterie sont à Vallauris; tel balustre qui vaut 3 fr. à Paris est produit à Vallauris pour 1 fr., cela uniquement par le tour de main des ouvriers.

A Vallauris, tout le monde est potier. Sur une population de 5,000 à 6,000 âmes, on ne compte pas moins de 3,000 ouvriers ; il y en eut jusqu'à 3,500 au temps où la concurrence était moins acharnée qu'elle ne l'est aujourd'hui. La production primitive se composait uniquement d'articles de cuisine : marmites, poêlons, casseroles, qui trouvaient de grands débouchés par l'exportation dans le bassin méditerranéen ou les pays barbaresques ; l'Italie, l'Égypte, l'Espagne, sont tributaires de la petite cité provençale. Une cinquantaine de modestes établissements continuent les vieilles traditions ; les ouvriers sont assez bien payés, la moyenne des salaires oscillant entre 4 fr. 50 c. et 5 fr. par jour. On en connaît même, dont la dextérité est grande, qui atteignent 20 à 25 fr. par jour ; ce taux est fréquent pour les faïenciers d'art.

Le bas prix amené par la concurrence rend assez précaire la situation de l'industrie vallaurienne. On avait essayé de syndiquer les producteurs en vue de la vente, mais cette tentative de coopération ne paraît pas avoir réussi. L'éducation commerciale de ce pays n'est pas encore faite.

L'éducation artistique est également insuffisante. Si M. Clément Massier a pu fournir des ouvriers d'art, si deux de ses homonymes s'efforcent de l'imiter, tous les efforts pour créer une école spéciale de dessin sont restés vains par l'effet des jalousies et des prétentions locales. Aussi, la production de la faïence d'art reste-t-elle une exception, les superbes pièces que l'on peut admirer dans les musées du Luxembourg, du Conservatoire des arts et métiers, de Sèvres, de Limoges, de Kensington à Londres, de Berlin, de Vienne, de Saint-Pétersbourg et des villes savantes d'Allemagne sont l'œuvre d'un seul fabricant.

Paris, qui reçoit en si grandes quantités les poteries communes de Vallauris, n'est pas un des clients les plus considérables pour la faïence d'art. L'Angleterre, l'Allemagne, l'Amérique, l'Autriche et la Russie sont des acheteurs bien plus assidus. Cela tient, il est vrai, aux riches hivernants de ces pays, venus à Cannes et à Nice.

Vallauris n'en est pas moins un des centres industriels les plus intéressants de la France. Grâce à son admirable situation sur ce littoral que les riches oisifs du monde entier habitent chaque hiver, la petite ville pourrait devenir un puissant foyer d'art qui rappellerait, mais avec plus de grandeur, les merveilles de Moustiers[1]. Il lui suffirait pour cela de créer une école professionnelle de céramique, où la population ouvrière de Vallauris, si bien douée, prendrait le goût des formes et des couleurs.

La descente de Vallauris par les collines plantées d'orangers en lignes régulières, présente un bel horizon de mer et montre en entier le golfe Jouan, si mollement arrondi entre ses collines couvertes de pins et d'orangers. Le fond du golfe a de petites dunes et de belles pinèdes, au sein desquelles se crée la station nouvelle de Juan-les-Pins, fort humble à côté de Cannes, sa riche voisine. Les constructeurs sont gens modestes, leur rêve ne s'est guère élevé au-dessus de la villa des banlieues parisiennes. On y rencontre même la guinguette classique, avec son trapèze et ses balançoires. A l'écart de la ville en formation, s'élèvent pourtant des habitations plus somptueuses. Le site est charmant, d'ailleurs, grâce aux pins parasols qui forment un véritable bois, et le succès viendra; on l'escompte même, à en juger par le beau boulevard bordé d'une balustrade longeant la mer.

Juan-les-Pins, c'est déjà Antibes. Antibes *extra-muros*, pouvait-on dire il y a deux ou trois ans encore, lorsque la petite ville était une forteresse

---

1. Voir la 12ᵉ série du *Voyage en France*, chap. XV.

close de hauts remparts enserrant ses maisons grises mal alignées sur des rues étroites et tortueuses. L'aspect était très curieux de ces bastions, de ces courtines dont la base était baignée par les flots bleus. Mais ces murailles, qui résistèrent si bien à l'invasion de 1815, grâce à une garnison et à une population héroïques, n'avaient plus aucune valeur contre les canons modernes; les forts n'auraient pu tenir une flotte au large, et l'on a condamné les fortifications, plus dangereuses qu'utiles. Elles tombent sous la pioche et le pic des terrassiers italiens; sur leur emplacement des rues nouvelles sont tracées, déjà de grandes bâtisses s'élèvent, bientôt nul ne reconnaîtra cette cité si fermée jadis, où les habitants, pour rester confinés entre leurs murailles, avaient dû surélever les maisons.

Mais sur le port et la petite anse qui le sépare du fort Carré, pittoresque ouvrage dû à Vauban, on a conservé encore le rempart interdisant à la ville la vue du rivage riant du Var et de la baie des Anges. Si ces murs tombaient, le boulevard intérieur de l'Aiguillon serait une des plus belles promenades du littoral : on aurait une vue merveilleuse sur la Corniche et les hautes montagnes de la Roya et de la Tinée. Nous sommes en août et, cependant, les cimes lointaines sont blanches de neige. Les chaînes successives des monts, jusqu'aux crêtes neigeuses, se détachent avec une

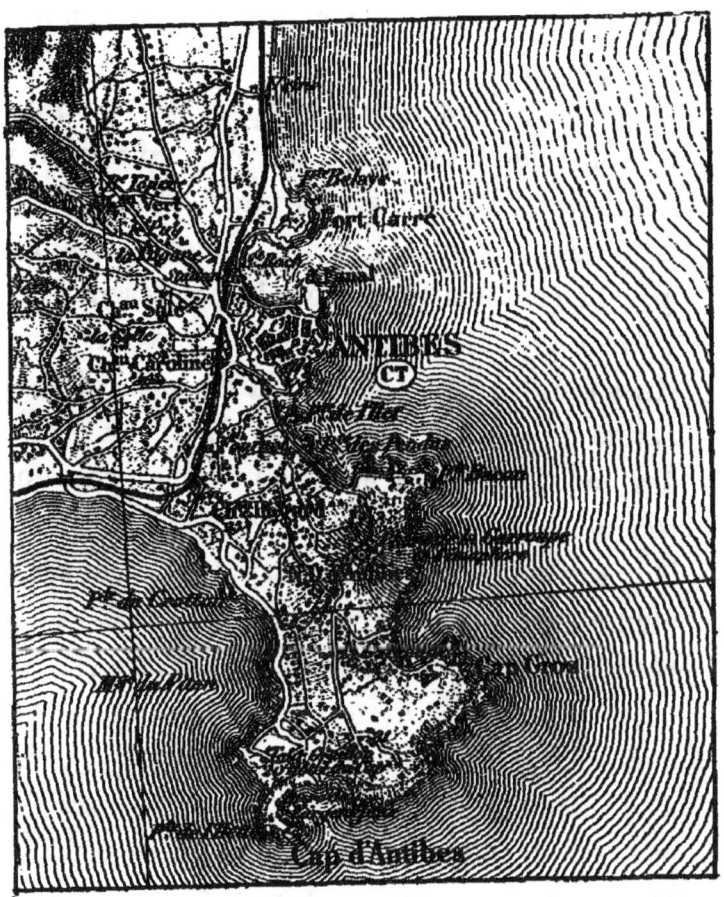

saisissante netteté, grâce à la transparence de l'atmosphère. Sur le rivage, on voit s'aligner les villes de plaisir: Nice, Beaulieu, Monaco, Monte-Carlo et, par les temps très clairs, Menton et Vintimille. Le soir, quand les cités allument leurs guirlandes de gaz et leurs fanaux électriques, le spectacle est féerique, d'autant plus, par contraste, que le port d'Antibes, rarement visité, fermé par de grands môles, est d'une apparence morose.

Si l'on entre en ville, on trouve un peu de vie dès la porte même. Le boulevard de l'Aiguillon est encombré, à l'entrée, par les tables de café remplies de consommateurs : marins, fantassins, chasseurs alpins. Et presque aussitôt le calme se fait. Rues étroites et tranquilles, large cours Masséna, planté de micocouliers, bordé de maisons à arcades, orné d'un buste de Championnet, chemin de ronde aux maisons vieillottes tout étonnées, après la destruction des remparts, de se trouver en pleine lumière. Beaucoup de ces maisons sont bâties sur des rochers, dans un désordre sauvage. On pénètre en des rues larges de deux à trois mètres à peine, bordées de rangées irrégulières de hautes maisons. Cafés et magasins éclairent par leurs fenêtres ces ruelles sinueuses où l'animation est assez grande. L'une d'elles aboutit à une place entourée de beaux cafés étincelants de lumières. Une fontaine est au milieu, rafraîchissante par son murmure d'eau. Le motif principal est une colonne érigée à la mémoire des défenseurs d'Antibes en 1815.

Sauf cette place, qui est, pour Antibes, le « cours » de tant d'autres villes de Provence, la ville entière a un caractère vieillot transportant bien loin des splendeurs de Cannes. Mais Antibes rachète cet aspect par la beauté de sa péninsule. Le cap d'Antibes, avec ses jardins, ses parcs, ses villas, ses grands hôtels, est une des plus riantes parties de ce littoral féerique. Nulle part la végétation n'est plus belle que dans cette presqu'île baignée pas une mer tiède. La villa Thuret, dépendance du Muséum d'histoire naturelle de Paris, est une des merveilles de la Rivière par le nombre des plantes acclimatées, venues de toutes les parties du monde. La maison Vilmorin-Andrieux a choisi Antibes pour en faire un de ses établissements de culture où elle procède à la sélection rigoureuse des graines de semences. Ce coin fortuné de nos côtes a été choisi pour siège de l'école d'agriculture des Alpes-Maritimes.

Maintenant les remparts sont détruits, Antibes, n'ayant plus à subir les inconvénients des servitudes militaires, peut espérer prendre une part brillante à la prospérité des villes riveraines [1].

---

1. En 1896, le mouvement du port, entrées et sorties réunies, a atteint 427 navires et 88,624 tonnes.

XXII

LES ILES DE LÉRINS

De la Croisette à Sainte-Marguerite. — Arrivée dans l'île. — Le fort. — Le Masque de fer et Bazaine. — Une forêt bien soignée. — Le plateau du milieu. — L'île Saint-Honorat et ses souvenirs. — Moines distillateurs. — Les orphelins et le bébé.

Ile de Saint-Honorat. Août.

Si Cannes ne possède point ces attraits de Nice appelés Beaulieu, Monaco et Monte-Carlo, elle en est assez voisine pour permettre à la partie la plus enfiévrée de son aristocratique population hivernale de s'y rendre facilement. Mais, plus que sa grande rivale, elle a de merveilleux paysages dans les golfes bleus de ses rivages de l'Estérel, dans ce massif de roches fulgurantes couvertes de forêts, les campagnes parfumées de Grasse et le petit archipel de Lérins dont les pinèdes sont sans rivales et qui offre au visiteur l'attrait puissant des grands souvenirs historiques.

Du rivage de la Croisette, une seule des îles

---

1. Voir la carte page 305.

apparaît, la plus haute et la plus grande ; la moins illustre, si elle a une notoriété plus bruyante : Sainte-Marguerite, qui renferma dans sa citadelle tant de personnages fameux, depuis le Masque de fer jusqu'au misérable Bazaine.

Les îles sont la promenade favorite des hivernants et, pendant l'été, de la population autochtone. Aussi, on ne peut approcher du port ou du cap Croisette sans être assailli par des mousses et des bateliers qui veulent à toute force vous conduire à Lérins. Mais il faut débattre longuement le prix du passage pour ramener les patrons à des prix raisonnables. A entendre les premières ouvertures, on ne croirait pas aller à 1,500 mètres seulement du continent, mais entreprendre un voyage à l'île lointaine de Thulé.

Mon ami Robert, le libraire, a un conciliabule mystérieux avec un de ces bateliers. L'entente se fait : nous embarquons, la voile se gonfle au vent et nous voilà en route. Il semble qu'on touche l'île de la main ; mais la traversée est longue : le vent souffle du sud-ouest et nous allons au sud. Nous devons louvoyer sans cesse, sur la mer bleue, peu profonde, dont la transparence permet d'admirer le lit d'algues et de roches. Enfin, après un dernier détour, nous voguons droit sur le petit débarcadère, le bateau reprend le large pour contourner l'île et aller nous attendre sur le rivage opposé.

Un chemin rocailleux monte entre des grenadiers sauvages, des figuiers, des câpriers, des lentisques et des figuiers de Barbarie jusqu'à la porte du fort bâti au point culminant de l'île, sur un rocher qui semble avancer à la rencontre de la pointe de la Croisette. Humble fort aujourd'hui, il fut cependant une véritable citadelle. Des casernes, des baraques remplissent tout l'espace compris entre les murailles. Chacun des bâtiments de cette petite cité militaire porte un nom emprunté à une victoire de nos armées; en dessous est celui du général vainqueur: MONTENOTTE, *général Bonaparte*; STAFFARDE, *maréchal de Catinat*; BITONTO, *duc de Mortemart*. On fait un petit cours d'histoire militaire en parcourant les casernements du fort.

Peu de monde dans la garnison. En ce moment il n'y a que 100 hommes; mais, en octobre, il y aura deux compagnies. Les nouveaux venus remplaceront les *zéphirs* convalescents, envoyés d'Algérie aux îles de Lérins. L'hiver, les fièvres ayant cessé dans les postes d'Afrique, on peut conserver là-bas les malades de ces bataillons disciplinaires.

Les convalescents sont un peu en prison : ils ne peuvent quitter l'île et même ne doivent se promener en dehors du fort sans être accompagnés par des sous-officiers. Mais on les laisse errer sur les remparts, ayant sous les yeux l'étroit canal du cap Croisette, Cannes la blanche, ses villas, ses jardins enchantés. L'Estérel fauve et sombre, les Alpes neigeuses ferment le cadre du somptueux paysage.

Le guide, c'est-à-dire la femme du portier-consigne, nous conduit à travers les parties historiques du fort : la chapelle, la chambre où fut enfermé pendant dix-sept ans le Masque de fer, la maison où Bazaine fut détenu et la paroi de rocher à pic d'où le traître aurait réussi à s'évader.

Rien de curieux, d'ailleurs. Le cachot du Masque de fer est vaste et mieux éclairé qu'on ne l'imaginerait. Le rocher de Bazaine n'est pas des plus vertigineux.

Le grand attrait de l'antique Léro est moins dans ses souvenirs que dans son admirable forêt de pins percée d'allées droites, régulières, entretenues comme des chemins de parc. D'une des issues du fort une de ces avenues se prolonge jusqu'au rivage opposé. Elle est bordée de grands eucalyptus et d'agavés dont les teintes métalliques contrastent avec les aiguilles plus sombres des pins et le sous-bois de myrtes, de lentisques et de bruyères. Dans la forêt insulaire, les chemins bien soignés offrent des perspectives heureuses. On est parvenu à cet entretien, inattendu dans un bois de Provence, par une surveillance rigoureuse. Des écriteaux informent les visiteurs qu'il est interdit de chasser, de ramasser les champignons et de cueillir les asperges.

Des asperges ! Pour les gens du Nord, c'est là une véritable *galéjade*. Et cependant rien n'est plus vrai. L'asperge, qui demande ailleurs tant de soins de culture, une terre si profonde et des engrais de choix, est dans son habitat par tout le pays méditerranéen. On la rencontre dans les terres les plus rocheuses, au milieu des plus impénétrables fourrés. Elle abonde dans les garrigues de Nîmes. Mais il ne faudrait pas s'attendre à voir des asperges comparables à celles d'Argenteuil ! L'asperge sauvage du Midi est géante quand elle atteint le diamètre d'un crayon. Son feuillage n'a pas le port hautain et élégant de l'asperge civilisée et montée en graine. C'est une touffe dont les aiguilles sont portées sur des rameaux courts et noueux, semblables à du bois ; chaque feuille est un piquant.

Malgré cet aspect peu engageant, l'asperge sauvage — *asparagus sylvatica spinosa* — est fort succulente. Ses tigelles, d'un vert violacé, sont bien supérieures comme goût aux plus énormes produits des jardins du Nord. On la recherche et, pour l'atteindre, on brise souvent le sous-bois. Voilà pourquoi la récolte en est interdite à Sainte-Marguerite.

Au cœur de l'île, en bordure sur l'allée d'eucalyptus, est le petit enclos de la maison forestière. Un palmier, de beaux orangers entourent la riante demeure des gardes, la plus attrayante à coup sûr de toutes les résidences sylvaines.

Le chemin aboutit bientôt au rivage du sud, la partie la plus belle de l'île, une des plus belles de toute la Méditerranée. La côte rocheuse, lavée par le flot et festonnée de criques, est couverte de pins admirables de port et de couleur. Leur vaste ramure, d'un vert tendre, se penche sur le flot bleu comme pour le baiser. Les uns droits, les autres contournés, tous d'une beauté impeccable. Pour bien comprendre la majesté propre à cet arbre amoureux des paysages maritimes, il faut venir ici, dans cet étroit chenal, le « plateau du milieu », ouvert entre les îles.

Ce petit détroit est charmant, non seulement parce qu'il est resserré entre ces îles verdoyantes, mais encore par les teintes si diverses de l'eau marine. Le fond est tantôt d'algues, tantôt de roches, tantôt de sable lavé par les courants. Ici le fond apparaît à trois ou quatre brasses et l'eau est d'une limpidité de cristal ; ailleurs, sur les herbes aux longues chevelures rubanées, c'est un vert profond et glauque ; à côté, au-dessus d'un petit abîme, les ondes sont d'un bleu puissant.

La barque s'en va lentement sur les eaux merveilleuses. Derrière nous, sur le flot, se penchent les grands pins ; ils encadrent un étroit logis flanqué de tourelles crénelées et entouré de constructions, unique propriété particulière de l'île, appelée le Grand-Jardin.

Voici la côte de Saint-Honorat. Malgré ses pins, la petite île a un aspect moins accueillant que Sainte-Marguerite. Plus basse, elle est en partie cultivée et, au delà des cultures, on devine aussitôt la mer. Les barques abordent à des débarcadères construits avec soin ; le mouvement doit être plus considérable qu'avec Sainte-Marguerite. Saint-Honorat, en effet, est une exploitation agricole et industrielle. Les bénédictins de Cîteaux, qui ont acheté cette terre, longue de 1,500 mètres à peine et large de 400, ont voulu relever l'illustre abbaye, une des gloires de la vieille chrétienté et qui, après tant de sièges, de sacs, de ruines causées par les Barbaresques, les pirates liguriens et les grandes guerres, semblait définitivement abandonnée, puisqu'à la Révolution elle était tombée entre les mains de l'actrice Sainval.

Le couvent a été relevé de ses ruines, mais ces pierres neuves n'ont aucun attrait. L'abbaye est précédée d'une construction où l'on déguste une liqueur fabriquée par les moines de l'île. Le monastère de Lérins est devenu une distillerie ! Les pères, peu nombreux, ont pu mettre l'île en valeur en créant un orphelinat. Trente-deux enfants sont recueillis à Saint-Honorat : ils distillent les liqueurs, menuisent, travaillent le sol. Huit d'entre eux sont occupés dans une imprimerie où l'on exécute de beaux travaux typographiques.

A ces enfants, dirigés par les moines, Lerina doit ses beaux champs de blé et de luzerne, ses olivettes bien tenues, ses jeunes allées de cyprès. C'est dimanche aujourd'hui ; on ne travaille pas, les orphelins, sous la conduite d'un père, se promènent dans l'île. Ils saluent les visiteurs avec une politesse dépourvue d'obséquiosité. Au bord de la mer, j'en rencontre un groupe en extase. Une famille en promenade a amené avec elle les enfants, dont un bébé sur les bras de sa nourrice. Les orphelins n'ont jamais vu d'être si petit, ils entourent le groupe familial et admirent l'enfantelet qui leur paraît une reproduction vivante de l'enfant Jésus. Pauvres êtres, pour qui la vue d'un bébé au maillot est une telle surprise ! On a le cœur serré et attendri tout à la fois. De cette journée de dimanche, terminée par une promenade sur l'étroit domaine, ces adolescents conserveront au moins un souvenir.

Cette petite scène se passait sous les murs, dorés par les siècles, de l'antique castel qui protégea si longtemps les moines de Lérins contre les pirates, sans empêcher cependant la dévastation par les armées. Peu de ruines sont plus belles que ce donjon couronné de mâchicoulis, baignant ses puissantes assises dans le flot bleu. Fière encore d'aspect, la forteresse est complètement évidée à l'intérieur, ses galeries ogivales, ses cloîtres, ses chapelles ne montrent plus que des débris de voûte, des arrachements de fines nervures, quelques rangées de colonnettes.

Du sommet, la vue s'étend sur toute l'île, ses vignobles, ses champs, ses bois, son abbaye trop neuve, dont l'église, par son style, rappelle si peu ce que dut être Lerina. Au delà, voici Sainte-Marguerite, paraissant faire corps avec le continent, Cannes blanche dans ses arbres, l'Estérel et les Alpes. Puis, au sud, la mer sans limites, semée de voiles, navires pacifiques ceux-là ! Jadis, à l'endroit où nous sommes, le guetteur angoissé signalait la venue d'autres voiles, infidèles musulmans ou corsaires d'Italie, toujours prêts à se ruer sur le riche monastère.

XXIII

NICE

La gare de Nice et ses palmiers. — L'avenue de la gare. — La ville neuve et la vieille ville. — Le Paillon. — Une rivière en tunnel. — Riquier. — La promenade des Anglais. — Le carnaval. — Industries niçoises. — Les huiles. — La marqueterie. — Les fleurs coupées. — La culture des oranges.

Nice. Mai.

Il n'est pas en Afrique de paysage plus africain que celui de la gare de Nice, telle doit être du moins l'impression des touristes venus du Nord brumeux. On a bien aperçu jusqu'alors, par la portière du wagon, quelques palmiers ou autres échantillons de la flore africaine, mais ils semblaient être là pour le décor, le chemin de fer ne traversant pas les avenues d'Hyères et de Cannes. A Nice, on débarque en face de parterres plantés de palmiers énormes, dont deux hommes auraient peine à embrasser le tronc. Il y en a partout, la voie qui descend de la gare à la ville en est bordée. Il faut voir l'air ébahi du bon bourgeois de Montdidier ou de Parthenay venu par train de plaisir au moment du carnaval, et se trouvant en face de ces végétaux si différents des betteraves de Picardie et des choux poitevins!

Cependant Nice n'abuse pas du palmier, cet arbre n'est pas comme à Hyères l'arbre dominateur. Même, quand les Niçois ont voulu donner de l'ombrage à leur voie maîtresse, la rue de la Gare, ils ont pratiquement et prosaïquement choisi des platanes. L'hiver, ces arbres dépouillés rappellent un peu trop que la végétation des arbres feuillus est endormie; mais, en même temps, par contraste avec le soleil éclatant, ils font souvenir les hivernants qu'il est des contrées où il gèle, neige ou brume. Puis, l'été, les Niçois, réduits à l'inaction, trouvent sous les platanes de l'avenue un peu d'ombre et de fraîcheur. Les palmiers, au contraire, laisseraient filtrer le soleil. Et le soleil de Nice, de mai à septembre, est passablement brûlant.

C'est donc sous les platanes que l'on traverse Nice, de la gare au jardin Masséna, entre les maisons peintes dont les larges baies et les toits en terrasses transportent le voyageur en pleine Italie. A Toulon ou à Cannes, les constructions, par leurs saillies et leurs ornements, ont un tout autre caractère. Les goûts italiens n'ont pu franchir le Var.

Cette avenue de la gare est pourtant, de toutes les artères niçoises, celle qui rappelle le mieux les autres grandes cités françaises, elle a la gaîté de la Cannebière sans en montrer les côtés prosaïques, elle est élégante et aristocratique, tout en étant la voie où se porte le mouvement de la cité. A droite et à gauche, s'ouvrent des rues tranquilles, uniformément bordées de ces énormes cubes de moellons revêtus de crépi et badigeonnés de couleurs tendres. Çà et là un jardin rompt l'uniformité, abrité par le panache d'un palmier, fleuri de lauriers-roses ou de cassie et complanté de quelques orangers. Ces jardinets sont généralement établis devant les hôtels ou les pensions de famille; ils sont là pour amorcer l'étranger à la recherche d'une résidence. Ainsi bordées de vastes maisons pour abriter des hivernants, ces rues neuves de Nice ont le même caractère de calme.

Tout autre est la Nice primitive, groupant ses voies étroites entre le Paillon et le rocher du Château. Les maisons sont hautes, lépreuses, irrégulières; elles escaladent le coteau et forment un inextricable dédale. Quartier grouillant, plein de rumeurs, d'odeurs d'huile et de macaroni, où

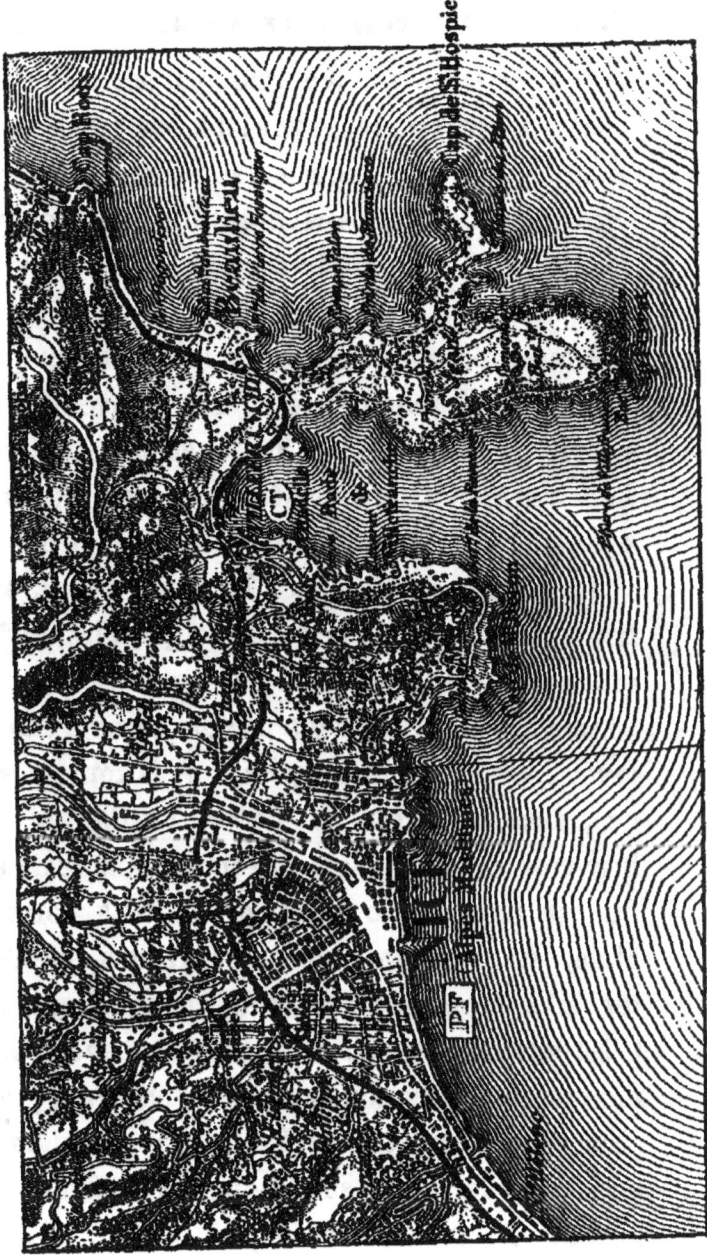

l'on trouve ce qui manque aux parties neuves et cosmopolites : un langage et des costumes bien particuliers, quelque chose d'intermédiaire entre la Provence, dont Nice est naturellement une partie, et l'Italie, à laquelle le sort de la cité fut si longtemps uni.

Pour qui ne recherche pas l'éclat des magasins, les élégances mondaines et la vie conventionnelle, ce vieux Nice serait d'un charme pénétrant, si l'on n'avait vu tant de vieilles villes provençales plus riches en monuments et en œuvres d'art.

Le Paillon, qui sépare les deux villes, est un fleuve extravagant : large lit de graviers, enfermé entre de beaux quais et dans lequel les blanchisseuses niçoises trouvent parfois assez d'eau pour laver des mouchoirs de poche. A la fonte des neiges, lors des grandes pluies, le Paillon roule bruyamment des galets et souille une vaste étendue de mer par le mélange des flots bourbeux. Mais ces crues sont rares et courtes, bientôt le torrent reprend son aspect de champ de cailloux. C'est fort laid, et cela contrastait fort avec l'aspect monumental des constructions riveraines ; aussi, pour ne plus montrer le Paillon, le recouvre-t-on peu à peu de voûtes sur lesquelles on dispose des jardins. La place Masséna, le Casino, le Jardin public, ont masqué le torrent jusqu'à la mer, sur plus de 500 mètres. On rêve de compléter cette œuvre, afin de donner au nouveau quartier de Riquier un attrait de plus.

Riquier est une ville nouvelle : il y a vingt ans c'était un véritable jardin d'orangers. Ces arbres ont été en partie sacrifiés, d'innombrables rues bien rectilignes sont tracées en damier, depuis le chemin de fer de Menton jusqu'au quartier populeux qui aboutit au port, au pied du Château.

Ces villes annexes : Riquier, Saint-Étienne, la Croix-de-Marbre, se bâtissent rapidement, malgré leur étendue. Nice est une de ces cités dont il serait aventureux de prédire l'état stationnaire. Sans cesse le nombre de ses visiteurs s'accroît et l'on peut prévoir qu'avant cinquante ans, toutes les plaines étant construites, les hauteurs réservées aux châteaux, aux palais et aux villas seront escaladées par les rues.

Ces parties éloignées sont préférées par les malades et les valétudinaires.

C'est pourquoi la promenade des Anglais ne s'est point bordée de maisons aussi luxueuses et intimes que celles des vallons. Il y a sur la mer des hôtels et des pensions dont les hôtes viennent à Nice pour le plaisir et non pour la santé. Les malades ne pourraient supporter l'air marin, trop vif et énervant lorsque la brise souffle du large.

Mais pour tous la promenade sur la merveilleuse avenue tracée sur le rivage et plantée de palmiers élevés à grands frais, est une joie des yeux. La mer est bien belle ici : si elle n'a point la majesté radieuse des Maures et de l'Estérel, elle s'offre dans tout son infini.

La promenade des Anglais, le Carnaval, voilà d'ailleurs les deux curiosités de Nice, celles qui lui ont valu son renom universel. A la promenade des Anglais je préfère les parterres du Château et les hauteurs du mont Boron. Quant au carnaval, je ne l'ai point vu encore, je l'avoue en toute humilité. D'après ce que l'on m'en a dit, d'après les programmes imprimés en couleurs crues et représentant par le menu toutes les scènes auxquelles on assistera, c'est une cavalcade pleine de fantaisie et de vie, dont le côté pittoresque est accru par la participation de la foule. Il y a beaucoup d'ingéniosité dans ces chars et ces cortèges. Il faut tous les ans changer le programme et cela fait honneur à la fertilité d'imagination des organisateurs de ces fêtes en l'honneur de Carnaval, devenu à la longue une sorte de personnage tangible et dont on change chaque année la physionomie. Ce fut cet hiver Carnaval XXV, sous les traits d'un paysan monté sur un dindon ; derrière lui, madame Carnaval, géante traînée sur un char Louis XV, s'avance avec ses vingt-quatre bébés qui représentent les carnavals défunts. En somme, cela ressemble fort aux promenades parisiennes de la mi-carême avec plus de fantaisie et un vent de folie soufflant sur la foule, où l'on se crible de confettis de plâtre.

Dans le cortège on vit cette année : le groupe des chapeaux de feutre; les blancs et les noirs, masques vêtus en damiers et montés sur des ânes ; les belles de nuit, femmes coiffées de fleurs de ce nom; sur un char luttaient des hercules ; sur un autre, simulant un gigantesque poisson d'avril, des journalistes pêchaient des canards; plus loin étaient des chanteurs de café-concert ; il y avait des cavalcades et des analcades, des groupes à pied, des masques isolés représentant des charades parfois difficiles à comprendre pour qui n'est point au courant des mœurs et des potins de la ville. On vit une « bonne poire », masque coiffé d'une poire aussi grande que lui; un représentant du Thé avec son maître et son patron, c'est un ouvrier portant un T, un mètre et un rouleau! Cela donne le ton et le sel de ces symboles!

La préparation des chars est une des rares industries de Nice, industrie toute temporaire comme la plupart des éléments d'affaires de cette ville. L'exploitation des étrangers n'a qu'un temps, l'hiver; les indigènes y prennent une part des plus modestes, ils se contentent de louer leurs maisons et d'approvisionner les marchés. Maîtres d'hôtels, cuisiniers, valets et femmes de chambre, cochers, coiffeurs, bijoutiers, tout ce personnel formidable qui vit des oisifs et des malades, viennent à l'entrée de l'hiver et s'en vont au printemps. Ceux qui sont continuellement à la recherche de la vie factice dite mondaine, retrouveront les mêmes gens dans les villes d'eaux, dans les stations d'été, sur les grandes plages. Vichy, Aix-les-Bains, Chamonix, Genève, Zermatt et cent autres lieux fameux voient, l'été, arriver de Nice et de la *Riviera* toute une population pour reprendre la vie interrompue aux bords de la Méditerranée. Même les conducteurs de voitures s'envolent comme des oiseaux migrateurs. Grenoble, Aix, les stations estivales des Alpes sont desservis l'été par les victorias et les landaus de Nice et de Cannes; de même, les diligences et voitures d'excursions n'ont d'autres postillons et conducteurs que ceux de la Corniche. Le fouet abandonné au bords du Paillon est repris au pied de la Mer de glace [1].

Le commerce de la ville est donc en entier con-

---

1. Voir *Voyage en France*, 10° série, p. 121.

sacré à l'exploitation de l'inépuisable mine des étrangers hivernants. En dehors de l'exploitation des produits du sol, huiles et fleurs, on n'y rencontre guère qu'une industrie, celle de la tableterie en bois d'olivier. Deux maisons importantes et de nombreux petits ateliers occupent environ 150 ouvriers qui confectionnent ces mille bibelots : étagères, ronds de serviettes, encriers, presse-papier, couvertures de livres, porte-plumes, coupe-papier, cadres de photographies, boîtes à ouvrage, répandus partout où se dirige la foule et portant peint le nom de la station où l'on achète ces objets. En France, du Mont-Saint-Michel aux Pyrénées, de Rosendaël à la Rochelle, tous ces « souvenirs » sont l'œuvre des habiles ouvriers niçois. L'olivier n'est pas le seul bois employé, on l'associe à d'autres essences à grain fin : caroubier, citronnier, oranger, houx, cerisier, sorbier, etc. On obtient par les teintes et les veines diverses de ces bois de charmantes mosaïques. Cette industrie locale, très florissante, a été créée vers 1840, par M. Gimello. De véritables artistes se sont formés pour la décoration et la peinture de ces petits ouvrages.

La matière première principale, le bois d'olivier aux veines régulières, de nuances harmonieuses, ne manquera jamais. Nulle part on ne trouve d'oliviers plus gros, plus élevés, plus noueux que dans la campagne de Nice. La hauteur atteint souvent 18 mètres, il n'est pas rare de rencontrer des troncs ayant plus de 5 mètres de circonférence. La région littorale de Nice à Menton est particulièrement remarquable à ce point de vue; les oliviers y forment des forêts d'arbres plusieurs fois centenaires. On évalue à 200,000 hectares la surface couverte par l'olivier dans les Alpes-Maritimes; la production en huile atteint environ 8 millions.

L'huile de Nice passe pour la meilleure et la plus parfumée. Le fruit qui la donne ne ressemble en rien à l'olive du Gard et des Bouches-du-Rhône qui est parfois de la grosseur d'un pruneau, c'est un fruit très petit, cueilli en secouant ou gaulant les arbres. La maturité se fait d'une façon lente, aussi la récolte a-t-elle lieu depuis novembre jusqu'aux premiers jours de mai. La plupart des villes font le commerce des huiles, mais Nice est le centre de cette production: près de cent maisons se partagent le mouvement d'affaires.

Moins nombreux sont les expéditeurs de fleurs coupées, autre industrie de Nice, charmante, celle-là, car elle envoie tout l'hiver dans les brumeux pays du Nord un peu du soleil et des parfums de la côte d'Azur. C'est une industrie récente, les premières expéditions remontent seulement à 1850 ; elle ne cesse et ne cessera de se développer.

J'ai déjà parlé de ces cultures fleuristes qui alimentent l'Europe de jacinthes, d'anémones, de violettes, de cassies et de roses [1]. Nice mérite cependant d'être étudiée à ce point de vue, elle est le marché le plus considérable pour la fleur coupée expédiée en boîtes ou en paniers par la poste et par chemin de fer. J'ai pu recueillir des renseignements chez un des grands horticulteurs niçois, M. Lambert, qui m'a gracieusement fait les honneurs de ses jardins, où les palmiers, les orangers et les arbustes fleuris forment de merveilleuses allées. Là et dans deux autres jardins niçois, les trois grands centres d'horticulteurs, Gand (Belgique), Lyon et Paris, viennent s'approvisionner de plantes vertes. Mais les jardins de la ville, si vastes et beaux soient-ils, ne sauraient suffire à toutes les commandes ; les palmiers rustiques sont surtout cultivés en pépinières vers l'embouchure du Var, dans les fertiles alluvions irriguées du fleuve.

La fleur coupée vient également de la ban-

---

[1]. Voir les chapitres sur Ollioules, Toulon, Hyères, Cannes et Antibes.

lieue : les paysans des plaines et des coteaux du Var, ceux, moins nombreux, d'Eza, de Beaulieu, de Villefranche cultivent les œillets, les roses, les giroflées blanches et roses, les anthémis et les anémones. De la fin de l'hiver au commencement du printemps, ces champs de fleurs forment une campagne éblouissante. Les expéditions commencent en novembre et durent jusqu'en avril. Chacun entreprend de préférence une fleur; on compte par centaines ces spécialistes, parvenus à obtenir d'une plante tout ce qu'elle peut donner.

Les fleurs, coupées le soir, sont apportées pendant la nuit à Nice et vendues sur le cours Soleil, sorte de bourse tenue de 3 à 4 heures du matin, près du théâtre. La moisson odorante arrive en grands paniers qui sont étalés sur cette petite promenade longue de cent mètres à peine. Des commissionnaires venus du dehors, les représentants d'une cinquantaine de maisons locales d'expédition, achètent les fleurs, soit pour les expédier en gros aux Halles de Paris, soit pour en faire les colis postaux envoyés partout où une fleur peut parvenir sans être fanée. Depuis que l'on atteint la Russie en cinq jours, il y a là des débouchés importants.

Après Paris, Lyon est le centre où Nice expédie

le plus de fleurs, puis viennent l'Allemagne et l'Angleterre, ce dernier pays ne demande que de petites bottes. Les fleurs sont aussitôt enlevées, emballées et mises en wagon pour parvenir le lendemain à Paris. Nice seule fait un chiffre de un million d'affaires.

La culture des fleurs ne dépasse guère Beaulieu; même Monaco, gros consommateur, s'alimente à Nice, où ses fleuristes font chaque jour leurs commandes.

Sur le marché, un panier de 5 kilogr. vaut en moyenne 10 fr., celui de 3 kilogr. se vend 7 fr. Il y a loin, de là, aux prix demandés par les fleuristes de Paris, mais le transport et le peu de durée de cette marchandise expliquent l'augmentation de la valeur des fleurs quand elles sont dans les magasins des grandes villes.

Les fleurs ont fait tort aux orangers, ceux-ci mûrissent cependant facilement leurs fruits et donnent des produits assez rémunérateurs. On cite dans le quartier Saint-Étienne, au delà du chemin de fer, la villa Bernard, où l'on compte 10,000 pieds d'*agrumes* divers : orangers, bigaradiers, limoniers, etc. ; 5,000 autres arbres fruitiers et, sous l'abri de cette forêt embaumée, 20,000 pieds de violettes de Parme.

Les grands horticulteurs ne se bornent pas à

leur production, ils achètent sur le marché pour faire face à leurs commandes et se livrent de préférence à la culture des fleurs demandant des soins particuliers, comme les gardénias et les camélias. Une promenade dans ces jardins enchantés est un éblouissement; on marche sous les hautes palmes des arbres verts, parmi les roses, les mimosas, les œillets, les anémones, les renoncules, les résédas, les primevères de Chine et du Japon, les cinéraires, les nériums, les scabieuses, les muguets, toutes plantes fleurissant de bonne heure ici, mais produites aussi tôt dans les serres par les horticulteurs de Paris. Nice, pour lutter et arriver plus tôt encore, a établi des serres où la chaleur, au lieu d'être due à la houille, est celle du soleil captée par les parois de verre.

L'orange, par contre, n'a pu mûrir dans les serres du Nord, elle n'y mûrira jamais sans doute. Aussi Nice, malgré les fleurs, malgré la concurrence de l'Espagne, de l'Algérie et de Sicile favorisées par des tarifs de chemins de fer, peut-elle encore expédier 3,500,000 oranges sur les 10 millions récoltés dans la région. Si les frais de transport étaient moins élevés, ces 10 millions d'oranges seraient toutes exportées, mais le prix est trop bas : on les vend 11 fr. le mille, soit 8 fr. 50 c. les 100 kilogr. A ce taux, l'orange, chargée d'une taxe de près de 100 fr. par tonne[1], ne peut lutter contre l'orange espagnole. Il en coûte moins pour faire venir des oranges de Valence ! Il y a bien la mer, qui permettrait de conduire à bas prix les oranges dans les ports du Nord, si Nice avait d'autres éléments de fret pour compléter les chargements. Les oranges entrent pour fort peu dans le mouvement du port, évalué en 1896, entrées et sorties réunies, à 2,292 navires jaugeant 512,434 tonnes, — chiffre considérable pourtant, plaçant Nice au troisième rang de nos ports méditerranéens, après Marseille et Cette.

---

1. 95 fr. 66 c. de Nice à Lille.

XXIV

NICE-COSMOPOLIS

La Nice d'hiver. — Et nous sommes en mai! — Au Raouba-Capeou. — Mon ami Guérin. — Le récit d'un vieil hivernant. — La Nice des malades et la Nice des étrangers. — Les magasins. — Semons l'or. — Les rastaquouères. — Les excursions. — Monte-Carlo. — Le jeu. — Mœurs de joueurs.

Nice. Mai.

La Nice que j'ai vue, celle dont je viens de parler, n'est point la Nice fameuse, c'est-à-dire la ville hivernale. Celle-là je la connais peu, malgré un hiver passé ici il y a fort longtemps, vers 1872, quand j'étais simple soldat au 85° régiment d'infanterie, dont le dépôt était à Villefranche-sur-Mer. Mais mon sou de poche ne m'a guère permis de mener la grande vie, et cette Nice de 1872 était loin de faire prévoir l'éclatante fortune de la Nice de 1897.

Il me fallait cependant raconter cette ville des *Mille et une Nuits*. Ne pouvant y passer un hiver je cherchais quelque hivernant retardataire à qui je pourrais demander ses impressions. Mais chercher un étranger à Nice, en mai, autant espérer rencontrer un baigneur à Trouville pendant les fêtes de Noël.

Mélancolique, je suivais donc le rivage, quand, au coin des Ponchettes, en cet endroit appelé *Raouba-Capeou*, c'est-à-dire vole-chapeau, parce que le vent y est traître et vif, je me heurtai à un promeneur s'efforçant, comme moi, de maintenir son couvre-chef. Nous allions nous traiter mutuellement de maladroit quand mon homme poussa un cri d'étonnement :

— Tiens Dumazet !

C'était mon vieil ami, Alexis Guérin, jadis chef du secrétariat du préfet de la Seine, actuellement attaché aux finances municipales de Paris.

— Vous ici, en mai !

— Oui, mon ami, je guéris une bronchite et le printemps parisien est si tardif que je n'ose m'envoler encore.

Les dieux m'envoyaient Guérin ; nul ne connaît Nice comme lui, il y a vécu enfant, chaque année il y est revenu. C'est un habitué de la Rivière et il sait voir.

— Vous êtes ma Providence, lui dis-je, vous allez me parler de Nice l'hiver. Comment y vivent les indigènes, comment vivent les étrangers ?

— Volontiers, mais quittons Raouba-Capeou, le vent va nous jeter dans le Lympia.

Et nous allâmes nous asseoir sous un eucalyptus dans le jardin Masséna. Guérin me dit à peu près ceci :

« Ah ! mon ami, qui reconnaîtrait, dans *Nice la Cosmopolite* de 1897, la modeste Nizza que l'Italie nous cédait en 1860 ? La ville consistait alors en un amas de maisons groupées en rues tortueuses aux flancs du « château », se serrant étroitement par crainte des Sarrazins qui, jusqu'en 1706, avaient eu une forteresse à Saint-Hospice, devant Villefranche, et écumaient les rivages de la Méditerranée. Un quartier neuf s'étendait entre le château et la mer : c'étaient le cours et la rue Saint-François-de-Paule sur la rive gauche du Paillon. Au contraire, rien ne faisait soupçonner encore la création de la Nice moderne, qui couvre la rive droite du Paillon, où à cette époque on ne comptait qu'un vieux couvent, transformé en lycée, et un seul hôtel réellement confortable, l'hôtel Roubion.

« Mais alors le chemin de fer s'arrêtait à Gênes, d'une part, à Toulon de l'autre : les diligences avaient à gravir, à l'est la Corniche, à l'ouest l'Estérel. Dans ces conditions, ni les hivernants malades, ni, à plus forte raison, les représentants de la « haute vie » ne songeaient à affronter les fatigues et les lenteurs d'un tel déplacement. Enfin, Monaco n'existait encore qu'à l'état rudimentaire. La maison de jeu ne comptait qu'une table de trente-et-quarante, et une de roulette. Le minimum était de deux francs. On attendait, pour engager la partie, l'arrivée de la diligence de Nice qui amenait une vingtaine de voyageurs par la Turbie. On comptait surtout sur l'arrivée du bateau qui pouvait transporter de Nice, en une heure, une quarantaine de personnes. Mais quand la mer était mauvaise, la roulette risquait fort de chômer.

« L'achèvement successif des voies ferrées venant de Toulon et de Gênes devait rapidement transformer toute la région. La création des express, des rapides, des trains de luxe, « Méditerranée express », « London-Riviera », « Calais-Nice », « Vienne-Cannes », composés de sleeping-cars, de wagons-lits, et comportant des wagons-restaurants, offrait les facilités les plus séduisantes aux oisifs en quête de distractions et aux malades avides de soleil. Mais ce qui constitue la prospérité de Nice et son élégante population d'hivernants, ce sont presque exclusivement les représentants de la haute vie, et non pas les malades ; ceux-ci s'arrêtent de préférence à Hyères, Cannes, Valescure et Menton, localités incontestablement mieux abritées que Nice. Je ne vous parlerai donc guère d'eux : ils vivent modestement dans des hôtels et villas éloignés de la mer, sur les pentes de Cimiez et de Carabacel, ou dans le vallon de Saint-Maurice, qui, par sa position encaissée et éloignée de la mer, tend chaque jour à devenir le véritable sanatorium de Nice. Ils promènent leurs rhumatismes et leurs catarrhes de dix heures à midi, et de une heure à trois sur la promenade des Anglais, mais un nuage à l'horizon, un souffle de brise, ou simplement la décroissance du soleil, suffisent pour les disperser rapidement. Ils ne sont pas bruyants, pas encombrants, et ce n'est pas eux qui donnent à Nice son caractère véritable.

« Mais voici la foule des cosmopolites qui envahit le Jardin public et le quai Masséna. Oh ! ceux-là sont éclatants de vie, de santé, de luxe et de soif de plaisir. Voyez les équipages superbes, les attelages merveilleux, les automobiles, les bicyclettes, les cavaliers, les amazones, et la masse des piétons en toilettes élégantes qui jettent une animation sans égale sur ce coin privilégié de la France. C'est là une réunion de tous les désœuvrés, oisifs, millionnaires, en quête de distractions, aventuriers en chasse, jeunes filles qui espèrent le mari opulent, filles jeunes — ou mûres — attirées par cette affluence de gens riches, et tout ce monde grouille, s'agite, ne songeant qu'au plaisir, au luxe. Mais il semble surtout que ce public spécial ait pour préoccupation principale, d'une part, de dépenser beaucoup, et, d'autre part, de paraître dépenser : l'ostentation dans la prodigalité.

« Qui sont-ils ? d'où viennent-ils ? pourquoi viennent-ils ? comment vivent-ils ?

« En tête, plus de rois, en activité ou en retraite, que n'en réunit l'auberge de Venise où Candide n'en compta que trois ! L'empereur et l'impératrice d'Autriche, l'impératrice Eugénie, la reine Victoria, le roi Léopold, le roi et la reine de Wurtemberg, le roi Milan, le prince de Battenberg, etc., etc. Puis, lord Salisbury ayant une « bastide » à Beaulieu ; Gladstone à Cannes, puis des constellations de princes, ducs, comtes, pour la plupart authentiques. Après eux, et sur un rang presque égal, les aventuriers de haute mine, dont les titres, pour n'être pas consignés au Gotha, n'en sont que plus éclatants ; il est évident que lorsqu'on se crée un nom, on le choisit plus prestigieux que ceux tout bonnement transmis par hérédité. Et dans l'estime et l'obséquiosité des hôteliers et fournisseurs, l'authenticité des titres n'est pas toujours l'élément dominant.

« Au-dessous d'eux, comme dans le monologue de Charles-Quint,...... la foule : mais ici la foule est exclusivement composée de gens riches, car le séjour à Nice, *pour y mener une certaine vie*, implique une fortune respectable (respectable par sa masse, sinon par son origine). Un pauvre petit millionnaire, à qui son million rapporte, en 3 p. 100 et en obligations de l'Ouest, 27,000 ou 28,000 francs par an, ne saurait avoir la prétention de se mêler à la vie élégante de Nice. Il peut louer une chaise sur la promenade des Anglais, et, comme Don César de Bazan...

...regarder entrer et sortir les duchesses,

mais les coudoyer, non pas !

« Quel peut être le budget d'un hivernant ? Pour habiter dans un hôtel de premier ordre, avec tous les faux frais obligatoires, les toilettes multiples, les voitures, les déplacements, les soirées, les bals, les excursions, pour tenir son rang et jouir vraiment de la vie de Nice, j'estime que le *minimum* doit bien être de 100 fr. par jour et par personne, soit, pour un couple *raisonnable*, 6,000 fr. par mois : ce qui suppose, pour l'ensemble de l'année, environ 100,000 fr. de rentes.

« Il est bien entendu que ces 100,000 fr. de rente, on peut les avoir de diverses façons. D'abord, on peut les posséder réellement en terres, en valeurs, en revenus ou gains industriels. Ensuite on peut, comme le brigadier du *Gendre de M. Poirier*, avoir 100,000 fr. de rente pendant un mois, c'est-à-dire concentrer sur ce mois tous ses revenus, et manger des haricots pendant les onze autres : ça se voit. Enfin, on peut avoir 100,000 fr. de rentes en intrigue, en aplomb, en prestige, et c'est peut-être la meilleure façon, car on ne risque pas d'en perdre le capital : il est inépuisable.

« Donc, tous les hivernants de grande vie ont 100,000 fr. de rente, mais de l'une des diverses façons que j'indique.

« En effet, autour des véritables riches, gravite la tourbe des parasites, hommes et femmes : ceux-là vivent de la même vie, c'est une condition essentielle, et s'ingénient à trouver les moyens de la soutenir aux dépens d'autrui. Les hommes possèdent trois procédés principaux : les emprunts directs, le crédit chez les fournisseurs ou escroquerie, et enfin le jeu dans les cercles.

« Combien sont-ils, ces grands hivernants ? Ils viennent d'Angleterre, d'Allemagne, d'Autriche, de Russie et d'Amérique : dans certains hôtels, — et j'ai moi-même constaté le fait à l'hôtel X...

à Cannes, — le personnel ne comprend guère et ne parle pas le français : l'anglais et l'allemand sont les seules langues courantes. On trouve un peu partout de délicieuses misses américaines qui ont averti leur charcutier de père qu'elles allaient passer l'hiver à Monte-Carlo. *All right!* a grogné le papa, et elles sont venues. Je crois qu'on peut estimer à 20,000 ces grands hivernants : ce sont eux que l'on rencontre partout, qui passent dans les landaus, chevauchent les pur-sang, peuplent les restaurants, encombrent les tables de roulette et donnent à toute cette région cet aspect de joie, d'élégance et de luxe qui en est la caractéristique et le charme.

« Ils sont attirés ici, d'abord par le climat qui est réellement délicieux, et dont les pires excès ne dépassent pas les brumes et giboulées que mars peut nous amener à Paris. Ce climat est nécessaire pour rendre possibles les autres attractions. Puis le site merveilleux, cette baie des Anges, ces lieux charmants qu'on nomme Saint-Jean, Beaulieu, Passable, Villefranche, Monaco, le cap Martin, la Corniche, la Turbie, le Laghet et qui présentent successivement tous les aspects les plus enchanteurs de la nature : rochers escarpés, monts grandioses, plaines riantes et fleuries, grands bois d'oliviers gigantesques avec des éclaircies bleues sur la mer profonde, flots calmes ou agités, promontoires menaçants, plages mollement caressées par les eaux, tout cela se déroule sans efforts au cours de la plus brève promenade.

« Enfin, ici sont groupés tous les éléments du plus grand confortable et de la vie la plus élégante ; aucune ville, même Paris, dans la rue de la Paix, ne réunit une succession de magasins comme ceux du quai Masséna et du quai Saint-Jean-Baptiste. Tous les objets de luxe, bijoux, costumes, chapeaux, antiquités, objets d'art, viennent solliciter le passant et lui offrent les merveilles de la civilisation la plus raffinée. Les villas coquettes, les palais majestueux, meublés avec goût et confort, fournissent aux plus fortunés l'équivalent de leurs demeures personnelles. La plupart ont fait venir leurs propres attelages et leurs voitures ; les autres trouvent à louer des équipages de grand ton. Ils retrouvent donc ici leur existence habituelle avec un confort raffiné, et peut-être même plus parfait encore qu'à leur résidence lointaine.

« Enfin, parmi les attractions, est-il possible d'omettre Monte-Carlo ? Vous connaissez toutes les séductions qui y sont accumulées, le site pittoresque, le palais somptueux, les salons de correspondance, de lecture, les concerts exécutés par un orchestre de tout premier ordre, les représentations théâtrales, où la Patti, miss Sanderson et « Fräulein » Lola Beth viennent se faire entendre, pour un ou deux louis par fauteuil. Mais, aux yeux de la plupart des hivernants, la séduction suprême, c'est le jeu! Pour ces blasés de la grande vie, pour ces détraqués, il y a là encore de fortes émotions, des angoisses délicieuses, des affres poignantes. Et les dix tables de roulettes, les quatre de trente-et-quarante, fonctionnant sans interruption de 11 heures du matin à 11 heures du soir, sont assiégées par une foule considérable qui se renouvelle sans cesse.

« Il faut reconnaître d'ailleurs que la roulette fonctionnant avec un seul zéro, maniée sans passion par les croupiers qui ont pris l'ancienne devise de la Divinité — *patiens quia æternus* — et sont désintéressés de chaque coup parce qu'ils ont pour eux l'Éternité mathématique, le ∞ qui marque l'Infini dans les sciences, — la roulette qui se contente de prélever le 2.70 p. 100 sur les gagnants, soit 1.35 sur la totalité des enjeux, est incomparablement plus insoupçonnable et moins avide que les cercles et les « petits chevaux », où les cagnottes ne se borneraient pas à ce modeste bénéfice. Dans ces conditions, il n'est pas impossible que de gros gains soient parfois réalisés : dans les superbes wagons-salons qui font le service entre Nice et Monte-Carlo, on n'entend que récits de cette sorte. Il ne faut pas croire aveuglément aux témoignages de ces Roumains élégants, ou de ces aimables personnes si endiamantées : plusieurs font partie de la clientèle du Casino, et sont chargés d'en répandre les suggestives légendes.

« Cependant il arrive parfois que les tables ont « sauté », c'est-à-dire que les 100,000 fr. qui ont été confiés à chacune d'elles, au début du jeu, soient épuisés. Dans ce cas, on renouvelle la provision, les croupiers signent le reçu et le public assiste à l'encaissement des 100,000 fr. nouveaux qui viennent raviver la partie. D'ailleurs, il n'est pas nécessaire que la banque saute pour qu'un joueur ait réalisé d'énormes bénéfices, puisqu'il peut avoir été payé par les pertes de ceux qui jouaient la contre-partie. J'ai vu moi-même un étranger qui en 6 coups, ayant joué le maximum, 12,000, au trente-et-quarante, a gagné 72,000 fr. Personne ne l'avait remarqué, et il est sorti tranquillement.

« Mais peu importe au véritable joueur le calcul exact de ses chances. On en voit tous les jours risquer des sommes aux petits chevaux ou à des variétés de jeu où les prélèvements de la cagnotte sont de 33 p. 100. C'est donc la perte, certaine, inévitable, à brève échéance ; eh bien ! le véritable joueur va donner dans ce panneau grossier, et il trouve encore une vive émotion aux péripéties de cette lutte inégale. Donc, à Monte-Carlo, ce n'est pas l'honnêteté — relative — du Casino qui y attire les joueurs : ils iraient tout de même à des conditions plus onéreuses ; mais, avec la modicité du prélèvement, la ruine inéluctable est plus lente, la lutte plus prolongée, l'illusion plus tenace, et par conséquent, pour une somme déterminée, le plaisir du jeu durera plus longtemps.

« C'est une opinion fort répandue ici, que la fermeture de Monte-Carlo serait une calamité pour le pays : on considère que la plupart des étrangers, de ceux surtout qui sèment l'argent en prodigues, ne séjourneraient plus sur la côte d'Azur ; ils iraient hiverner partout ailleurs, à Alger ou au Caire, aussi Monte-Carlo a-t-il pour défenseurs la plupart des hommes politiques de la région : un gouvernement qui exigerait cette fermeture risquerait une interpellation furibonde.

« D'ailleurs, Monte-Carlo ne compte que des amis ; autour de lui, il ne fait que des heureux : les habitants de Monaco sont exempts de tout impôt ; comme ceux des Alpes-Maritimes, ils sont sévèrement exclus des salons de jeu dont ils ne connaissent ainsi que les bienfaits : les étrangers ruinés qui crieraient trop haut sont charitablement rapatriés par le Casino, et vont porter plus loin leurs lamentations. Quant aux députés, aux journalistes, vous savez quel accueil empressé leur est assuré à l'hôtel de Paris, propriété et annexe du Casino. S'ils jouent, ils sont suivis d'un œil paternel par l'administration, qui se réjouit de leurs gains, et ne veut pas accepter leurs pertes. Aussi les bulletins météorologiques des journaux enregistrent-ils chaque jour la température de Monte-Carlo ; ils lui accordent généreusement quelques degrés de supplément, et quand il y a plu des hallebardes, ils écrivent : « ciel nuageux ». Cet euphémisme provient d'un cœur reconnaissant, et la reconnaissance est une vertu.

« Enfin quand il advient que quelque mauvais joueur a l'enfantillage de se brûler la cervelle ou de se pendre, — ce qui constitue un manque de goût dans un milieu si distingué, — nulle feuille n'ébruite la chose, sans doute par égard pour sa mémoire : vous n'apprenez son suicide que par les journaux italiens, ce qui lui ôte toute importance.

« Maintenant, voyons agir ces hivernants de

haute marque : à l'arrivée, ils ont loué, soit un appartement de 3,000 à 8,000 fr., soit toute une villa, de 5,000 à 20,000 fr., et les voilà installés : le matin, ce sera parfois pour eux une distraction que d'aller acheter eux-mêmes des fleurs au marché, et les expédier aux amis absents ; mais cette visite, si pittoresque qu'en soit le spectacle, a un grave tort : elle est économique, et cela manque de tenue ; mieux vaut commander chez son fleuriste de beaux envois de quelques louis.

« La matinée peut s'employer en excursions : par un effort admirable, Madame s'est trouvée habillée à 11 heures : elle a revêtu un délicieux costume de drap soutaché, coiffé une capote de fleurs, et l'on part en voiture déjeuner soit à la Réserve de Nice, soit à celle de Beaulieu, soit à l'hôtel de Paris, à Monte-Carlo, soit au « Righi d'hiver » de la Turbie. Il y a encore quelques autres points où l'on peut s'aventurer, mais ils sont un peu moins chers, et alors ce sont des escapades que l'on avoue en riant : « Figurez-vous, ma chère !... c'est très amusant... », comme une marquise Louis XV eût raconté une goguette aux Porcherons !

« Tandis que les premiers restaurants sont bien réellement de premier ordre ; ce sont les seuls où il soit possible de dépenser cinq louis par tête, ce qui constitue le véritable criterium du bon ton.

« L'après-midi se passe en visites, parties de lawn-tennis, five o'clock tea, bals blancs, matinées musicales. Toutes les hôtesses de ces villas ont leur jour, annoncé par les journaux, qui enregistrent également les noms des visiteurs, avec une épithète gracieuse pour chacune des visiteuses. Assaut de toilettes éblouissantes (mousselines brochées très en vogue pour la dernière saison).

« Les promenades en yacht sont également indiquées : il y en a une vingtaine ancrés à demeure à Nice, et tous les yacht-clubmen d'Angleterre, de France et d'Amérique se font un devoir d'y faire une apparition de quelques jours : les régates de Marseille, de Cannes et de Nice leur en fournissent l'occasion. Les costumes des yacht-women se font en flanelle blanche et rose ou cheviotte bleue, avec ancres brodées, chapeaux canotiers assortis et hautes bottines jaunes lacées.

« Les dîners sont une nouvelle occasion de luxe et de toilettes. Les marchands de comestibles, admirablement approvisionnés des productions spéciales à chaque pays, ont fourni les mets les plus exquis. On s'extasia jadis sur Lucullus qui avait établi des relais de porteurs pour se procurer des sterlets d'Helvétie, transportés vivants dans des bassines. Nous avons mieux que cela, et franchement, à meilleur marché. Mais saviez-vous que pendant la « season » il est impossible de trouver un seul filet chez les bouchers de la côte italienne, jusqu'au delà de Gênes? Tous les filets de la Riviera sont retenus d'avance par Nice et Cannes.

« Aux dîners, donc, continue le défilé des grandes toilettes, et apparaissent enfin les diamants, les parures de perles, les rivières, les bijoux, les aigrettes, les diadèmes. Sous ce rapport, la colonie étrangère distance de beaucoup la française. Chez nous, une certaine sobriété discrète est de bon goût en matière de diamants. Les étrangères n'ont pas de ces scrupules : elles étalent superbement les richesses de leurs écrins. Telle, la belle Otero, ne pouvant revêtir tous les siens, les exhibait dans une vitrine, placée sur le trou du souffleur.

« J'ai assisté à Nice à certaines représentations d'opéra, et moi qui suis un habitué de celui de Paris, je déclare n'y avoir jamais rencontré pareil éclat de toilettes et de parures. Tandis qu'à Paris la note générale est le blanc, avec des variations discrètes, ici, les couleurs vives, éclatantes, presque criardes dominent, et des scintillements de diamants surgissent de toutes parts. Les bijoutiers de Nice offrent à cet égard des indications bien caractéristiques : tandis qu'à notre grand marché de la rue de la Paix, les bijoux exposés ont surtout un caractère artistique, ici, ce sont les pierres énormes, les accumulations de rivières, les colliers de perles ou de diamants ; on sent qu'il existe un besoin de faire de fortes dépenses et d'en porter ostensiblement la preuve. Le plus curieux est un certain bijoutier de Monte-Carlo qui guette la sortie des joueurs avec des perles grosses comme le pouce, des bouchons de carafe invraisemblables. On croirait voir la verroterie destinée à une reine d'Haïti. Mais tout cela est authentique et représente des sommes énormes : le joueur heureux a besoin d'avoir immédiatement la marque tangible de sa fortune, et n'y croit réellement que lorsqu'il peut la dépenser follement. D'ailleurs, la Providence a placé non loin de lui une agence de « prêts sur bijoux » qui attend patiemment le retour de la parure, et l'un corrige et complète l'autre.

« Enfin, le soir, nos hivernants se précipitent en masse à Monte-Carlo : c'est un exode général dont le défilé présente un chatoiement extraordinaire : on peut y passer en revue la colonie, y faire des études de toilettes et de modes. Les dames assisteront peut-être au concert ou à la représentation de l'opéra, tandis que les maris entreront directement dans les salles de jeu, où les dames iront les rejoindre plus tard, et les imiter.

« Enfin, au retour, à Nice, on ira terminer la nuit à l'un des nombreux bals donnés dans les grands cercles, ou dans les principaux hôtels. Là encore, le mari trouvera dans une pièce voisine, une partie engagée : mais qu'il se méfie ! tous les prestidigitateurs ne sont pas chez Robert Houdin.

« Voilà, conclut Guérin, pendant que nous allions déjeuner, le tableau de la grande vie que mènent ici les hivernants de bon ton. Les vraies grandes dames et les fausses grandes dames, les grands seigneurs authentiques et les escrocs qualifiés s'y coudoient et s'y mêlent ; mais ils ont tous un trait commun : ils sont beaux, élégants et luxueux. Et, avec leurs défauts et leurs qualités, c'est eux qui font de la Nice moderne, la plus riche, la plus séduisante et la plus pervertie des cités cosmopolites. »

XXV

NICE, CAMP RETRANCHÉ

La Rivière de Gênes. — Transformation des horizons. — Forts et batteries. — Le camp retranché de Nice. — Organisation de la défense. — Les forts de la Corniche.

Le Castellar. Août.

Il y a une ombre au tableau : la guerre possible qui a transformé ces beaux rivages en forteresses.

Lorsqu'on a suivi la merveilleuse côte de la Rivière de Gênes, il semble que l'on a passé par toutes les phases de l'admiration[1]. Les baies, les anses, les montagnes de ce littoral, la végétation des bois d'oliviers de Port-Maurice, les palmiers de Bordighera et de San-Remo laissent une impression qu'on pourrait croire inoubliable. Cependant, avant d'atteindre Vintimille, on découvre tout à coup un panorama qui fait oublier les heu-

---

1. Ce chapitre est détaché de notre volume *l'Escadre russe en Provence*, Paris, Berger-Levrault et Cie. Il devait naturellement avoir place dans le *Voyage en France*.

reux horizons de la côte de Ligurie. Le mont Agel, Menton, la Turbie, Monaco, les dépassent en splendeur. Depuis quelques années ces montagnes fameuses que borde la Corniche ont cependant changé de caractère : leurs lignes ont pris au sommet un aspect régulier, parfois rébarbatif. C'est que l'on a dû organiser défensivement cette entrée de la terre de France. Des forts et des batteries s'étageant de la mer aux plus hautes cimes ferment le bassin de Nice, interdisent l'entrée de la belle rade de Villefranche et des ports de Menton, de Monaco et de Nice, ensemble de positions maritimes dont la perte, au début d'une guerre, serait un véritable désastre, car l'ennemi pourrait prendre à revers les positions de Tournoux, dans la vallée de l'Ubaye, où nous avons accumulé de formidables défenses pour empêcher Briançon d'être tourné [1].

Les batteries de côte empêchent un débarquement dans une de ces baies bien abritées, les forts des hauteurs interdisent à l'ennemi de les menacer par l'intérieur. Grâce à ces ouvrages, la rade de Villefranche au moins est à l'abri et peut recevoir une escadre, soit en vue d'une attaque, soit après un combat. Quant au golfe Jouan, plus

---

[1]. Voir 10⁰ série du *Voyage en France*, chap. XVI et XX.

ouvert et sans défenses bien sérieuses, il est préservé par le voisinage de Nice. Il serait imprudent de tenter un débarquement si près d'un camp retranché dont la garnison serait importante. D'ailleurs, les îles de Lérins offrent à nos croiseurs et à nos torpilleurs un excellent poste de vedette, d'où l'on peut s'opposer à une tentative de débarquement.

Les batteries qui défendaient les îles et le golfe ont été déclassées. Le camp retranché de Nice est donc l'unique protection de ces belles positions maritimes.

La construction des forts qui composent ce camp retranché et défendent la position de l'Aution a présenté des difficultés considérables. En dehors même de la nature du sol, de la difficulté de transporter les matériaux, de la nécessité d'étendre plus à l'ouest la ligne des forts, il a fallu préparer la défense des belles positions de la frontière par des routes d'accès vers l'Aution, les Mille-Fourches, etc., la création de baraquements pour les troupes alpines et d'ouvrages servant de réduits[1].

Au sud de ce terrain ainsi préparé est un fort

---

1. Voir la 12e série du *Voyage en France*, chap. XXII, XXIII et XXIV.

puissant, commandant la vallée inférieure de la Roya, au-dessus de la ville de Sospel. C'est le fort du mont Barbonnet, qui commande la route du col de Tende, au débouché de laquelle les Italiens ont créé de formidables défenses. Le fort du Barbonnet est à coupole cuirassée ; il est relié par des routes stratégiques à Menton et aux positions retranchées de l'Aution. Il y aurait des difficultés presque insurmontables pour forcer le passage.

Mais c'est en arrière, autour de Nice, que la défense est surtout organisée. Toutes ces belles montagnes, dressées entre le Paillon et la mer, plongeant par des pentes raides sur la vallée, par de formidables escarpements sur la Méditerranée, sont couvertes de forts, de batteries, de chemins stratégiques, bordés de réservoirs d'eau, de poudrières et de magasins. Il y a là une œuvre énorme que l'on ignore trop en France, mais dont tous les visiteurs de Nice et de Monte-Carlo ont pu se rendre compte. Le mont Boron, jadis un des points d'excursion les plus fréquentés, qui se dresse en péninsule entre les golfes de Nice et de Villefranche, est couvert par une forte batterie ; de l'autre côté de cette dernière baie, la charmante presqu'île de Saint-Jean est défendue par la batterie du cap Ferrat. Cette belle rade, longue et large de 2 kilomètres, bien abritée du mistral, est ainsi mise à l'abri d'un coup de main.

La route de la Corniche, seul passage facile entre la France et l'Italie, a été admirablement défendue : toutes les cimes entre Villefranche et Monaco, sont couvertes de forts, construits sur des rocs en apparence inaccessibles. Du point où se détache le chemin qui conduit à l'étonnante bourgade d'Èze, on embrasse, d'un coup d'œil, toutes les défenses échelonnées. C'est le fort de la Drette, construit à 500 mètres d'altitude et battant de ses feux la vallée du Paillon ; puis, sur l'énorme muraille de rochers du mont Campi de l'Alle, court un chemin stratégique avec, au-dessus de la Drette, à 648 mètres, la batterie des Feuillerins ; au centre, à 703 mètres, le fort de la Revère et, à l'extrémité, au-dessus de la Turbie, à 620 mètres, les ouvrages de Forna ; la route qui y conduit a nécessité de grands travaux, notamment un tunnel. Au-dessous d'elle est la route de la Corniche, pourvue de magasins et de réservoirs à eau.

La route de la Corniche court ici entre la Revère et les énormes tours de rochers qui surplombent Monaco et qu'on appelle la Tête-de-Chien. Un fort couvre le sommet et maîtrise absolument la route et le chemin de fer du littoral.

On n'a pas jugé que ces fortifications, cependant formidables, fussent suffisantes. En ce moment, on travaille à faire du mont Agel une forteresse. Cette montagne, haute de 1,149 mètres, est le point culminant de la position de Nice. Elle seule nécessiterait un long siège.

Cependant, l'ennemi pourrait atteindre ou tourner Nice en suivant les vallées de la Tinée, de la Vésubie et du Var. On a donc couvert cette zone en préparant défensivement le plateau de Rimiès, au confluent du Paillon et du torrent de Tourette, et en créant deux forts sur les pics appelés mont Chauve-d'Apremont et mont Chauve-de-Tourette. Ces forts, superbes d'allure, croisent leurs feux avec ceux de la Drette et de la Revère ; ils sont complétés, au-dessus du Var, par les ouvrages de Colomas.

Plus haut, les étranglements des torrents ont été barrés par des ouvrages. La « chiuse » (cluse) de Saint-Jean-de-la-Rivière, sur la Vésubie, au-dessous de la petite ville d'Utelle, entre Lantosque et Levens, est occupée. Plus puissamment encore est couvert le confluent du Var et de la Vésubie. Le mont Picciarvet a un fort ; des ouvrages barrent la chiuse de Bauma-Negra[1].

---

1. 12ᵉ série du *Voyage en France*, chap. XXIII et XXIV.

En somme, tous les passages sont commandés ; mais le pays est si accidenté, les gorges, les vallées s'entremêlent de telle sorte que, malgré toutes ces précautions, des partis ennemis pourraient se masquer des vues de la défense et arriver vers Nice ; on y a remédié en donnant à chaque corps de troupes alpines un secteur déterminé, qu'il parcourt pendant l'été. Tous les passages les plus périlleux sont ainsi connus à l'avance ; chacun sait, de Grasse à Nice, à Villefranche et à Menton, ce qu'il aurait à faire.

Quant à la défense maritime, elle est confiée, en attendant l'arrivée des forces navales de Toulon, aux torpilleurs de la défense mobile, installée dans la darse de Villefranche.

XXVI

DE NICE A MONACO

Au fort du mont Alban. — Le panorama. — La Corniche. — La Turbie. — Villefranche-sur-Mer. — La citadelle et le port. — La presqu'île Saint-Jean. — Beaulieu. — Èze. — La *petite Afrique*. — Monaco. — Visite de la ville. — La Condamine. — Monte-Carlo.

Roquebrune. Août.

Quand j'étais en garnison à Villefranche, vers 1872, les troupiers du 85ᵉ, à qui incombait la garde du mont Alban, n'envisageaient pas sans ennui le séjour au sommet de cette montagne, dans le vieux fort aux remparts géométriques, qui fut jadis une défense sérieuse et n'est même plus une bicoque. Ils accueillaient avec joie l'offre de permuter de tour de garde, je pus ainsi aller passer huit jours là-haut. J'en conserve encore l'éblouissant souvenir.

Le paysage, vu du fort, est un des plus radieux de cette côte radieuse. Il paraît changer à chaque heure du jour, selon la hauteur et l'éclat du soleil. Au matin, la Corse apparaît, la cime de ses monts se détache sombre sur l'écran de l'aurore. Le soleil levant éclaire vigoureusement le front des Apennins et des Alpes qui semblent peu à peu surgir des flots.

Au grand jour, le spectacle est d'une inexprimable magnificence ; on découvre toute la côte, depuis les roches fulgurantes de l'Estérel jusqu'aux monts lointains de la Ligurie. Dans le vaste bassin dessiné par ses collines, Nice, blanche et rose, s'étend mollement entre les palmiers, les eucalyptus et les orangers. De l'autre côté, c'est le golfe bleu de Villefranche, resserré entre la masse trapue du mont Boron, escaladée aujourd'hui par les villas opulentes, de l'autre, par la presqu'île de Saint-Jean, mollement étalée sur le flot, projetant une autre péninsule dentelée. Je la connus jadis, cette double presqu'île, couverte seulement de bois de pins et d'oliviers, aimable désert ourlé par la plus belle mer du monde. Aujourd'hui, c'est une annexe de Nice, où les villas et les jardins se succèdent.

J'ai voulu faire de nouveau la course du mont Alban et retrouver les impressions de mes vingt ans. Que de changements sur ces rivages ! Partout se sont édifiés d'énormes hôtels, des châteaux, des villas. Le rivage, que suivait seule autrefois la voie ferrée, est maintenant frangé par une route qui double la fameuse Corniche. Cette route a fait naître les constructions. Dans quelques années, elle formera sur la côte une rue féerique. Il me semble que le site y a perdu. Ils étaient si beaux, ces petits promontoires rocheux, couverts de caroubiers, d'oliviers, de lentisques et de myrtes, autour desquels venait moutonner la mer ! Ces amorces d'avenues maritimes formées par les hôtels et les hameaux me gâtent le paysage.

La Corniche est restée ce que je l'ai connue, la route ample, majestueuse, qui court au pied des crêtes suprêmes, en dominant à une hauteur vertigineuse les beaux rivages de Beaulieu et de Monaco. Les constructions n'y sont point venues, son ruban se déroule toujours solitaire jusqu'à la Turbie. Mais la ligne brutale des forts arrase maintenant des cimes plus fières jadis.

La Turbie cependant se gâte. Le fier village est assis sous la ruine colossale mais décharnée du monument élevé par Auguste en souvenir de la soumission de quarante-cinq peuplades alpines. De grands hôtels s'y créent, un chemin de fer à crémaillère épargne aux visiteurs la promenade exquise sous les grands oliviers. La Turbie est désormais un faubourg de la ville de luxe qu'est Monaco. Mais au delà, quand la route continue à se déployer au flanc des monts, en épousant tous les contours, on retrouve la solitude. Vers Roquebrune, seulement, reparaît la vie, dans une antique et pittoresque ville.

La nuit m'a pris avant mon arrivée à Roquebrune, le chemin de fer m'a ramené à Nice, d'où ce matin, à peine le jour pointant, je partais pour suivre la route du littoral. De petits omnibus découverts font le service de Villefranche, entre les villas et les jardins dont les murs continus masquent longtemps la mer. Au cap du mont Boron on retrouve un peu de nature vraie. A une grande hauteur, on domine la vaste rade de Villefranche, semblable à un lac de saphir enchâssé dans la verdure. Bientôt voici la petite ville aux maisons peintes : bleues, roses, ocres, entourées de haies de cactus et d'agavés et de carrières blanches ; elle couvre les pentes de la montagne de ses rues étroites, tortueuses, grimpantes, souvent recouvertes par des routes et descendant jusqu'au petit port rendu si caractéristique par une vieille tour bâtie sur un récif. La cité est bien endormie, elle se réveille seulement lorsque l'escadre vient reposer dans les eaux tranquilles de la rade, souvent avoisinée par des navires russes ou américains, dont Villefranche est la station favorite dans la Méditerranée. Alors, les marins des divers pays envahissent les cabarets et, pour un instant, mettent la vie dans la calme bourgade assoupie sous l'éclatant soleil.

Une vieille citadelle aux remparts bastionnés commande la ville; c'est un joujou très curieux qui fut jadis, au temps des rois sardes, la clé des États de ces principicules. Au-dessous, un port fermé par une jetée, la *darse,* sert d'abri aux torpilleurs de la défense mobile et aux petits navires de l'escadre de passage. Souvent aussi, on y rencontre le yacht de l'impératrice de Russie ou ceux des grands-ducs. Cette darse fut le port de guerre de la Sardaigne royale, une réduction de Toulon. On voit encore l'ancien bagne, le lazaret, les chantiers. Tout cela aujourd'hui inutile et mort; on en a prêté une partie aux Russes pour leur dépôt de matériel. L'escadrille de torpilleurs possède le reste. Au bord même de la darse, une caserne dresse ses murs blancs et abrite le 24ᵉ bataillon de chasseurs alpins, dont la batterie d'artillerie occupe la citadelle.

Villefranche était jadis comme isolée entre le fond bleu de son golfe et les roches pelées servant de place d'armes qui entourent la citadelle, mais elle commence à se peupler de villas et deviendra sans doute une ville hivernale complète, quand la marée des constructions aura recouvert tous les points du littoral où la montagne offre des pentes un peu douces. Aujourd'hui les villas s'élèvent de préférence dans la presqu'île Saint-Jean, d'où les maisons de pêcheurs, enfouies sous les oliviers, s'en vont peu à peu, et à Beaulieu, hameau jadis, transformé depuis quelques années en ville luxueuse et féerique. Des habitations élégantes de tous les styles, où le mauresque domine, encadrent d'énormes caravansérails aux noms pompeux. Ah! mon vieux Beaulieu, si tranquille sous les oliviers les plus énormes de toute la Riviera, sous les orangers, les citronniers, les figuiers, qu'est-il devenu?

La route continue à suivre le rivage harmonieusement arrondi en golfes éclatants. Ici la montagne, trouée par des tunnels, plonge presque à pic dans la mer. Rarement un petit ressaut de terrain où l'on a pu planter une villa entourée d'orangers. Les oliviers revêtent les pentes, en bosquets isolés au milieu des caroubiers, des lentisques et des myrtes. C'est d'une beauté prestigieuse.

Là-haut, faisant corps avec le rocher, de mêmes teintes brûlées, voici Èze. J'ai la paresse d'y monter, car le soleil est chaud déjà. Et cependant il serait bon de refaire à vingt-cinq ans de distance ce chemin capricieux, ardu, aux brusques lacets, montant sous les caroubiers au feuillage métallique et les oliviers tamisant la lumière, jusqu'à cet étrange bourg formé de maisons déjetées, croulantes, qui bordent des rues étroites, dont le rocher inégal forme le sol. Èze n'a pas changé, le chemin ne s'est pas amélioré ; sans doute trouverais-je encore l'indéfinissable auberge où je déjeunai jadis, de si grand appétit, d'un anchois, d'olives au sel, d'une poignée de figues sèches et d'un flacon de vin épais, noir et parfumé. On devient sybarite avec l'âge : ce matin il me semble que je préférerais déjeuner au bord de la mer lumineuse, dans une de ces *réserves* où les tables sont dressées sous les arbres.

Et, lâchement, je laisse le chemin montueux d'Èze se détacher au milieu des jardins enchantés qui entourent la gare pour continuer ce chemin de la *petite Afrique*, nom donné à cette partie du rivage, la plus chaude de toute la Provence et même de la Ligurie. La montagne tombe d'une façon si abrupte sur la mer que le chemin de fer passe, jusqu'à Monaco, par des tunnels sans nombre, entre lesquels on aperçoit, pendant la durée d'un éclair, la surface éblouissante de la Méditerranée.

La route doit se tenir plus haut, contourner un

vallon descendant de la Turbie et longer la base de la Tête-de-Chien. A l'un des détours de la route apparaît un rocher à pic, dont toutes les anfractuosités sont couvertes de cactus. Au-dessus, une ville toute mignonne, envolée de quelque conte de fée, profile un palais, des toits bruns, des façades blanches entre des arbres d'un vert sombre : c'est Monaco.

Faut-il ici parler de Monaco ? Je fais un *voyage en France*, et cette ville soudain aperçue, ce n'est plus la France, ce n'est pas davantage l'Italie : c'est un royaume. Le plus petit, à coup sûr, de tous les royaumes du monde, mais, eu égard à son étendue, le plus riche et le mieux entretenu de tous les États. C'en est aussi le plus peuplé, par comparaison. Il y a là 605 habitants par kilomètre carré ; la Belgique, si fameuse par la densité de sa population, ne saurait rivaliser avec l'empire monégasque. La Belgique n'a pas 200 habitants par kilomètre carré.

Il est vrai que Monaco n'a pas même 22 kilomètres carrés de superficie, soit moins de 2,200 hectares. Des milliers de communes françaises sont plus étendues.

Du sommet de la route je découvre l'État tout entier : ses trois villes peuplées de 13,306 habitants. Sur le rocher, Monaco, la capitale, siège du gouvernement ; au-dessous, en partie masquée, la Condamine, où est le port ; au-dessus de celui-ci, sur la montagne, parmi les palmiers, voici les constructions blanches de Monte-Carlo, la ville de plaisir. Et c'est tout. 3 kilomètres 200 mètres, telle est la plus grande longueur de la principauté ; sa plus grande largeur est de 1,100 mètres, mais sur la moitié de l'étendue, il n'y a pas 400 mètres ! C'est un microcosme, ce reste d'un État plus étendu jadis, quand Menton et Roquebrune faisaient partie de la principauté. Les révolutions, car ce petit et heureux coin de terre eut son 1789, ont arraché les deux autres communes et aujourd'hui Albert de Goyon-Matignon, descendant de ce maréchal de Matignon, puis duc de Valentinois en France, qui épousa l'héritière de la petite mais glorieuse maison de Grimaldi, — règne sur un soupçon de royaume.

D'un royaume bien organisé cependant ! Le prince possède un conseil d'État, un secrétaire général ; il y a un tribunal supérieur avec des juges et des avocats, un capitaine de port, un trésorier général, une direction de l'enregistrement, du timbre et des hypothèques, un inspecteur des travaux publics, etc. Les hauts fonctionnaires qui dirigent ces divers services peuvent se croire des ministres dont ils ont en somme les fonctions. Même le commandant de la garde est en quelque sorte un ministre de la guerre. C'est un officier supérieur français en retraite[1].

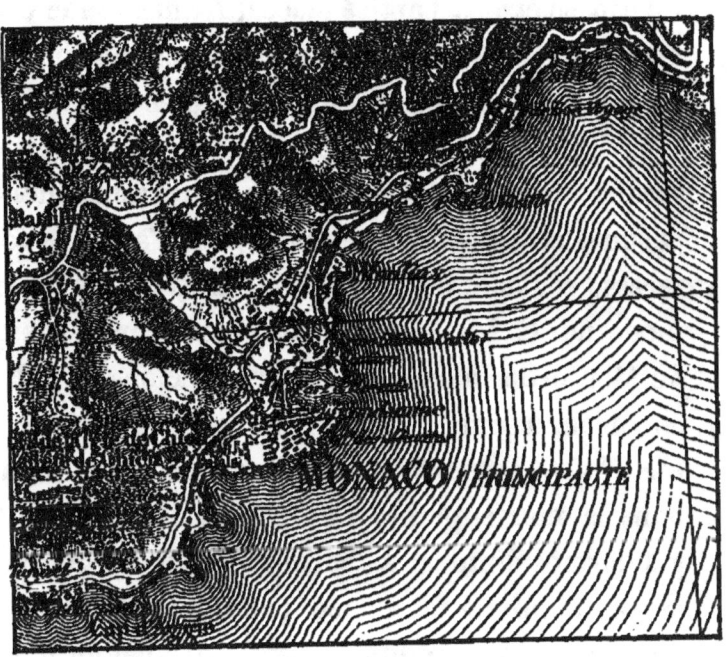

Pénétrons donc sur ce territoire étranger, dût-on m'accuser de manquer à mon titre de *Voyage en France*. Le bon gendarme, superbe, aux blanches buffleteries, qui monte la garde à la « frontière »

---

1. Aujourd'hui (1897) le colonel comte de Christen, ancien colonel de la garde républicaine.

ne se doute pas de mes velléités littérairement annexionistes, il me laisse passer sans le moindre soupçon. Voici une route montueuse, c'est le boulevard Charles III. Il passe entre le rocher et les maisons proprettes du quartier de la gare, longe un espace étroit, baptisé place d'Armes et me conduit à un escalier aux larges marches, au sommet duquel une porte donne accès à la place du Palais.

La résidence du prince est d'un aspect pittoresque, presque grandiose ; les souverains monégasques ont su aménager avec goût l'antique forteresse et l'adapter aux besoins élégants de la vie moderne. Grâce aux millions versés par le casino de Monte-Carlo dans le trésor princier, le palais est devenu une véritable demeure des *Mille et une Nuits*, entourée de jardins enchantés dominant la mer superbe. Les gardes du prince, les gendarmes donnent à l'entrée un aspect guerrier assez réjouissant. Armée pacifique s'il en fut, dont les canons, réduits à l'état de bibelots d'art, reposent sur le sol de la promenade Sainte-Barbe, sans le moindre affût.

La ville s'ouvre en face du palais. Petite et tranquille, percée d'étroites rues presque sans magasins, souvent reliées entre elles par des voûtes. Ces rues dallées ont des noms peu triomphants qui n'ont pas dû causer beaucoup de peine à trouver : il y a la rue Basse, la rue du Milieu, la rue des Briques, la rue des Fours, la rue de l'Église. Les édifices publics sont simples, la cathédrale a seule une allure monumentale. Pas une voiture dans ces étroites artères. Tout le monde semble se livrer au *far-niente*. J'ai eu la cruauté d'aller troubler l'unique employé du bureau de poste et de lui demander quelques timbres à l'effigie du prince Albert. Il m'a reçu avec une mauvaise grâce remarquable. J'en rougis pour mon pays, mais l'administration que l'Europe nous envie est dépassée par la poste de Monaco !

Officiellement, la ville a 3,392 habitants. C'est beaucoup pour cette mignonne cité dont on a fait le tour en 10 minutes. Sans doute on y comprend la « garnison », la population des collèges et la domesticité du palais.

Les promenades sont sans rivales au monde. Toujours grâce au tribut des jeux, on a pu transformer le rocher. Les moindres creux sont plantés de figuiers de Barbarie, d'aloès, de plantes à floraisons éclatantes, descendant jusqu'à la mer, à 100 mètres au-dessous des remparts. Les allées sont bordées de géraniums géants. Toute la flore élevée à si grands frais dans les serres des grandes villes, croît ici, grâce à la terre apportée de loin, à l'eau amenée de sources voisines, au soleil, à l'humidité répandue par la mer qui entoure presque entièrement le rocher.

Non seulement les habitants jouissent de tout cela, mais il ne leur en coûte pas un centime. Dans cet heureux pays les impôts sont inconnus, on ne donne pas de liste civile au prince, les fermiers des jeux y font face; ils paient tous les services publics et s'enrichissent encore grâce aux millions que le démon du jeu apporte sur ce territoire. Si l'on n'est pas parvenu à donner une rente à chaque Monégasque, cela viendra sans doute. Déjà tous les Monégasques de pure origine sont gentilshommes, de par Charles-Quint qui anoblit en masse leurs ancêtres.

Par une route sinueuse on descend de Monaco à la Condamine, centre le plus populeux de la principauté, bâtie entre le roc portant la capitale et la colline de Monte-Carlo. C'est à la fois le port, la plage et le quartier bourgeois de la triple cité. De jolies constructions entourées de jardinets, d'où s'élancent des palmiers, bordent des rues tranquilles et charmantes. Le quai est planté de lauriers-roses, devenus des arbres; sur les murailles on voit se pencher d'énormes ficus.

De la Condamine à Monte-Carlo, il n'y a pas 500 mètres, un service d'omnibus aux fréquents départs permet d'éviter ce formidable trajet et conduit sur le plateau qui a quitté son nom sonore de Spélugues pour celui de Monte-Carlo. On a cru avoir épuisé toute la gamme de l'admiration pour les merveilles végétales réunies sur cette côte bénie et l'on découvre ici une splendeur que nulle autre cité riveraine ne saurait atteindre. Les palmiers, les ficus, les fougères géantes bordent les allées. Des fleurs éclatantes venues des tropiques, des gazons dignes de la brumeuse Angleterre, des mousses forment autour du casino un coin de paradis. Dans ces jardins d'Armide, trop peignés peut-être, il y a un palais des beaux-arts. On a beaucoup affiché l'amour des arts à Monte-Carlo. Pour les observateurs superficiels, c'est ici une petite Athènes ou une petite Florence. Tout cela est hypocrisie pure, on vient à Monte-Carlo pour jouer. On aurait conservé les *spélugues*, c'est-à-dire les grottes d'autrefois, on y aurait installé la roulette et le trente-et-quarante, on aurait laissé le pays dans sa nudité aride et brûlée et les joueurs n'en seraient pas moins venus perdre leur fortune. Les splendeurs de la végétation et de l'architecture sont là pour masquer les laideurs morales !

Mais à quoi bon philosopher ? La mer est si bleue, les arbres dressent avec tant d'orgueil leur panache de palmes, il y a de si enivrants parfums, la musique des maîtres est jouée par des maîtres, que nous font la ruine et les larmes des familles !

Allons plutôt par la ville de Monte-Carlo. Boulevards et parcs bordés de vastes hôtels ; maisons qui sont des villas et villas qui sont des palais bâtis sur des rues gagnées à grands frais dans les parois de la montagne. Partout la même opulence ; cependant, en gagnant la mer, à l'anse des Moulins, j'ai vu une chose surprenante : un homme armé d'un crochet fouillait les détritus accumulés sur la plage. C'est le seul pauvre que j'aie rencontré dans le petit royaume. Peut-être est-il conservé à titre de spécimen des temps antiques — de l'âge d'or où l'or était inconnu.

XXVII

MENTON ET LA FRONTIÈRE

Le cap Martin. — Menton. — La vieille cité et la ville neuve. — Les ponts du ravin Saint-Louis. — En sentinelle. — La veillée des armes. — Adieu aux Alpes.

Menton. Août.

Faut-il l'avouer ? On échappe avec quelque joie aux merveilles du pays monégasque. Après la nature peignée, enjolivée, bichonnée de Monte-Carlo, qui garde cependant la grandeur et la majesté, grâce aux lignes splendides des montagnes, à l'éclat du ciel, à la pureté de la mer, on est heureux de revoir un peu de saine nature. A peine a-t-on quitté le territoire de la principauté et l'on a un moment un coin de vraie campagne. Mais encore une campagne de délices où les citronniers, les orangers, les palmiers tiennent lieu de nos buissons d'aubépines et de nos vergers. Au milieu de ce paysage se dresse, fantastique, la silhouette de Roquebrune, bourgade féodale qui contraste si étrangement avec les palais blancs de Monte-Carlo.

Au-dessus de Roquebrune, sur un rocher, les ruines d'un château commandent le paysage. Ruines fières, qui ramèneraient l'esprit bien loin des blanches splendeurs de Monte-Carlo, si l'obsession produite par la vue des constructions féeriques de la ville de jeux n'était pas aussi puissante.

Roquebrune domine un site superbe. De là on voit la péninsule boisée du cap Martin s'étaler sur la mer bleue. Ce fut jadis une petite forêt africaine, bien belle avec ses grands pins et ses oliviers plusieurs fois centenaires, à travers lesquels on apercevait la mer éclatante. Cette dernière solitude a été violée à son tour ; des allées ont été percées à travers les beaux arbres ; des hôtels, des villas, des châteaux se sont élevés. L'empereur d'Autriche, l'ex-impératrice Eugénie sont les hôtes fidèles de cette belle presqu'île dont le climat est merveilleux. Mais le cap Martin avec ses allées éclairées le soir a perdu en charme ce qu'il a gagné en colonisation.

Les architectes n'ont pu lui enlever sa plus grande beauté, la vue merveilleuse dont on jouit de la pointe extrême. D'un côté, c'est Monaco, ses villes de féerie et les rivages enchantés de la *petite Afrique* ; de l'autre, Menton, toute blanche au bord du flot d'azur, puis une chaîne d'hôtels et de villas bâtis au pied des monts escarpés où finit la France, où commence l'Italie. Un instant la ligne blanche des palais et des hôtels s'interrompt. Vintimille sur son rocher présente ses remparts et, presque aussitôt, avec Bordighera et San-Remo, recommence la rangée fastueuse des villes d'hiver.

Elle est bien belle, vue ainsi, la côte de Ligu-

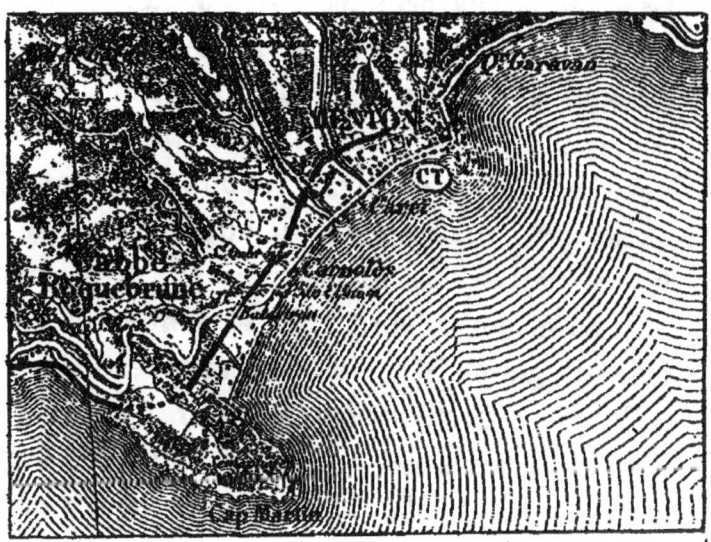

rie, moins belle cependant que la côte de Provence ; celle-ci est moins régulière, ses caps, ses golfes, ses anses ont un rythme et une harmonie d'une magnificence incomparable.

La route de la Corniche et la route du littoral se réunissent à la racine du cap Martin, au milieu des oliviers et poursuivent ensemble leur ruban blanc vers Monaco, entre les bois de citronniers. Voici l'entrée du val de Gorbio, suivi par un chemin qui traverse sans cesse les citronniers ; ce vallon est le centre principal des vergers de cette essence[1]. Voici Carnolès, faubourg mentonnais où les princes de Monaco avaient un palais, encore debout, puis le lit desséché du Carei et la rue principale du Menton moderne, ville d'hôtels, de pensions, de magasins luxueux. Presque à l'entrée, un beau monument de marbre symbolise la réunion volontaire à la France des villes libres de Menton et de Roquebrune.

En cette saison Menton, abandonnée par ses hôtes d'hiver, est fort calme ; elle n'est jamais bien animée d'ailleurs. Nice et Monte-Carlo sont les villes de plaisir, Menton sert de résidence aux malades pour qui une température douce, régulière et sédative est nécessaire. Aussi ne faut-il pas chercher ici l'existence fiévreuse des autres cités du littoral.

La ville neuve est riante mais banale, par contre la vieille cité est fort pittoresque, ses rues étroites et montueuses, en partie voûtées, méritent une visite. On pourrait se croire encore dans quelque antique place forte de l'Italie du moyen âge.

---

1. Sur la culture du citronnier aux environs de Menton, voir le chapitre XXII de la 12e série.

Menton n'est pas seulement la ville de séjour pour les valétudinaires, elle possède une activité propre due à son riche territoire. Le commerce des citrons est très actif ; les fleurs du pays sont traitées dans quelques usines à parfum. Le port est assez fréquenté[1], mais son mouvement est dû surtout à la navigation de plaisance. Yachts à voile et à vapeur relâchent volontiers dans ce bassin abrité, par une jetée, de la houle, assez violente dans ces parages. Il manquera toujours à Menton des relations faciles avec l'intérieur. Les Alpes Maritimes tombent ici à pic sur la mer et privent la jolie ville d'une banlieue suffisamment vaste. Les chemins de fer projetés pour Sospel et Saorge déboucheront plutôt vers Villefranche, c'est-à-dire dans l'intérieur du camp retranché de Nice. Il importe de ne pas donner aux Italiens l'accès de notre territoire.

L'Italie est si voisine ! Des quais de Menton, de la jetée surtout, on aperçoit, à moins d'un kilomètre du beau faubourg de Garavan, formé d'hôtels et de grandes villas, une sorte de fissure profonde dans la montagne. Deux ponts la franchissent, un en bas pour le chemin de fer, un

---

1. Mouvement du port de Menton en 1896, entrées et sorties réunies, 308 navires, 30,120 tonnes.

autre d'aspect monumental porte la route de la Corniche.

Il y a moins de quarante ans, ce dernier était le seul passage entre le territoire des villes libres, protégées par le Piémont et l'Italie, c'était un lien, il le fut longtemps encore entre le département français des Alpes-Maritimes, formé de communes qui s'étaient données de plein gré et avec enthousiasme à la France et le royaume d'Italie, cimenté par le sang de nos soldats. Peu à peu le ravin de Saint-Louis est devenu une frontière hostile, les douaniers et les carabiniers, que l'on rencontre de l'autre côté du pont, apparaissent presque comme des ennemis. Et pourtant les deux peuples sont de même race, ont les mêmes traditions historiques. Par une insensible transition, le voyageur venu par la vallée du Rhône arrive au milieu des populations liguriennes sans paraître avoir changé de pays.

On ne s'explique donc pas, même en étudiant l'histoire de ces dernières années, pourquoi toute cette frontière est en perpétuelle rumeur guerrière ; pourquoi, au clairon saccadé et ardent des bersaglieri de Vintimille, répond le clairon alerte des chasseurs alpins de Menton. La vérité est navrante, mais on ne peut la méconnaître : Sur ces heureux rivages, il semble que l'on assiste à une veillée des armes.

J'ai fini ce long voyage à travers nos Alpes françaises[1] dont j'ai tenté de faire comprendre les aspects si divers, si différents de ce que l'on s'imagine volontiers. Pays superbes, trop délaissés par la mode ; ils ne présentent point les paysages peignés de la Suisse, mais leurs beautés, pour être sévères, n'en sont pas moins grandes. Nulle part, sur un aussi étroit espace, on ne trouverait des sites si variés de montagnes et de villes, des mœurs aussi tranchées. Des vallées profondes, vertes et fraîches de la Savoie et du Graisivaudan, aux cimes plus âpres des Alpes du Briançonnais et de Provence, des plaines du Rhône aux merveilleux paysages de la côte d'azur, il semble que l'on passe sans cesse d'un monde dans un autre. Les villes, on ne saurait trop le dire, sont autrement monumentales que les cités au nord du Léman. Mais ni Lyon, ni Vienne, ni Grenoble, ni Avignon, ni Arles n'ont su se faire louer.

Savoie, Dauphiné et Provence sont trois merveilles que les étrangers apprécient mieux que

---

1. 8e, 9e, 10e, 11e, 12e et 13e séries du *Voyage en France*.

nous, où ils viendraient davantage si nous savions, comme nos excellents voisins de Suisse, assurer à nos hôtes le confort et les commodités de l'existence. A ce point de vue, tout ou presque tout est à faire.

INDEX ALPHABÉTIQUE

DES NOMS DE LIEUX ET DES PRINCIPALES CULTURES ET INDUSTRIES

A

Abricotier (culture de l'), 62.
Afrique (Petite-) [Alpes-Maritimes], 375.
Agel (mont), 363, 367.
Aigle (Bec de l') [Bouches-du-Rhône], 114, 179.
Aiguillette (fort de l') [Var], 145, 155, 167, 168.
Aille (rivière), 280.
Alban (fort du mont) [Alpes-Maritimes], 369.
Alfa (travail de l'), 27.
Algésiras (navire-école), 219.
Alicastre (ruines) [île de Porquerolles, Var], 226.
Alpilles (les), 30.
Alpilles (canal des) [Bouches-du-Rhône], 11, 202.
Aluminium (minerai pour), 293.
Ambrons (les), 25.
Anges (baie des), 312, 351.
Antibes, 311 à 315.
Apennins (monts), 370.
Arc (fleuve), 6, 16, 32, 49.

Argens (fleuve et vallée de l'), 283, 290, 295.
Arles (canal d'), 24.
Arran (ruisseau d') [Var], 181.
Arsenal de Toulon, 136.
Asperge sauvage (l'), 320.
Aubagne (Bouches-du-Rhône), 62, 65.
Auriol (Bouches-du-Rhône), 47, 54.
Aution (position de l') [Alpes-Maritimes], 364, 365.
Avis (Grand et Petit) [Île du Levant, Var], 247, 250.
Aygalades (les) [Bouches-du-Rhône], 71.

B

Badine (rade de la) [Var], 220.
Bagau (île de) [Var], 226, 237 à 238.
Balaguier (fort) [Var], 145, 155, 167, 168.
Bambou (culture du), 28.

Bandol (Var), 179, 181.
Bandol (baie de) [Var], 155.
Bandol (île de) [Var], 181.
Bandol (viaduc de) [Var], 181.
Baou - de - Quatre - Heures (mont) [Var], 138, 153, 154, 163, 179.
Barbonnet (fort du) [Alpes-Maritimes], 365.
Bauma-Negra (Alpes-Maritimes), 367.
Bauxite (mines de), 293.
Béal d'Hyères (canal d'irrigation) [Var], 213.
Beaudinard (Bouches-du-Rhône), 80.
Beaulieu (Alpes-Maritimes), 313, 338, 351, 357, 371, 374.
Beausset (le) [Var], 164, 188.
Bec-de-l'Aigle, 114, 179.
Bedoule (la) [Bouches-du-Rhône], 126.
Belcodène (Bouches-du-Rhône), 47, 51.
Belgentier (Var), 58.
Bénat (cap) [Var], 255.
Berre (anse de), 4.
Berre (petite mer ou étang de), 1 à 14.
Berre (ville) [Bouches-du-Rhône], 17.
Bertaud (arbre de) [Var], 267.
Bessèges (mines de), 44.
Boisgelin (canal de), 29.
Bolmon (étang de), 18, 19.
Bordighera (Italie), 362, 386.
Bormes (Var), 254, 259.

Boron (mont) [Alpes-Maritimes], 332, 365, 370, 372.
Bouc (port de), 1, 23.
Bouc (village) [Bouches-du-Rhône], 40.
Bouches-du-Rhône *(bassin houiller des)*, 42.
Bouchons (fabrication des), 193, 195, 254 et suiv., 269 et suiv., 279.
Bouillabaisse (la) [Bouches-du-Rhône], 106.
Bouilladisse (la) [Bouches-du-Rhône], 52.
Bourdigues (les), 18, 22.
Bourine (la) [Bouches-du-Rhône], 47.
Brégaillon (Var), 141, 167.
Brest (rade de), 7.
Briançon (Hautes-Alpes), 363.
Brusc (le) [Var], 175.

C

Cabanons de Marseille (les), 105.
Cacique (navire-école), 252.
Cadière (la) [Var], 188.
Caire (fort) [Var], 147, 154, 159.
Calanques (les), 122.
Camp retranché de Nice, 365.
Campi de l'Alle (mont) [Alpes-Maritimes], 366.
Canadel (Var), 261.
Canaille (cap) [Bouches-du-Rhône], 119, 121.

Canebiers (anse et usine des) [Var], 265.
Canne de Provence (utilisation de la), 27.
Cannebière (rue), 74.
Cannes (Alpes-Maritimes), 299 à 307, 315, 319, 327, 346.
Cannet (Alpes-Maritimes), 299.
Caoume (cime et forts de) [Var], 153.
Caoume (mont) [Var], 138.
Cap Brun (Var), 154.
Cap d'Antibes (Alpes-Maritimes), 315.
Cap-Martin (Alpes-Maritimes), 351, 385, 386.
Câpres (récolte des), 54.
Câpriers (culture des), 54.
Carabacel (quartier de Nice), 346.
Carei (torrent), 387.
Carnaval de Nice, 332 et suivants.
Carnolès (faubourg de Menton), 387.
Carnoules (Var), 192.
Caronte (étang de) [Bouches-du-Rhône], 2, 3, 7, 20, 22.
Carqueyranne (péninsule et forts) [Var], 154.
Carré (fort) [Alpes-Maritimes], 312.
Cassis (Bouches-du-Rhône), 120.
Cassis (monts de) [Bouches-du-Rhône], 42.

Castigneau (appontements de) [Var], 163.
Cavalaire (côtes de) [Var], 140.
Cavalaire (Var), 261.
Cavalière (Var), 260.
Cavaresse (fortin) [Var], 154.
Cèdes, 22.
Cellulose (fabrique de), 27.
Cépet ou Sépet (cap) [Var], 138, 149, 155, 231.
Céramique, 65, 99, 307.
Cerises (culture des) à Solliès-Pont, 198.
Cette (Hérault), 9.
Ceyreste (Bouches-du-Rhône), 115.
Châtaigniers dans les Maures, 276.
Chausey (Iles) [Manche], 224.
Chauve d'Apremont (fort du mont) [Alpes-Maritimes], 367.
Chauve de Tourette (fort du mont) [Alpes-Maritimes], 367.
Chêne-liège (exploitation du), 254, 255.
Chiuse de Bauma-Negra (Alpes-Maritimes), 367.
Chiuse de Saint-Jean-de-la-Rivière (Alpes-Maritimes), 367.
Ciment (industrie du) [Bouches-du-Rhône], 126.
Cimiez (quartier de Nice), 346.
Ciotat (la) [Bouches-du-Rhône], 114, 140.

Citronnier (culture du), 387.
Cogolin (Var), 267, 268 à 272.
Colle Noire ou Colle Nègre (fort) [Var], 153, 154, 204, 206.
Collobrières (Var), 195, 217, 280.
Colomas (ouvrages de) [Alpes-Maritimes], 367.
Condamine (la) [Principauté de Monaco], 377, 381.
Corniche (route de la) [Alpes-Maritimes], 312, 344, 351, 366, 371, 386, 388.
Corse (île de), 369.
Costa de Beauregard (château de M. le comte) [île de Port-Cros, Var], 239.
Costebelle (Var), 206, 219.
Coudon (mont) [Var], 138, 146, 151, 153, 179, 202, 204, 232.
Couronne (navire-école), 219, 252.
Craponne (canal de), 29.
Crau (la) [Var], 204.
Crau (plaine de la) [Bouches-du-Rhône], 9, 26, 30.
Creux-Saint-Georges (Var), 138, 145, 149.
Croisette (cap) [Bouches-du-Rhône], 122.
Croisette (cap) [Alpes-Maritimes], 316, 318, 319.
Croix-de-Marbre (quartier de Nice), 331.
Croix-des-Signaux (fort) [Var], 150, 154.

Croix-Faron (fort) [Var], 152, 167.
Cuers (Var), 195.
Cuges (Bouches-du-Rhône), 58.

D

Dardenne (vallée) [Var], 151.
Dattier (le) [Var], 261.
Dévoluy (Dauphiné), 279.
Drette (fort de la) [Alpes-Maritimes], 366, 367.
Dromard (Var), 296.
Durance (canal de la), 35.
Durance (canaux de la), 29.
Durance (rivière), 15.

E

Eguilles (Bouches-du-Rhône), 36.
Eguilles (chaîne d'), 39.
Embiez (archipel des), 155, 173 à 179.
Éminence (fort de l') [île de Port-Cros, Var], 243.
Estaque (montagnes de l'), 7, 25.
Estaque (l') [Bouches-du-Rhône], 67.
Estérel (pointe et batterie de l') [Var], 220, 234, 316, 344, 370.
Estérel (massif de l'), 258, 264, 283, 286, 319.
Estissac (fort d') [île de Port-Cros, Var], 238.
Estomac (étang de l'), 29.

Étoile (chaîne de l'), 38, 49, 51, 77.
Evenos (Var), 154, 164, 179, 189.
Evesca (l') [Var], 159, 160.
Eze ou Eza (Alpes-Maritimes), 338, 366, 374.

F

Fare (plaine de la) [Bouches-du-Rhône], 36.
Faron (mont) [Var], 146, 151, 152, 167, 179, 202, 204.
Fausse-Monnaie (anse de la) [Ile de Port-Cros, Var], 244.
Ferrat (cap) [Alpes-Maritimes], 365.
Ferrières (Bouches-du-Rhône), 20.
Flavien (pont) [Bouches-du-Rhône], 13, 15.
Fleurs coupées (industrie des), 214, 306, 336.
Fontaine-l'Évêque (Var), 202, 213.
Forêts des Maures, 254 et suivantes.
Forez (pays de), 43.
Forna (ouvrages de) [Alpes-Maritimes], 366.
Fos (Bouches-du-Rhône), 24.
Fos (golfe de), 2, 3, 7, 23.
Fos (paluds ou marais de) [Bouches-du-Rhône], 27.
Fosses-Mariennes (Bouches-du-Rhône), 24.
Fossette (la) [Var], 260.

Foux (la) [Var], 267, 268, 282.
Fraises (culture des), 80, 214.
Frayères (torrent), 299.
Fréjus (Var), 264, 285 à 292, 295.
Frioul (forts du) [Bouches-du-Rhône], 8.
Frioul (port du) [Bouches-du-Rhône], 110.
Fuveau (Bouches-du-Rhône), 47.
Fuveau (mines de) [Bouches-du-Rhône], 41.

G

Gaillarde (la) [Var], 285.
Galéjon (paluds ou marais de) [Bouches-du-Rhône], 27.
Galère (pointe de la) [Ile de Port-Cros, Var], 245.
Gapeau (rivière) [Var], 196, 206, 212, 218, 232.
Garavan (faubourg de Menton), 388.
Gard (pont du), 34.
Gardanne (Bouches-du-Rhône), 37, 47.
Garde (batterie de la) [Var], 153.
Garde (la) [Var], 203.
Garde-Freinet (la) [Var], 195, 269, 271, 277.
Gardiole (monts de la), 125, 128.
Gassin (Var), 262.
Gemenos (Bouches-du-Rhône), 58, 65.

Gibraltar (Petit) [Var], 160, 169.
Giens (presqu'île de) [Var], 138, 155, 219, 220, 227, 232 à 234, 240.
Giens (village et sanatorium), 232, 240.
Gisole (rivière), 267, 272.
Golfe Jouan (Alpes-Maritimes), 306.
Golfe (le) [région du Var], 269, 282.
Gorbio (Alpes-Maritimes), 387.
Grand-Gaou (île de) [Var], 178.
Grand-Jardin (île Sainte-Marguerite), 322.
Grand-Vallat (ruisseau), 188.
Grasse (Alpes-Maritimes), 297, 316.
Gréasque (Bouches-du-Rhône), 42, 44, 47, 51.
Grimaud (golfe de), 266, 269, 272, 282.
Grimaud (Var), 195, 264, 267, 274, 280.
Gros (cap) [Bouches-du-Rhône], 123, 154.
Gros-Cerveau (fort) [Var], 154, 188.
Groulhet (Tarn), 201.
Guerrevieille (Var), 283.

H

Hommes sans peur (batterie des) [Var], 146, 157.
Horticulture à Hyères, 212.
Horticulture à Nice, 336 et suivantes.
Huile d'olive de Nice, 336.
Huileries de Marseille (les), 92.
Huveaune (fleuve), 37, 49, 54, 58, 65.
Hyères (îles d') [Var], 138, 146, 155, 217 à 250.
Hyères (rade d') [Var], 218.
Hyères (Var), 80, 207 à 216, 248, 252, 346.

I

If (île et château d') [Bouches-du-Rhône], 110.
Ile (l') [Bouches-du-Rhône], 20.
Immortelle (culture de l'), 174, 182 à 187.
Isles d'Or (Var), 210.
Issambres (cap des), 284.
Issole (vallée de l'), 193.
Istres (Bouches-du-Rhône), 29, 36.

J

Jacinthe romaine (culture de la), 190.
Jaï (chaussée du) [Bouches-du-Rhône], 18, 22.
Joliette (port de la) [Bouches-du-Rhône], 86.
Jonquières (Bouches-du-Rhône), 20.
Jouan (golfe), 306, 311, 363.
Juan-les-Pins (Alpes-Maritimes), 311.

L

Lacydon (port), 81.
Laghet (le) [Alpes-Maritimes], 351.
Lagoubran (Var), 163.
Lambes, 22.
Landes (région des), 258.
Langoustier (île de Porquerolles, Var), 223, 225.
Lantosque (Alpes-Maritimes), 367.
Lascours (Bouches-du-Rhône), 62.
Lavandou (Var), 243, 247, 260.
Lerina (nom ancien de l'île Saint-Honorat), 323.
Lérins (abbaye de) [Alpes-Maritimes], 323.
Lérins (îles de) [Alpes-Maritimes], 226, 316 à 325, 364.
Léro (nom ancien de l'île Sainte-Marguerite), 319.
Levant (île du) [Var], 226, 228, 244 à 250, 254.
Levens (Alpes-Maritimes), 367.
Liège (exploitation du), 254 et suiv.; 269 et suiv., 279.
Lignite (exploitation du), 46.
Ligurie (côte de), 363, 375, 386.
Lis (culture des), 190.
Londe (la) [Var], 253.
Longchamps (palais de), 34, 77, 78.
Luc (le) [Var], 276, 280, 294.
Lure (montagne de), 39.
Lyon (Rhône), 68, 69.

M

Maillane (Bouches-du-Rhône), 55.
Maïre (île de) [Bouches-du-Rhône), 119.
Malbousquet (fort) [Var], 136, 163.
Marignane (Bouches-du-Rhône), 18.
Marrons de Lyon et du Lac, 276.
Marseillais (le), 104.
Marseille au Rhône (canal de), 107.
Marseille (Bouches-du-Rhône), 8, 67 à 113.
Marseille (canal de), 35.
Marseille (îles de), 110.
Marseille (monts de) [Bouches-du-Rhône], 42.
Martigues (les) [Bouches-du-Rhône], 3, 19.
Martin (le cap) [Alpes-Maritimes], 351, 385, 386.
Maures (massif des) [Var], 231, 248, 251 à 281, 283, 286.
Maurettes (massif des) [Var], 206, 213, 230.
Mazamet (Tarn), 201.
Mèdes (cap des) [Var], 237.
Ménage Notre-Dame (vallon) [île de Port-Cros, Var], 240.

Menton (Alpes-Maritimes), 313, 316, 363, 365, 377, 386, 387 à 390.
Merlançon (ruisseau) [Bouches-du-Rhône], 52, 54.
Millau (Aveyron), 201.
Mille (hauteur) [Var], 160.
Millefourches (position de) [Alpes-Maritimes], 364.
Milles (les) [Bouches-du-Rhône), 37.
Mimet (Bouches-du-Rhône), 37, 39, 47.
Miramas (Bouches-du-Rhône), 4, 9, 10.
Miramas ou Mirmar (chapelle de) [Var], 277.
Missiessy (port de) [Var], 136, 163.
Molle (rivière), 267, 269, 282.
Monaco (principauté de), 376 à 384.
Monaco (ville), 313, 351, 363, 371, 375, 376 à 381, 386.
Mont Alban (Alpes-Maritimes), 369.
Mont Boron (Alpes-Maritimes), 332, 365, 370, 372.
Mont-Chauve d'Apremont (fort) [Alpes-Maritimes], 367.
Mont-Chauve de Tourette (fort) [Alpes-Maritimes], 367.
Monte-Carlo (principauté de Monaco), 350, 352 à 356, 358, 377, 381 à 383.
Montrieux (Var), 291.

Morgiou (calanque de) [Bouches-du-Rhône], 123.
Mouans (Alpes-Maritimes), 298.
Mougins (Alpes-Maritimes), 298, 299.
Moulins (anse des) [principauté de Monaco], 383.
Mourillon (le) [Var], 134, 163.
Murgrave (fort) [Var], 160.
Mussaguet (tunnel de), 128.

N

Napoléon (fort) [Var], 147.
Napoule (golfe de la), 306.
Narcisses (culture des), 190.
Nerthe (tunnel de la) [Bouches-du-Rhône], 3, 67.
New-Porcelle (Bouches-du-Rhône), 38.
Nice (Alpes-Maritimes), 313, 326 à 368, 370.
Noisetier (culture du), 216.
Notre-Dame-de-Bon-Voyage (Bouches-du-Rhône), 125.
Notre-Dame-de-la-Garde (colline), 75, 77.
Notre-Dame de la Garde (Var), 231.
Notre-Dame (vallée) [île de Porquerolles, Var], 226.

O

Olivier (étang de l') [Bouches-du-Rhône], 29.
Olivier (l') dans les Alpes-Maritimes, 336.

INDEX ALPHABÉTIQUE.

Olivier (objets en bois d'), 335.

Ollioules (Var), 58, 154, 164, 168, 187, 190.

Ollioules (gorges d') [Var], 190.

Olympe du Var ou Aurélien (mont), 39, 41, 49.

Oranger à Hyères (culture de l'), 210.

Orangers et les oranges à Nice, 339, 340.

Oursins (pêche des), 176.

P

Paillon (rivière), 328, 330, 365, 366, 367.

Palivestre (Var), 217.

Palmiers à Hyères (culture des), 210.

Pampelone (Var), 263, 265.

Pas de la Colle (Bouches-du-Rhône), 120.

Pas-des-Lanciers (Bouches-du-Rhône), 4.

Passable (Alpes-Maritimes), 351.

Pauline (la) [Var], 204.

Pavés de grès (exploitation de), 296.

Pêchers à Hyères (culture des), 215.

Pêche des Bourdigues (la), 22.

Peipin (cap) [Bouches-du-Rhône], 51.

Périer (vallon du) [Var], 269.

Pesquiers (étang et salins des) [Var], 218.

Petite-Afrique (Alpes-Maritimes), 375.

Peynier (Bouches-du-Rhône), 47.

Picciarvet (fort du) [Alpes-Maritimes], 367.

Pierrefeu (Var), 193, 280.

Pierres Blanches (île du Levant, Var), 248.

Pilon de Saint-Clément (mont), 195.

Pilon-du-Roi (montagne) [Bouches-du-Rhône], 37, 38.

Pinède (cap) [Bouches-du-Rhône], 50.

Plage d'Hyères (Var), 217, 219.

Plan de Grasse (Alpes-Maritimes), 298.

Plan de la Tour (Var), 283.

Plans d'eau, 22.

Pomègue (île de) [Bouches-du-Rhône], 110.

Pomets (les) [Var], 154, 163.

Pont de l'Étoile [Bouches-du-Rhône], 64.

Pont du Las (Var), 134, 191.

Porquerolles (île de), 221 à 227, 234, 236.

Porquerolles (village) [Var], 221, 234.

Port-Cros (île de) [Var], 226, 228, 238 à 245.

Port de Bouc (Bouches-du-Rhône), 2, 7, 9, 23.

Port-Man (anse de) [Ile de Port-Cros, Var], 242, 245.
Port Maurice (*Porto Maurizio*) [Italie], 362.
Port-Miou (calanque de) [Bouches-du-Rhône], 122, 124.
Port-Pin (calanque de) [Bouches-du-Rhône], 125.
Port Saint-Louis du Rhône (Bouches-du-Rhône), 2.
Ports de Marseille (les) [Bouches-du-Rhône], 81.
Port-Vau (calanque de) [Bouches-du-Rhône], 125.
Poterie artistique de Vallauris, 307.
Pothuau (port) [Var], 218.
Pourcelle (la) [Bouches-du-Rhône], 38.
Pourrières (les champs de) [Bouches-du-Rhône], 41.
Pradet (le) [Var], 203.
Pramousquier (Var), 261.
Préconiou (torrent), 283.
Primeurs à Hyères (culture des), 214.
Puget-Ville (Var), 193.

R

Rabat (pointe de) [Var], 232.
Raffineries de Marseille, 93.
Ramatuelle (Var), 262, 265.
Rampauds (les) [Bouches-du-Rhône], 41.
Rascas (rocher du) [Ile de Port-Cros, Var], 244.

Ratonneau (ile de) [Bouches-du-Rhône], 110.
Réal-Collobrier (ruisseau) [Var], 193.
Réal-Martin (ruisseau) [Var], 192.
Regagnas (chaîne de), 49, 54.
Repentance (fort de la) [Ile de Porquerolles, Var], 222.
Revère (fort de la) [Alpes-Maritimes], 367.
Reynier (Var), 175.
Rhône (fleuve), 3, 25.
Righi d'hiver, 357.
Rimiès (plateau de) [Alpes-Maritimes], 367.
Riquier (quartier de Nice), 331.
Rivière de Gênes (Riviera), 362, 374.
Rognac (Bouches-du-Rhône), 31.
Rognac (golfe de), 16.
Roquebrune (Alpes-Maritimes), 372, 377, 384, 387.
Roquebrune (Var), 295.
Roquefavour (Bouches-du-Rhône), 33.
Roquevaire (Bouches-du-Rhône), 51, 55, 80.
Roubaud (ile) [Var], 220, 232.
Roubaudon (ilot) [Var], 233.
Rouveau (iles du grand et du petit) [Var], 178.
Roya (montagnes de la), 312.

S

Sablettes (les) [Var], 145, 155.
Saint-Chamas (anse de)[Bouches-du-Rhône], 4, 10, 11, 16.
Saint-Chamas (ville) [Bouches-du-Rhône], 10, 11.
Saint-Claude (Jura), 272.
Saint-Cyr (Var), 118.
Saint-Elme (fort) [Var], 149, 155.
Saint-Étienne (*houillères de*), 44.
Saint-Étienne (quartier de Nice), 331, 339.
Saint-Honorat (île) [Alpes-Maritimes], 226, 322 à 325.
Saint-Jean (Alpes-Maritimes), 351.
Saint-Jean-de-la-Rivière (Alpes-Maritimes), 367.
Saint-Jean-du-Var (Var), 134.
Saint-Jean (fort) [Bouches-du-Rhône], 76.
Saint-Jean (presqu'île de) [Alpes-Maritimes], 365, 370, 374.
Saint-Louis (canal) [Bouches-du-Rhône], 2, 24.
Saint-Louis-du-Rhône (port) [Bouches-du-Rhône], 2.
Saint-Louis (*navire-école*), 252.
Saint-Louis (pont et ravin de) [Alpes-Maritimes], 389.
Saint-Mandrier (Var), 138, 150.
Saint-Maurice (quartier de Nice), 346.
Saint-Mitre (Bouches-du-Rhône), 20.
Saint-Nazaire-du-Var (Var), 180.
Saint-Nicolas (fort) [Bouches-du-Rhône], 76.
Saint-Raphaël (Var), 264, 292.
Saint-Roch (Var), 134.
Saint-Savournin (Bouches-du-Rhône), 41, 44, 46, 51.
Saint-Tropez (Var), 263, 266, 267, 275, 282, 286.
Saint-Zacharie (Var), 54.
Sainte-Anne (camp) [Var], 163.
Sainte-Anne (les grès de) [Var], 189.
Sainte-Baume (montagne), 42.
Sainte-Marguerite (fort) [Var], 154, 163.
Sainte-Marguerite (île) [Alpes-Maritimes], 226, 317 à 322.
Sainte-Maxime (Var), 261, 282, 283.
Sainte-Victoire (montagne de) [Bouches-du-Rhône], 36, 41, 46, 54.
Salins d'Hyères (Var), 217, 228.
Salis (pointe de) [Var], 232.
Salon (Bouches-du-Rhône), 28.
Sanary (baie de) [Var], 155.
Sanary (Var), 179, 180, 187.
San Remo (Italie), 362, 386.

Saorge (Alpes-Maritimes), 388.
Sarrazins (descendants des), 279.
Savonnerie de Marseille, 99.
Sépet ou Cépet (cap), 138, 148, 155, 231.
Seyne (la) [Var], 138, 142.
Siagne (rivière), 300.
Sicié (cap) [Var], 149, 155, 177, 231.
Six-Fours (fort) [Var], 138, 155.
Six-Fours (village) [Var], 174.
Solliès (les) [Var], 164, 196.
Solliès-Pont (Var), 196.
Solliès-Toucas (Var), 58.
Solliès-Ville (Var), 196.
Sorgiou (calanque de) [Bouches-du-Rhône], 123.
Sospel (Alpes-Maritimes), 365, 388.
Sumac (culture du), 199.

T

Tabletterie en bois d'olivier, 335.
Tamaris (Var), 145, 147.
Tauroentum (ruines de) [Bouches-du-Rhône], 118.
Tende (col de), 365.
Tête-de-Chien (mont et fort de la) [Alpes-Maritimes], 366, 375.
Teutons (les), 25.
Thuret (villa) à Antibes, 315.
Tinée (montagne et vallée de la), 312, 361.

Titan (île et phare du) [Île du Levant, Var], 248.
Toulon (Var), 128 à 139, 327.
Touloubre (rivière), 6, 13, 15.
Tourette (torrent de), 367.
Tour-Fondue (Var), 225, 228, 233.
Tournoux (Basses-Alpes), 363.
Travers (vallon du) [Alpes-Maritimes], 307.
Trets (Bouches-du-Rhône), 47.
Trois-Frères (rochers) [Bouches-du-Rhône], 19.
Turbie (la) [Alpes-Maritimes], 351, 357, 363, 366, 371, 375.

U

Ubaye (vallée de l'), 363.
Utelle (Alpes-Maritimes), 367.

V

Valdonne (Bouches-du-Rhône), 51, 52.
Valescure (Var), 292, 296, 346.
Valette (la) [Var], 202.
Vallauris (Alpes-Maritimes), 307 à 311.
Var (fleuve), 337, 338, 367.
Velaux (Bouches-du-Rhône), 30.
Venise provençale (la), 3, 22.
Ventabren (Bouches-du-Rhône), 32.

Ventoux (mont), 39.
Verte (île) [Bouches-du-Rhône], 115.
Vésubie (vallée de la), 367.
Vidauban (Var), 281.
Villebois (Ain), 127.
Villefranche (rade de), 363, 365, 368.

Villefranche-sur-Mer (Alpes-Maritimes), 338, 351, 363, 370, 372 à 374, 388.
Vintimille (Italie), 313, 362, 386, 389.
Vitrolles (Bouches-du-Rhône), 18.

TABLE DES CARTES

Antibes et son cap, 313.
Archipel des Embiez, 177.
Bandol et sa baie, 185.
Calanques des environs de Cassis, 123.
Cannes et les îles de Lérins, 305.
Cap Martin et Menton, 385.
Cassis et sa baie, 121.
De Cogolin à la Garde-Freinet, 273.
Groupe oriental des îles d'Hyères : Bagaud, Port-Cros et le Levant, 241.
Hyères et sa campagne, 209.
Ile de Porquerolles, 221.
La Ciotat et sa baie, 117.
La région des câpriers à Roquevaire, 57.
La vallée de l'Arc à Roquefavour, 33.

Les Bouches de l'Argens, Fréjus et Saint-Raphaël, 293.
Les Martigues, Étang de Caronte et Port-de-Bouc, 21.
Les mines de Fuveau, 45.
Littoral de Provence (couverture).
Marseille et ses îles, 72-73.
Massif de l'Estérel, 289.
Massif des Maures, 257.
Nice et Villefranche, 329.
Petite mer de Berre, 5.
Presqu'île de Giens, 229.
Principauté de Monaco, 377.
Rade d'Hyères, 205.
Siège de Toulon, 165.
Solliès-Pont, Solliès-Ville et Solliès-Toucas, 197.
Toulon et sa rade, 133.

TABLE DES MATIÈRES

I. — La Petite Mer de Berre.

Pages.

Au port de Bouc. — Le golfe de Fos. — La petite mer. — Son rôle économique. — Son rôle militaire. — Miramas. — Saint-Chamas. — Le pont Flavien 1

II. — Les Bourdigues de Caronte.

De Saint-Chamas à Berre. — Berre. — Le jaï et l'étang de Bolmon. — Martigues. — Jonquières, l'Ile et Ferrières. — La Venise provençale. — Les bourdigues. — Oèdes, lambes et plans d'eau. — Au bord du golfe de Fos. — Le port de Bouc. — Fos. — Les Fosses Mariennes. — Le canal d'Arles. — Le dessèchement des marais. — Culture des roseaux et des bambous. — Istres et ses étangs 15

III. — De Roquefavour au Pilon-du-Roi.

La basse vallée de l'Arc. — Roquefavour et son viaduc. — Le canal de Marseille. — Au pied du Pilon-du-Roi. — Le col de Saint-Savournin. 31

IV. — Les Mines de Fuveau.

Du haut du col de Saint-Savournin. — L'octroi de Gréasque. — Arrivée aux mines. — Les puits de Valdonne. — Le bassin de Fuveau. — Origine de l'exploitation. — Les « descenderies ». — Les concessions. — Importance de l'extraction. — Les eaux souterraines. — Un tunnel de 15 kilomètres. — Valdonne et la Bouilladisse. 14

V. — Les Câpriers de Roquevaire.

Pages.

Du Merlançon à l'Huveaune. — Roquevaire. — Les câprières. — Culture du câprier. — La récolte. — La confiserie. — Les abricots. — Préparation de la pulpe. — Associations de producteurs. — Aubagne. — Ses tuileries 54

VI. — A travers Marseille.

Après le tunnel de la Nerthe. — Apparition de Marseille. — La banlieue. — La population. — Aspect de Marseille. — La Cannebière. — A Notre-Dame de la Garde. — Le panorama. — Au palais de Longchamp. — Le musée. — Au marché aux fleurs. — Le Port-Vieux 67

VII. — Les Ports de Marseille.

Sur le Port-Vieux. — La Joliette. — Transformation maritime de Marseille. — Nouveaux bassins : les docks, Arenc, le bassin national. — L'outillage des ports. — Éléments du commerce maritime. — L'industrie marseillaise. — L'émigration. 83

VIII. — Du vieux Marseille aux Cabanons.

Le vieux Marseille. — L'hôtel de ville et la cathédrale. — Le type marseillais. — Les bastides et les cabanons. — La bouillabaisse et l'aïoli. — Le Prado. — Navigation intérieure. — Futur canal du Rhône. — Avenir de Marseille. — Les îles : If, Pomègue, Ratonneau. — L'existence à Marseille 102

IX. — De la Ciotat aux Calanques.

La Ciotat et le golfe des Lèques. — Les ruines de *Tauroentum*. — Cassis. — Port Miou. — Les Calanques. — Sorgiou et Morgiou. — Les carrières et les fours à ciment de la Bédoule. — Dans les gorges 114

X. — Toulon.

Toulon. — Aspect de gaîté. — La nouvelle ville et le Toulon primitif. — Les premiers palmiers. — Au marché. — La flore et la faune gastronomiques. — A travers la ville. — Sur le port. — L'arsenal. — En rade. — Le paysage toulonnais 129

XI. — La Rade de Toulon.

Un joyau de la Méditerranée. — Les presqu'îles toulonnaises. — La Seyne et ses chantiers. — Les Italiens à La Seyne. — Tamaris et les Sablettes. — La batterie des Hommes sans peur. — Souvenir de George Sand. — La presqu'île de Cépet. — Le Creux Saint-Georges. — Saint-Mandrier. — Toulon camp retranché. 140

XII. — La Batterie des Hommes sans Peur.

Petit problème de topographie historique. — La batterie des Hommes sans peur. — Une page de George Sand. — Carteaux et Dugommier. — La légende de Bonaparte. 157

XIII. — L'Archipel des Embiez. — Les Gorges d'Ollioules.

Les premières immortelles. — Six-Fours. — Reynier. — Le Brusc. — Calme traversée. — La grande île. — Les cultures et les salines. — Le château. — Sanary. — Bandol. — La culture des immortelles. — La teinture et la fabrication des couronnes. — Le Beausset et la Cadière. — Les grès de Sainte-Anne. — Aux gorges d'Ollioules. — Ollioules et ses fleurs. — La récolte des bulbes 178

XIV. — Les Cerisaies de Solliès-Pont.

Flore africaine. — Pierrefeu. — Dans les Maures. — Collobrières et ses fabriques de bouchons. — Cuers. — Les trois Solliès : Solliès-Pont, Solliès-Toucas et Solliès-Ville. — Les cerisiers. — La culture du sumac. 192

XV. — Hyères et les Maurettes.

La Garde. — La chapelle de la Pauline. — La Gran d'Hyères. — Dans les Maurettes. — Descente dans la ville. — Palmiers et orangers. — Décadence des *agrumes*. — Splendeur du palmier. — Les jardins d'Hyères. — Culture horticole. — Les fraises. — Les pêches et les avelines 203

XVI. — Les Isles d'Or : Giens et Porquerolles.

La plage et les salins d'Hyères. — Navigation sur la rade. — Abordage à Porquerolles. — Dans l'île. — Le Langoustier. — Le val Notre-Dame. — La presqu'île de Giens. 217

XVII. — Les Isles d'Or : Bagau, Port-Cros et le Levant.

Lou capelan des îles. — Le cap des Mèdes. — L'île de Bagau. — Port-Cros et ses forts. — Le village. — Le château d'un académicien. — Destruction des bois. — État économique. — En route pour l'île du Levant. — Le Petit-Avis et le Grand-Avis. — L'ancien pénitencier. — Les Pierres-Blanches. — L'étang et la cascade. — En route pour le continent 236

XVIII. — Des Maures a Saint-Tropez.

Le chemin de fer du littoral. — La Londe et ses mines. — Bormes. — Dans les chênes-lièges. — Le Lavandou. — En longeant les côtes. — Cavalaire et Gassin. — Ramatuelle. — Saint-Tropez. 251

XIX. — Traversée nocturne des Maures.

Les pins-parasols de la Foux. — Cogolin. — Les fabriques de bouchons. — Grimaud et ses ruines. — Un dîner chez Annibal. — En route pour la Garde-Freinet. — Les châtaigniers des Maures. — Un pin-parasol dans un châtaignier. — La Garde-Freinet et les Sarrasins. — Dans la forêt brûlée. — La plaine de l'Argens 266

XX. — Au pied de l'Estérel.

Sainte-Maxime. — Déraillement dans le mâquis. — Fréjus. — *Bravade et bravadeurs.* — A travers Fréjus. — Un port disparu. — Valescure et Saint-Raphaël. — Les bauxites du Var. — Les pavés de Dromard 282

XXI. — Cannes et Antibes.

De Grasse à Cannes. — Mouans et Mougins. — Le Cannet. — Cannes. — La Californie. — La vie à Cannes. — Le golfe Jouan et ses fleurs. — Vallauris. — Juan-les-Pins. — Antibes 297

XXII. — Les Iles de Lérins.

De la Croisette à Sainte-Marguerite. — Arrivée dans l'île — Le fort. — Le Masque de fer et Bazaine. — Une forêt bien soignée. — Le plateau du milieu. — L'île Saint-Honorat et ses souvenirs. — Moines distillateurs. — Les orphelins et le bébé 316

XXIII. — Nice.

Pages.

La gare de Nice et ses palmiers. — L'avenue de la gare. — La ville neuve et la vieille ville. — Le Paillon. — Une rivière en tunnel. — Riquier. — La promenade des Anglais. — Le carnaval. — Industries niçoises. — Les huiles. — La marqueterie. — Les fleurs coupées. — La culture des oranges   326

XXIV. — Nice-Cosmopolis.

La Nice d'hiver. — Et nous sommes en mai. — Au Raouba-Capeou. — Mon ami Guérin. — Le récit d'un vieil hivernant. — La Nice des malades et la Nice des étrangers. — Les magasins. — Semons l'or. — Les rastaquouères. — Les excursions. — Monte-Carlo. — Le jeu. — Mœurs de joueurs   342

XXV. — Nice, Camp retranché.

La Rivière de Gênes. — Transformation des horizons. — Forts et batteries. — Le camp retranché de Nice. — Organisation de la défense. — Les forts de la Corniche   362

XXVI. — De Nice a Monaco.

Au fort du mont Alban. — Le panorama. — La corniche. — La Turbie. — Villefranche-sur-Mer. — La citadelle et le port. — La presqu'île Saint-Jean. — Beaulieu. — Èze. — *La petite Afrique.* — Monaco. — Visite de la ville. — La Condamine. — Monte-Carlo.   369

XXVII. — Menton et la Frontière.

Le cap Martin. — Menton. — La vieille cité et la ville neuve. — Les ponts du ravin Saint-Louis. — En sentinelle. — La veillée des armes. — Adieu aux Alpes.   384

Nancy, imprimerie Berger-Levrault et Cie.

CHEMINS DE FER DU SUD DE LA FRANCE

Administration centrale : 66, rue de la Chaussée-d'Antin, à Paris

RÉSEAU DE PROVENCE :

Services de l'exploitation à Nice (gare du Sud), à Saint-Raphaël (Var)

Les Chemins de fer du Sud de la France comprennent deux réseaux, savoir :

1. Réseau du Sud : Lignes d'intérêt général de *Meyrargues* à *Nice*, par *Colomars* (211 kilomètres); de *Nice* à *Puget-Théniers*, par *Colomars* (59 kilomètres) et de *Digne* à *Saint-André* (41 kilomètres), traversant les départements des Bouches-du-Rhône, du Var, des Alpes-Maritimes et des Basses-Alpes.
Une ligne d'intérêt local, de *Saint-Raphaël* à *Hyères* (83 kilomètres) et un tramway à vapeur de *Cogolin* à *Saint-Tropez* (10 kilomètres).

2. Réseau de tramways à vapeur du département de la Côte-d'Or :
Les trains du réseau du Sud sont en correspondance avec ceux de la Compagnie Paris-Lyon-Méditerranée : aux gares de Meyrargues, Draguignan, Digne et Saint-Raphaël.
Billets directs simples d'aller et retour avec le P.-L.-M. pour les principales gares du réseau, au départ de *Marseille*, *Aix*, *Toulouse*, *Nice*, *Cannes*, etc., et *vice versâ*.
Billets d'aller et retour à prix réduits entre toutes les gares, stations et haltes de chaque ligne;
Billets d'excursion à prix réduits sur le réseau du Sud;
Billets circulaires combinés avec la Compagnie P.-L.-M., suivant l'itinéraire ci-après : *Nice*, *Saint-Raphaël*, *Sainte-Maxime*, *Hyères*, *Toulon*, *Carnoules*, *Saint-Raphaël* et *Nice*;
Buffets aux gares du réseau du Sud de : *Meyrargues*, *Draguignan*, *Grasse*, *Colomars*, *La Tinée* et *Puget-Théniers*.

Pour tous renseignements détaillés, s'adresser à l'Administration centrale, à Paris; au chef de l'exploitation, à Nice (gare du Sud); à l'ingénieur chef de l'exploitation de la ligne du littoral, à Saint-Raphaël.

« *Le Passager* »

GUIDE HORAIRE MARITIME ET FLUVIAL

DE TOUTES LES LIGNES DE NAVIGATION DU MONDE

3ᵉ ANNÉE, *août-novembre 1897*

Élégant volume in-8, d'environ 800 pages, avec nombreuses cartes des lignes de navigation.

Broché sous couverture illustrée. . . **3 fr.**

En vente à la librairie Berger-Levrault et Cⁱᵉ
5, rue des Beaux-Arts, à Paris.

CHEMINS DE FER DE PARIS A LYON ET A LA MÉDITERRANÉE

LES

BAINS DE MER DE LA MÉDITERRANÉE

Les bains de mer de la Méditerranée, rendez-vous annuel des Lyonnais, des Dauphinois et des Provençaux, sont sinon ignorés, du moins peu appréciés des Parisiens. La crainte d'une température trop élevée, l'éloignement de Paris et, par suite, le prix du voyage les détournent de l'idée de se rendre sur les plages de la Méditerranée.

Or, les statistiques météorologiques montrent que rarement le maximum de température dépasse 28° sur le littoral, tandis qu'il atteint 30° et 35° dans la région de Paris et dans le Nord et l'Ouest de la France.

Quant à la distance qui sépare Paris de la Méditerranée, la Compagnie P.-L.-M. s'est efforcée de la réduire. Les trains rapides mettent Marseille à 13 heures et Nice à 18 heures de Paris ; par les trains express comportant des voitures de seconde, on va à Marseille en 16 heures et à Nice en 22 heures. Les voitures qui composent ces trains sont d'un grand confort. Les rapides comprennent, en effet, des compartiments de 1re classe à intercommunication, avec cabinets de toilette, water-closet (sans compter les fauteuils et lits-salons si appréciés des voyageurs effectuant de longs parcours) ; dans la composition des express entrent des voitures de 2e classe à couloir latéral avec water-closet-lavabos.

La Compagnie a diminué autant que possible les frais de transport : il suffit de consulter le barème des prix des *billets d'aller et retour de bains de mer* (individuels ou collectifs de famille) pour se rendre compte des réductions accordées, réductions qui, dans les billets collectifs, atteignent rapidement 50 p. 100. Ces billets valables 33 jours donnent la faculté de s'arrêter à toutes les gares situées sur l'itinéraire.

Les avantages offerts par la Compagnie P.-L.-M. permettent donc aux touristes de visiter, dans les meilleures conditions, toutes les splendeurs de la Côte-d'Azur, des plages magnifiques comme celles de la Baie-des-Anges à Nice, ou du Ceinturon et de Carqueiranne près Hyères. Les voyageurs auront le choix entre de confortables et luxueux établissements de bains de mer tels que celui de la Condamine, à Monaco, et de charmantes localités comme Bandol, Sanary, Tamaris, Saint-Aygulf, La Napoule, etc.

Les peintres et les photographes visiteront le golfe de la Ciotat, les îles d'Hyères et leurs environs, la plage de Corail, de Saint-Raphaël, le cap Roux et le Trayas, les hauteurs de Cannes et les îles de Lérins, le cap d'Antibes, la rade de Villefranche, les rochers de Beaulieu, d'Eza et de Menton.

Enfin la villégiature sur les bords de la Méditerranée permet de jouir à la fois de la mer et de la montagne. Les chaînes des Maures et de l'Estérel, la région de Nice et de Menton, la célèbre Corniche, l'ascension de la Turbie par le chemin de fer à crémaillère offrent aux touristes d'admirables excursions.

COMPAGNIE MARSEILLAISE DE NAVIGATION A VAPEUR

FRAISSINET ET Cie

SERVICE DE NAVIGATION ENTRE LA COTE DE PROVENCE ET LA CORSE

Départs de Marseille

Ligne de Calvi et Ile-Rousse, les mardis, à 11 h. du matin.
Ligne de Bastia-Livourne (Bastia-Rapide), les dimanches et jeudis, à 10 h. du matin.
Ligne de Toulon, Nice (Bonifacio par quinzaine), le vendredi de chaque semaine, à midi.
Ligne d'Ajaccio, Propriano, Porto-Torrès (et Bonifacio par quinzaine), le vendredi de chaque semaine, à 4 h. du soir.
Ligne d'Ajaccio, le lundi, à 4 h. du soir.

Départs de Nice

Pour **Bastia, Livourne**, le mercredi, à 5 h. du soir.
Pour **Ajaccio et Porto-Torrès**, avec escales en été à Calvi ou à l'Ile-Rousse, le samedi, à 6 h. du soir.

Prix de passage

DESTINATIONS		1re CLASSE Avec nourriture.	1re CLASSE Sans nourriture.	2e CLASSE Avec nourriture.	2e CLASSE Sans nourriture.	3e CLASSE Sans nourriture.
Ajaccio	de Marseille	30	»	20	»	10
	de Nice (été)	34	»	23	»	15
	de Nice (hiver)	»	30	»	20	15
Bastia (direct)	de Marseille	30 50	»	20 50	»	10 50
	de Nice	34 50	»	23 50	»	15 50
Bonifacio	de Marseille	40	»	28	»	16
	de Nice (été)	44	»	31	»	21
	de Nice (hiver)	»	40	»	28	21
Calvi	de Marseille	30	»	20	»	10
	de Nice	30	»	20	»	15
Ile-Rousse	de Marseille	30	»	20	»	10
	de Nice	30	»	20	»	15
Livourne	direct	50	»	35	»	12
	de Nice	50	»	35	»	15
Nice	voie de Cannes	»	»	»	»	8
	direct	»	15	»	10	6
Porto-Torrès	de Marseille	56	»	45	»	25
	de Nice (été)	52	»	41	»	25
	de Nice (hiver)	»	48	»	38	25
Toulon		»	8	»	6	3
Propriano	de Marseille	36	»	25	»	14
	de Nice (été)	40	»	28	»	19
	de Nice (hiver)	»	36	»	25	19

Les frais de séjour à Ajaccio et à Nice à la charge des passagers.
Les billets aller et retour pour la Corse donnent droit à une réduction de 20 p. 100 sur les prix ordinaires, déduction faite des frais de nourriture et d'entretien.
La taxe supplémentaire de 0 fr. 50 c. qui existe sur les prix des passages du Continent à Bastia représente les droits de péage à Bastia.

Une ligne libre d'**Ajaccio** à **Bastia** dessert une fois par semaine, le mardi à l'aller, **Propriano** et **Bonifacio** avec 16 heures d'arrêt à **Bonifacio**. Le vapeur arrive le mercredi soir à **Bastia**.

Au retour, le bateau part de **Bastia** le vendredi, à 7 h. du soir, s'arrête à **Bonifacio** pendant 11 heures et atteint Ajaccio le samedi soir, à 7 heures.

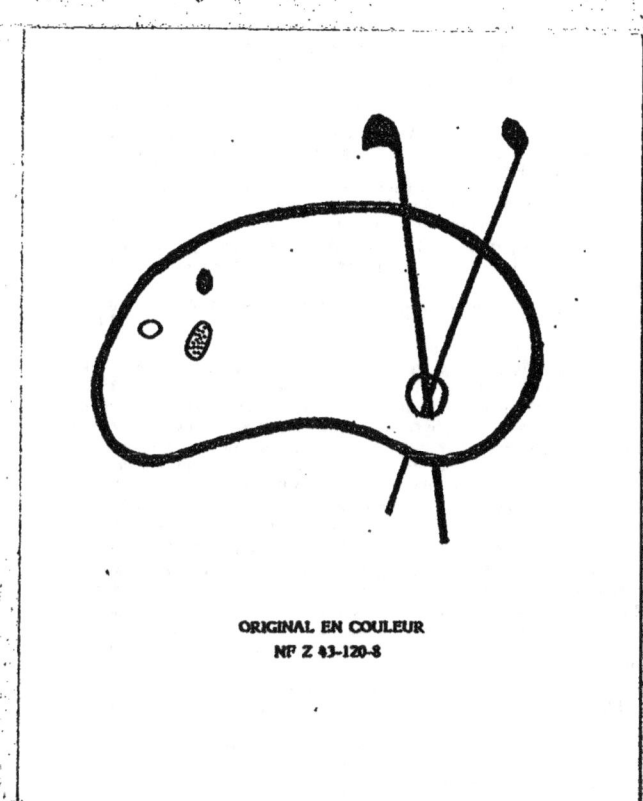

ORIGINAL EN COULEUR
NF Z 43-120-8

BERGER-LEVRAULT ET Cie, LIBRAIRES-ÉDITEURS
5, rue des Beaux-Arts, Paris. — 18, rue des Glacis, Nancy.

Au Régiment. — En Escadre, par AUDOUIN-DUMAZET et Paul GERS, préface de M. MÉZIÈRES, de l'Académie française. 1894. Un magnifique volume grand in-8 de 314 pages, imprimé sur fort papier vélin, avec *350 photographies instantanées*, prises en grande partie à l'occasion des voyages présidentiels à Toulon en 1893. Broché sous une élégante couverture illustrée . . . . **16 fr.**
Relié en percaline chagrinée, plaques spéciales, tête dorée . . . . **18 fr.**

L'Escadre russe en Provence. *La défense de la Corse*, par AUDOUIN-DUMAZET. 1891. Joli volume in-12 de 414 pages, avec 27 croquis ou vues et une carte de la Corse, broché . . . . **5 fr.**

Corse et Italie. Impressions de voyage, par J. BUROY. 1897. Un volume in-12 de 215 pages, broché . . . . **3 fr.**

La Tunisie. 1896. Publication en 4 beaux volumes in-8.
— Première partie : *Histoire et description*. Le sol et le climat. L'homme. Organisation. 2 volumes avec 40 planches, dont 22 en couleurs, brochés . **10 fr.**
— Deuxième partie : *La Tunisie économique*. Agriculture. Industrie. Commerce. Finances. 2 volumes avec 13 planches, dont 3 en couleurs, brochés . **10 fr.**

L'Archéologie de la Tunisie, par Paul GAUCKLER, membre non résident des travaux historiques, inspecteur chef du service beylical des antiquités et des arts. 1896. Un volume in-8 avec 16 planches hors texte, broché . . **2 fr. 50 c.**

De Paris en Égypte. Souvenirs de voyage, par F. de CAROY, ancien officier d'état-major. Fort volume in-12, avec une carte en chromo, broché . . . **4 fr.**

En Égypte, par Gabriel THOMAS. 1894. Un vol. in-8 de 175 p., br. **2 fr. 50 c.**

Un Coin des Cévennes. Le Vigan et ses environs, par G. CHANTE, membre du Club cévenol. 1897. Un volume in-12, broché . . . . **2 fr.**

En Vivarais. Impressions. Descriptions. Notes historiques. Figures ardéchoises. Grandes industries. Presse. Pages vivaraises, par Jean VOLANE. 1897. Tome Ier. Un volume grand in-8, avec 10 dessins ardéchois ou compositions ornementales, broché . . . . **3 fr. 50 c.**

A l'Étranger. Souvenirs de voyage. Allemagne, Suisse, Italie, par Emmanuel BRIARD. In-12, broché . . . . **3 fr. 50 c.**

Six Semaines en Russie. Sites, mœurs, beaux-arts, industrie, finances, exposition de Moscou, par Jacques REVEL. 1893. Élégant volume in-12 de 384 pages, avec 2 tableaux, broché sous couverture en couleurs . . . . **3 fr. 50 c.**

Huit jours en Bosnie, par E. MEIGNEN. 1897. In-12 avec photographies et dessins de G. SCOTT et A. BLOCH . . . . **1 fr.**

Du Danube à la Baltique. Allemagne, Autriche-Hongrie, Danemark. Descriptions et souvenirs, par Gabriel THOMAS. 2e édition. Un volume in-12 de 600 pages, broché . . . . **3 fr. 50 c.**

A Travers la Norvège. Souvenirs de voyage, par L. MARCOT. Un fort volume in-12, broché . . . . **3 fr. 50 c.**

De Hanoï à Pékin, par A. BOUINAIS, lieutenant-colonel d'infanterie de marine, avec une préface de M. Alfred RAMBAUD, professeur à la Faculté des lettres de Paris. 1892. In-12 de 428 pages, broché . . . . **3 fr. 50 c.**

Le Chêne-liège, sa culture et son exploitation, par A. LAMEY, conservateur des forêts en retraite. 1893. Volume grand in-8, avec 2 planches, broché. **6 fr.**

Les Alpes françaises. Étude sur l'économie alpestre et l'application de la loi du 4 avril 1882 à la restauration et à l'amélioration des pâturages, par F. BRIOT, inspecteur des forêts. Ouvrage couronné par la Société nationale d'agriculture de France. 1896. Un beau volume grand in-8 de 625 pages, avec 142 figures dans le texte (constructions diverses en montagne, chalets, étables, halles, etc. ; plantes herbacées nuisibles et utiles ; plans et instruments de fruitières et de laiteries industrielles), 6 planches en héliogravure (paysages typiques), et 2 cartes en couleurs, broché . . . . **25 fr.**

www.ingramcontent.com/pod-product-compliance
Lightning Source LLC
Chambersburg PA
CBHW051834230426
43671CB00008B/948